国家社科基金后期资助项目研究成果 1

U0684826

数字环境下高校图书馆业务流程重组模式研究

徐军华　著

国家图书馆出版社

图书在版编目(CIP)数据

数字环境下高校图书馆业务流程重组模式研究／徐军华著. —北京:国家图书馆出版社,2020.9
ISBN 978 – 7 – 5013 – 7004 – 7

Ⅰ.①数…　Ⅱ.①徐…　Ⅲ.①院校图书馆—图书馆工作—业务流程—重组—研究　Ⅳ.①G258.6

中国版本图书馆 CIP 数据核字(2020)第 058569 号

书　　名　数字环境下高校图书馆业务流程重组模式研究
著　　者　徐军华　著
责任编辑　唐　澈
封面设计　耕者设计工作室

出版发行　国家图书馆出版社(北京市西城区文津街 7 号　100034)
　　　　　(原书目文献出版社　北京图书馆出版社)
　　　　　010 – 66114536　63802249　nlcpress@ nlc. cn(邮购)
网　　址　http://www. nlcpress. com
排　　版　北京金书堂文化发展有限公司
印　　装　河北鲁汇荣彩印刷有限公司
版次印次　2020 年 9 月第 1 版　2020 年 9 月第 1 次印刷

开　　本　710×1000(毫米)　1/16
印　　张　14.75
字　　数　249 千字
书　　号　ISBN 978 – 7 – 5013 – 7004 – 7
定　　价　78.00 元

国家社科基金后期资助项目
出版说明

后期资助项目是国家社科基金设立的一类重要项目，旨在鼓励广大社科研究者潜心治学，支持基础研究多出优秀成果。它是经过严格评审，从接近完成的科研成果中遴选立项的。为扩大后期资助项目的影响，更好地推动学术发展，促进成果转化，全国哲学社会科学工作办公室按照"统一设计、统一标识、统一版式、形成系列"的总体要求，组织出版国家社科基金后期资助项目成果。

全国哲学社会科学工作办公室

前　　言

　　数字网络已经成为遍及全世界的一种普遍现象,高校图书馆服务利用其突破传统方式,开展创新服务,满足用户新的信息需求。高校图书馆的在线服务基于网络技术已经把自己转变为另一种完全不同于以往的服务,网络的发展为高校图书馆信息资源的创建、组织、存储、推广和传播创造了全新的机遇,当然,也带来了挑战。技术的进步,使高校图书馆成为许多正在经历变革的机构之一,导致了新服务与新方式的不断产生,同时也使高校图书馆完善了现有的信息服务,且走向新的学术交流模式,从人类面对面接触向人机交互,从纸张到电子形式,从以文本为中心的模式到多媒体模式以及从实体到虚拟的存在等一系列的转变。越来越多的高校图书馆趋向于在网络环境中提供服务,因而远程数据库访问行为的增多正在使电子信息资源的使用更具吸引力。总的来说,数字环境的变化带来改革,国际经济不景气要求改革,公共文化大发展推动改革,高等教育新形势促进改革,国内外学界业界关注改革,高校图书馆界持续性改革,改革重组已成为近年来高校图书馆界的热门话题。

　　本书基于现实的国内外背景,以数字环境下高校图书馆业务流程重组模式为对象展开研究,利用文献调研法查找了中国知网、LISA 等数据库的相关文献,还对国内外各种重要的学会、协会网站进行了调研,等等。将获取的调研数据做对比、类比分析,并基于现有的文献,为后续研究提供坚实的基础。利用问卷调研获取高校图书馆目前业务流程的运行情况、高校师生用户对目前图书馆业务流程的满意度、高校图书馆馆员对当前业务流程的态度等三方面信息。通过三个实证样本,本书分析其开展业务流程重组的特点、重组内容、重组成效等,在此基础上分别提炼出三种高校图书馆业务流程重组优化模式。笔者查阅了美国哈佛大学、耶鲁大学、伊利诺伊大学、麻省理工学院、康奈尔大学、俄亥俄州立大学、新泽西州立大学,英国牛津大学、剑桥大学、谢菲尔德大学,新西兰奥克兰大学,芬兰赫尔辛基大学等以及我国的北京大学、清华大学、武汉大学、中山大学、上海交通大学、厦门大学等一流高校图书馆开展业务流程重组的案例,并对它们一一进行分析,从中归纳总结出一般性、普遍性的规律特点,为本书研究所用。另外,本书还比较分析了三种高校图书馆业务流程重组的优化模式,主要比较它们的重组内容、适用特性以及每种模式不同的特点。

总的来说,本书开展了以下研究工作:

首先,阐述了高校图书馆业务流程重组的理论基石。在迈克尔·汉默(Michael Hammer)和詹姆斯·钱皮(James Champy)于1993年推出业务流程重组理论研究的基础上,重点探讨了渐进性的业务流程重组。本书认为无论如何定义业务流程重组,其主要目标都是重新设计业务流程,因此本书所涉及的业务流程重组包括对业务流程的重组,以及对机构与人员的重新再设计与再安排,且以系统科学理论和知识管理理论等作为本书研究的基础。在此两种理论的指导下,提出了业务流程重组的原则:围绕教学科研重组业务流程的原则、置用户于整个业务流程中心的原则、选择关键流程重点优先重组的原则、嵌入信息技术重组业务流程的原则。

其次,剖析了我国75所部属高校图书馆业务流程及机构设置的现状。调研了75所部属高校图书馆的业务流程、内部机构重组、与校内外其他信息机构重组等情况,基于这三大方面的调研分析,本书认为传统的业务流程重物轻人、传统的业务流程协调不灵、传统的部室设置较为僵硬,这些是目前我国高校图书馆业务流程及部室设置方面的弊端。这三大问题的存在,迫切需要我们予以高度重视,我们要通过业务流程的改革重组解决突破。

同时,对高校图书馆业务流程重组的动因做进一步、全方位的深度剖析。除了前述调研发现75所部属高校图书馆的业务流程存在弊端要求其进行重组之外,本书认为高校图书馆业务流程重组还包括以下几方面的动因:①数字环境与技术发展变化带来的影响。②学术交流机制出现新动向。③高校图书馆业务内容变化带来新课题,包括业务处理的对象拓宽、业务工作的重心转移、合作业务的开展推行、社会服务的范围扩大等业务内容方面发生的变化,这些对现有高校图书馆的业务流程提出了新课题。④高校图书馆馆员要求现有业务流程革新、高校师生用户对现有业务流程接受度较低。针对高校图书馆员及高校师生用户就现有业务流程等情况展开调查,获取他们对于高校图书馆业务流程的态度,国内以问卷和实地调研为主,国外则主要利用文献检索,分别获取了美国、英国、印度、尼日利亚等国家的相关数据。这是开展本书研究的现实基础。⑤师生用户数字化、移动化、一站式信息需求引起的新变化。随着这些环境因素及服务对象需求的变化,高校图书馆的业务流程重组也势在必行。

再次,本书对高校图书馆业务流程重组开展了实证分析。选取武汉大学图书馆、HathiTrust 项目、斯坦福大学图书馆和学术信息资源三个样本开展实证研究,分析每个样本开展业务流程重组的特点、重组内容、重组成效等,为后续研究提供了重要的一手素材及模式优化框架架构前提。

然后,基于实证分析,本书分别提炼了三种不同的高校图书馆业务流程重组优化模式:

第一种优化模式为基于职能拓展的高校图书馆业务流程重组。高校图书馆内部职能拓展后的业务流程重组是该模式研究的重点。本书认为数字化业务、移动化业务、学科化职能等是高校图书馆在数字环境下新拓展的职能,基于此,提出该种模式的重组内容主要有:构建基于知识的业务流程、增加用户体验的业务流程、组建大学科服务流程、嵌入教学科研的业务流程。同时,该种模式还基于重组的业务流程构建了与之相匹配的业务机构,即"五部(室)一组":用户服务部、参考咨询部、资源建设部、数字技术部、办公室和临时任务小组,该组织机构完全将用户置于中心,整个图书馆机构与馆员均围绕用户开展业务操作与服务工作。该模式的特点主要有以下三点:着眼于高校图书馆内部的业务流程重组、侧重于新旧职能之间的业务流程重组、限定在旧职能拓展后的业务流程重组。

第二种优化模式为基于项目合作的高校图书馆业务流程重组。项目合作的主体主要在于馆与馆之间。本书认为目前国内外较具典型代表性的合作项目有信息资源联合建设、数字图书馆建设项目等。高校图书馆应从以下方面开展自己的业务流程重组:建立学术交流新业务流程;建立项目统一的检索界面,共同围绕该检索界面开展业务、提供服务;租用合作机构的软件系统,即通过租用合作机构的软件系统来开展相关的业务流程。阶段性、合作性、协同性是此种业务流程重组优化模式的特点。

第三种优化模式为基于机构合并的高校图书馆业务流程重组。在高校图书馆与其他信息机构合并开展业务正逐渐增多的形势下,该模式着重研究合并后高校图书馆的业务流程重组。此种合并模式主要的形式有:图档博等公共文化服务类机构存在诸多共同点,通过合并以更好地开展保存文化资源、保存人类文化记忆等工作;高校图书馆与出版社合并进行学术生产业务;高校图书馆与信息技术中心、网络管理中心等提供技术或设备服务业务的机构合并提供技术服务。在这种情形下的高校图书馆业务流程重组主要从四个方面进行:基于机构合并后文献信息资源统一建设与管理的业务流程重组;基于机构合并后文献信息资源统一发现的业务流程重组;建立统一服务的技术支撑业务流程。以机构改革为支撑的业务流程重组,重构合并后的图书馆机构,开发学科交流中心,以创建更利于互动的、充满活力的环境,满足各类图书馆用户不断变化的需求。

最后,本书对研究进行了总结与展望。通过优化高校图书馆业务流程重组模式,有效地解决高校图书馆业务流程存在的弊端,重组后的业务流程围绕用户开展工作、以知识内容为基准统筹各项工作、强调交互性、部室设置较为灵活。而且,本书所提出的三种优化模式也较好地呼应了高校图书馆外部环境的变化及其自身发展的新趋势。

目　　录

图表目录

1

绪　论

即使在网络信息资源十分丰富的数字时代,图书馆的作用依然不可替代。正如《2016 年美国图书馆状态报告》(*The State of American's Libraries 2016*)里所说:导师希望自己的学生们知道从网上搜索信息与从图书馆获取研究资料二者是有区别的①,因为搜索引擎虽然能提供给你 10 万份检索结果,可图书馆却能给你那 1 份权威而正确的资料②。

图书馆自身也努力在经济发展、社会服务、信息获取方面发出自己的声音,做出自己的贡献。在 2015 年联合国成员国共同通过的《联合国2030 年可持续发展议程》(*United Nations 2030 Agenda*)里就有图书馆界的声音。该报告认为图书馆在信息获取、大众教育、公众求职等方面功不可没,只有图书馆参与了,可持续发展目标才会更好地得以实现③。《国际图联关于图书馆与发展的宣言》(*IFLA Statement on Libraries and Development*)也要求图书馆应利用自我的优势,为社会提供各种信息、服务和方法④。《联合国图书馆"纽约誓愿"倡议》(*The New York Pledge*)进一步提出:获得信息是一项普遍人权,是实现可持续发展和公民获得知情权的基本工具;获得信息是为所有可持续发展目标创造有利环境的基础⑤。

图书馆所尝试的努力也正显现出良好的社会效益。正如美国图书馆协

---

①　American Library Association. The state of American's libraries 2016[EB/OL]. [2019 – 03 – 18]. http://www. ala. org/news/sites/ala. org. news/files/content/state-of-americas-libraries-2016-final. pdf.

②　Quote Invetigator[EB/OL]. [2019 – 03 – 18]. https://quote investigator. com//library/.

③　United Nations 2030 agenda[EB/OL]. [2019 – 03 – 18]. https://sustainabledevelopment. un. org/content/documents/21252030% 20Agenda% 20for% 20Sustainable% 20Development% 20web. pdf.

④　IFLA. IFLA statement on libraries and development[EB/OL]. [2019 – 03 – 18]. http://www. if-la. org/node/7982.

⑤　The New York pledge[EB/OL]. [2019 – 03 – 20]. http://www. chinalibs. net/ArticleInfo. aspx? id = 456929.

会(American Library Association,简称 ALA)2019 年 4 月发布的《2019 年美国图书馆状况报告》(*The State of America's Libraries 2019*)所显示的结果:图书馆正在通过教育和信息服务等活动,扮演教师、技术引导员、职业顾问等角色,在公众服务中发挥巨大的作用①。2019 年 3 月,由国际图联、欧洲研究型图书馆协会(Association of European Research Libraries,简称 LIBER)、美国研究图书馆协会(Association of Research Libraries,简称 ARL)创建的学术出版与学术资源联盟(Scholarly Publishing and Academic Resources Coalition,简称 SPARC)欧洲分部(SPARC Europe)等共同倡议签署的《欧洲图书馆宣言》(*Library Manifesto for Europe*)也指出:图书馆是欧洲公民接受教育学习、研究创新等的重要场所,图书馆对于欧洲来说非常重要②。

在这样的情况下,政府也加大了对图书馆的投入。我国高校图工委积极贯彻落实《普通高校图书馆规程》,引导高校图书馆制订并执行"十三五"规划,已出版了数年的《高校图书馆发展蓝皮书》。同时,据高校图工委统计,我国 831 所图书馆在 2016 年全年的印刷型文献购置费总数约为21.95 亿元,较 2015 年增加了 3.88 亿元,文献资源购置费的平均值约为 529.5 万元(2015 年为 490.2 万元)③。2018 年 12 月,美国总统唐纳德·特朗普(Donald Trump)签署了《博物馆与图书馆服务法案 2018》(*Museum and Library Services Act of 2018*),该法案提出,在 2023 财政年之前,美国图书馆服务和技术都可继续获得联邦资金资助,且在 2018 年 9 月,美国总统特朗普也已签署拨款法案,决定在 2019 年对图书馆额外追加 200 万美元的投入④。

公众更是对图书馆表示了极大的认可。ALA 发起的旨在宣传和提高图书馆公众影响力的"图书馆转型"(Libraries Transform)活动,截至 2019 年,全球已有 11 000 多位支持者加入。高等教育、信息技术、资助机构和校园决策领导者越来越多地认识到图书馆和图书馆员的价值,这也成为美国大学与研究图书馆协会(Association of College and Research Libraries,简

---

① The state of America's libraries 2019[EB/OL].[2019 - 06 - 18].http://www.ala.org/news/state-americas-libraries-report-2019.

② Library manifesto for Europe[EB/OL].[2019 - 05 - 04].https://www.europe4libraries2019.eu/wp-content/uploads/2019/03/a-library-manifesto-for-europe-1.pdf.

③ 王波,吴汉华,宋姬芳,等.2016 年高校图书馆发展概况[J].高校图书馆工作,2017(6):20 - 34.

④ 2018 year in review:a look back at the stories that affected libraries[EB/OL].[2019 - 05 - 04].https://americanlibrariesmagazine.org/2019/01/02/2018-year-in-review/.

称 ACRL)的六大战略重点之一①。

2018 年 3 月 19 日,由国际图联发起,基于全球 190 个联合国成员国的 31 000 多名图书馆从业人员和非图书馆界人士参与调查形成的报告《我们的愿景,我们的未来:一个强大、联合的图书馆联盟,助力信息互通的文明参与型社会——全球愿景》(*Our Vision*,*Our Future*:*A Strong and United Library Field Powering Literate*,*Informed and Participative Societies—IFLA Global Vision*),正如该报告所描述的,图书馆界将共同期望拥有更为积极主动的态度,以更加开放的姿态迎接改革创新②。

一、内外环境的变化促使高校图书馆改革

1. 数字环境的变化带来改革

进入 21 世纪以来,以大数据、"互联网＋"、人工智能等为代表的新兴数字技术正在加速数字时代的步伐,数字化信息的体量剧增,种类丰富,结构繁复,数字网民也大幅增长。2019 年 8 月 30 日,中国互联网络信息中心 (China Internet Network Information Center,简称 CNNIC)发布的第 44 次《中国互联网络发展状况统计报告》显示:截至 2019 年 6 月,我国网民规模达 8.54 亿,互联网普及率超过六成,移动互联网使用持续深化。数字环境下,通过信息传输高速通道,人们能快速、便捷、高效地获得想要的各种数字信息,信息获取的渠道也进一步拓宽,数字环境正日益成型。

数字化环境下,信息技术正利用新方法为高校图书馆寻找资源,以便为用户提供更好的服务。通过不同形式的互动(如学术网络与电子图书馆)和不同层次的丰富的媒介资源(如文本和图形),图书馆为用户提供各种各样的学术资源,使得他们可以根据需要获取研究数据和其他学术资源,且这种模式不需要投入大量的资金和基础设施。在学术界,数字图书馆已经成为寻求信息不可或缺的工具,并且个人的数字信息使用量每天也在不断地增长。实证研究也指出,用户经常使用互联网搜索特定的学术信

①　Association of College and Research Libraries. Value of academic libraries:a comprehensive research review and report[EB/OL].[2018 - 03 - 04].https://www.acrl.ala.org/value.

②　IFLA. Our vision, our future:a strong and united library field powering literate, informed and participative societies[EB/OL].[2019 - 03 - 18].https://www.ifla.org/node/11905.

息,而且在图书馆和信息科学领域中,用户对特定学术资源的搜寻成为主要趋势,随着互联网的快速发展,高校图书馆和信息社区的集聚形成了数字图书馆的概念①。

数字化环境下,由于资源的数字化传播,尤其是科技文献的数字化传播,纯印刷时代的高校图书馆设计模式已经不合时宜。另一方面,新的理念也进入高校图书馆,如资源共享的理念,全球版权协议开始影响传统图书馆服务,因为其造成了数字文献传递的障碍。此外,随着新型科学出版物和政策的出现,如开放获取、公开数据、数据挖掘、数字知识库等,科技文献和数据的数量出现爆炸性增长,这些正给高校图书馆及其服务带来巨大的挑战②。

数字化环境下,信息技术正在对高校图书馆的业务流程产生影响。《新媒体联盟地平线报告:2014 图书馆版》(*New Media Consortium Horizon Report:2014 Library Edition*)指出:平板电脑、游戏和游戏化技术等一些新技术趋势影响了高校的教学与学习;高校图书馆也采用和实施密集的以这些新兴信息技术为基础的解决方案来管理和处理信息流程和服务;特别是,越来越多的高校图书馆采用射频识别(RFID)技术,主要是为了提高信息服务的效率,提高服务质量;随着越来越多的图书馆和信息系统采用这种技术,在信息环境中应用的射频识别解决方案正在慢慢地改变③。《新媒体联盟地平线报告:2017 图书馆版》提到:高校图书馆将来会受到互联网技术、移动技术、数字技术、在线学习技术等的挑战,这些新兴技术将对高校图书馆及其所服务的高校师生高度相关、互联互通④。在高校图书馆的设置中,新兴技术的重要性,也正在改变高校图书馆馆员的角色,比如专门的新兴技术馆员,因为其需要通过这些新的岗位及服务来满足用户这方面的需求。高校图书馆可以利用这些新兴技术提供新的资源和服务来满足师生用户的需求、对设备的偏好及信息寻求行为。新兴技术还可以使图

① CHANG C C,LIN C Y,CHEN Y C,et al. Predicting information—seeking intention in academic digital libraries[J]. The electronic library,2009,27(3):448 – 460.

② A MUHONEN,J SAARTI,VATTULAINEN P. From the centralized national collection policy towards a decentralized collection management and resource sharing co-operation-finnish experiences[J]. Library management,2014,35(1/2):111 – 122.

③ MAKORI E O. Adoption of radio frequency identification technology in university libraries[J]. The electronic library,2013,31(2):208 – 216.

④ ADAMS BECKER S,CUMMINS M,DAVIS A,et al. 新媒体联盟地平线报告:2017 图书馆版[J]. 赵艳,魏蕊,高春玲,等,译. 图书情报工作,2018,62(3):114 – 152.

书馆更有效地利用财政、人力资源和空间资源。

数字环境带来数字化革命。网络资源海量增加,各种新兴技术层出不穷,由此产生的各种数字化阅读器因其快捷方便、存储量大而广受欢迎,而印刷型图书则不然。虽然近年来移动产品、社交网络备受读者欢迎,可图书馆馆员却对此不够敏感,没有加强对此的熟悉,从而跟上读者的步伐,这也是联机计算机图书馆中心(Online Computer Library Center,简称OCLC)2010年关于环境与社会的报告里的观点①。2015年,基于OCLC、美国俄亥俄州立大学和美国新泽西州立大学联合推出的成果《用户生活中的图书馆:融入其生活与学习中》(*The Library in the Life of the User:Engaging with People Where They Live and Learn*)发布,该成果提到了用户行为在数字新技术环境下出现的新变化,如用户在数字环境下涉及网络资源需求时,第一想到的不是图书馆而是网络搜索引擎,图书馆被用户用来查询、获取信息的行为正在变得越来越少,原因是用户的日常生活和学习工作的流程与行为及对网络信息的理解与图书馆现有的业务及服务存在着较大的不相符的现象②。

2011年1月,《2050年高校图书馆尸体解剖》(*Academic Library Autopsy Report* 2050)在美国发表,该文一经问世,就引起了全世界图书馆业界与学界的高度关注。该文认为之所以会在2050年对高校图书馆进行尸体解剖,是因为其外部发展的环境正在发生巨大的变化,如互联网技术、移动互联网技术、SNS技术、搜索技术等的快速发展,让师生用户的自我获取信息、自助服务越来越容易,这将让一直以来图书馆人为之骄傲的参考咨询变得越来越不重要,甚至有被消灭的可能;高等教育也在发生巨大变化,信息化课堂、信息素养课程等内容越来越引起教授的重视,这让高校图书馆的信息素养、信息培训业务被削弱化;而高校图书馆内部则可能固守传统,不愿意跟上数字化发展的步伐;等等,其结果将是高校的其他信息机构将取代、兼并图书馆,高校图书馆走向灭亡③。如何避免被"解剖"呢?海内外图情专家于2012年4月齐聚中国上海,召开"共话大学图书馆未来可持续发展"研讨会,专家们开出的良剂有:高校图书馆在观念上要更加重视用

---

① OCLC. Perceptions of libraries,2010:context and community[EB/OL].[2017-08-19].http://www.oclc.org/reports/2010perceptions/2010perceptions_all.pdf.

② CONNAWAY L S. The library in the life of user:engaging with people where they live and learn[EB/OL].[2017-08-19].https://www.oclc.org/news/releases/2015/201532dublin.en.html.

③ 赵婀娜.大学图书馆:不应在"边缘"[N].人民日报,2012-04-06(18).

户服务,在业务上要更加注重母体高校的学科化建设,强调学科信息的有效链接,在职能上应从旧职能转型更为多样、现代化的新职能①。

其实早在 2010 年,OCLC 就有过类似的担忧,它们当年推出的报告《高校图书馆:危机与制度变革》(*Research Libraries, Risk and Systemic Change*)也专门表达了以下观点:高校师生的信息需求越来越复杂多样,作为提供服务的高校图书馆,如果自身不改革,不进行技术更新,高校图书馆馆员不进行观念更新,高校图书馆馆藏不进行多样化文献类型更新,其结果将是危险而令人担忧的,有可能被用户所抛弃而不复存在②。

在国际图联 2011 年 8 月的年度大会上,学者杰弗里·克纳普(Jeffrey Knapp)表达了这样的观点,即认为作为"信息守门员"的图书馆馆员的地位和重要性正日益式微,因为网络技术飞速发展,网络资源越来越丰富,网络服务也因方便快捷而广受用户的青睐③。

而另有学者认为,在线开放学习、各种网络自助学习工具和平台对图书馆提出了更严峻的挑战,图书馆唯有与外界多开展协作,方能有效应对④。

2018 年 3 月,由国际图联发布的报告《我们的愿景,我们的未来:一个强大、联合的图书馆联盟,助力信息互通的文明参与型社会——全球愿景》提出了当前图书馆发展的十大亮点,其中第二大亮点即认为数字时代我们必须更新自身的传统角色,图书馆不断改善自己的馆藏、设施及服务,支持学习、阅读,为扫盲做出有意义的贡献,不断满足用户变化着的信息需求⑤。

2. 国际经济不景气要求改革

当前的经济衰退迫使高等教育机构重新审视自身的组织结构、预算以及支出,其结果是,可能需要个别机构如图书馆审视其业务,并找到节省经

---

① 张然. 中外专家在上海共话大学图书馆未来可持续发展[EB/OL]. [2018 – 09 – 09]. http://news. 163. com/12/0425/21/7 VVE188400014JB6. html.

② MICHALKO J, MALPAS C, ARCOLIOA. Research libraries, risks and systemic change[EB/OL]. [2018 – 10 – 09]. http://www. oclc. org/research/publications/library/2010/2010-03. pdf.

③ KNAPP J. Plugging the whole:librarians as interdisciplinary facilitators[EB/OL]. [2018 – 05 – 09]. http://conference. ifla. org/sites/default/files/files/papers/ifla77/142-knapp-en. pdf.

④ MULLEN L B. Libraries for an open environment:strategies,technologies and partnerships[J]. Library hi tech news,2011,28(8):1 – 6.

⑤ IFLA. Our vision,our future:a strong and united library field powering literate,informed and participative societies[EB/OL]. [2019 – 03 – 18]. https://www. ifla. org/node/11905.

费的方法①。

在当前的经济环境中,全球的经济和金融危机波及高校图书馆,有些高校图书馆为了继续生存而削减预算和进行裁员。《2018 年美国图书馆状况报告》(*The State of America's Libraries 2018*)显示:在过去的 5 年中,19%的图书馆的资金减少,60% 的图书馆报告预算持平,在同一时期,近61%的高校图书馆重新安排或交叉培训工作人员,以更好地支持新技术或服务,或为新职位或为图书馆部门提供支持,造成此种现象的原因之一是预算紧缩②。

马拉维共和国的马拉维大学图书馆社会调查报告显示,在全球经济萧条、货币贬值、通货膨胀、汇率变动的情况下,图书馆将很容易成为高等学校上级机构削减财政的对象,在高校的预算中,图书馆开支成为最随意支配的资金。在萧条时期或削减财政的情况下,图书馆成为多余资金的蓄水池。在发展中国家,图书馆面对全球经济萧条、通货膨胀和货币贬值过程中,在从国外购买图书和期刊时,货币的真实价值缩水。在图书馆大部分的图书和期刊都是从国外购买的情况下,政府的经济改革计划对图书馆及信息资源再一次造成了消极影响。马拉维大学在社会调查报告中列出了图书馆在经济萧条中面临的七大挑战:①不可避免的服务范围的缩小和服务价值的降低;②不顾用户对资源和空间的需求,减少开放时间,以使开支最小化;③购买力降低和预算削减所造成的图书期刊可用性的降低;④由于货币值的波动,期刊出版商的减少所带来的困难;⑤在初始投资之后,增加自助服务的压力,自助服务被认为是节省开支的有效方法;⑥不再招聘馆员的问题,在整理预算的时候,有可能停止招聘新的馆员;⑦馆员保留的问题,在预算减少的情况下,支付员工养老金也会变得困难,最终可能需要裁员③。

为了应对这种现状,高校图书馆将需要重新审视自己的业务及服务活动④。高校图书馆应对将会对产生收费的活动保持敏感,保持核心业务的

---

① MAYO J L. WHITEHURST A P. Temporary librarians in academe：current use，future considerations[J]. Reference services review,2012,40(3):512 – 524.

② ALA. The state of America's libraries 2018[EB/OL]. [2019 – 03 – 18]. https://americanlibrariesmagazine. org/blogs/the-scoop/state-of-americas-libraries-2018/.

③ MAPULANGA P. Structural adjustment policies，currency devaluation and liberalized exchange rate on library acquisitions in the University of Malawi libraries[J]. The bottom line,2012,25 (3):123 – 134.

④ COTTRELL T. Hedge your budget risk through service increases[J]. The bottom line,2011,24 (1):6 – 12.

优先地位,为教学开展各种服务,促使图书馆支持教学,说服母体高校不再仅仅依赖于一项中心服务,而应着眼于三五个大的中心服务项目,这样会增加图书馆继续成为信息中心的可能性。同时,增强高校图书馆在信息获取方面的可信度与权威性。

3. 公共文化大发展推动改革

2011 年 10 月,《中共中央关于深化文化体制改革 推动社会主义文化大发展大繁荣若干重大问题的决定》获得通过,决定要求充分认识推进文化改革发展的重要性和紧迫性,更加自觉、更加主动地推动社会主义文化大发展大繁荣①。这为作为公共文化事业重要领域之一的高校图书馆的深化改革提供了政策依据和发展动力。

2014 年 3 月,全国文化体制改革工作会议要求学习贯彻习近平总书记系列重要讲话精神,推进文化体制机制创新,推动社会主义文化大发展大繁荣②。

2014 年 7 月,由北京大学文化产业研究院主办的第五届中国文化产业前沿论坛在京举行,根据会上发布的《中国文化企业报告 2014》,自 2013 年以来,我国文化产业发展可以用"全方位改革"一词来概括③。

近年来,党和国家一直致力于促进公共文化服务。党的十八届三中全会通过的《中共中央关于全面深化改革若干重大问题的决定》于 2013 年 11 月正式公布,该决定提出要构建现代公共文化服务体系④。2015 年 1 月,由中办、国办发文《关于加快构建现代公共文化服务体系的意见》再次提出要加快建设现代化公共文化服务体系⑤。2017 年 10 月 18 日,习近平总书记在中国共产党第十九次全国代表大会上的报告中指出:完善公共文

---

① 中共中央关于深化文化体制改革推动社会主义文化大发展大繁荣若干重大问题的决定 [EB/OL]. [2018 - 05 - 26]. http://www. gov. cn/jrzg/2011-10/25/content_1978202. htm.

② 全国文化体制改革工作会议召开 [EB/OL]. [2015 - 06 - 20]. http://www. gov. cn/xin-wen/2014 - 03/26/content_2647196. htm.

③ 陈叶军. 市场化数字化成主导,文化产业面临"全方位改革" [EB/OL]. [2015 - 06 - 20]. http://www. gov. cn/xinwen/2014 - 07/14/content_2716964. htm.

④ 中共中央关于全面深化改革若干重大问题的决定 [EB/OL]. [2018 - 05 - 28]. http://cpc. people. com. cn/n/2013/1115/c64094-23559163. html.

⑤ 中共中央办公厅、国务院办公厅印发《关于加快构建现代公共文化服务体系的意见》[EB/OL]. [2018 - 05 - 28]. http://culture. people. cn/n/2015/0115/c1013-26387591. html.

化服务体系,深入实施文化惠民工程,丰富群众性文化活动①。

高校图书馆是文化集散地和人类文明宝库,理应致力于促进公共文化大繁荣大发展,促进公共文化服务均等化和标准化,为之提供智力支持,而这也就要求高校图书馆进一步面向社会开放,为社会大众提供更多优良的信息服务。而开门办馆则意味着其旧有的业务和职能都将受到一定程度的冲击和挑战,要求重组。

4. 高等教育新形势促进改革

高等教育的面貌正在发生变化。2010 年的《布朗报告》显示在这个高等教育大众化的时代,只有当市场力量和学生选择高度吻合的那些课程越来越多时,才能够确保形成"一个可持续发展的高等教育"。这一策略的结果是一开始就能预见到的。由于高等教育机构采用了业务框架和术语,高校图书馆试着展示自己的活动与机构目标的一致性。2011 年《未来高校图书馆项目最终报告》描述了一个广泛的可能的未来,高等教育市场以及教育供给多元化程度的高度发达,将支持和鼓励高校图书馆的发展,这是行业面临的规模变化②。2014 年 11 月,OCLC 发布该年年度报告,报告里着重探讨了新的教育模式与方式如在线学习对图书馆发展带来的较大影响③。

我国《国家中长期教育改革和发展规划纲要(2010—2020 年)》也强调高校勇于探索创新性的体制机制,建立面向社会开放的教育资源公共服务平台,建立更多的数字图书馆项目平台④。说明作为文化事业重要组成部分的高等教育,其改革也已引起广泛重视。

我国自 1992 年以来,许多高校开展了合并运动,伴随的是图书馆也必须进行相应的重组与资源优化。同时,由于高校的扩招,学生群体的极大扩展,我国高等教育基于精英教育理念向大众教育理念转变,给教育机构包括其所属的图书馆带来了巨大的压力。

① 习近平在中国共产党第十九次全国代表大会上的报告[EB/OL].[2018 - 05 - 28]. ht-tp://cpc. people. com. cn/n1/2017/1028/c64094-29613660. html

② HURST S. Current trends in UK university libraries[J]. New library world,2013,114(9/10):398 - 407.

③ OCLC. OCLC publishes FY 2014 annual report[EB/OL].[2018 - 05 - 28]. http://www. in-fodocket. com/2014/11/19/oclc-releases-fy-2014-annual-report/.

④ 国家中长期教育改革和发展规划纲要(2010—2020 年)[EB/OL].[2018 - 05 - 28]. ht-tp://www. gov. cn/jrzg/2010-07/29/content_1667143. htm.

　　教育部 2015 年工作要点之一要求推动各省（区、市）和高校教育综合改革。教育部 2019 年工作要点第 19 条也要求改革高校管理方式，促进优化高校内部治理结构①。另外，2015 年以清华大学、北京大学、首都师范大学、北京工业大学为主，开始推行英国牛津大学、剑桥大学的书院制、住宿学院的组织模式②。这些势必对作为高校内部教辅机构的高校图书馆的业务流程、管理模式提出新的要求。

　　慕课的兴起是近年来高等教育另一发展点，它对高校图书馆的影响也正日益显现。2012 年，慕课在美国迅速兴起，演变为世界范围内本科教育教学的全新方式。2014 年 4 月，教育部在线教育研究中心在清华大学正式成立，已在清华大学"学堂在线"、上海交通大学"好大学在线"、高等教育出版社有限公司的"爱课程"网开设了 147 门慕课，选课人数达 123 万人③。2018 年 4 月的慕课已有 5000 门，7000 万人次的各类学习人士中，1100 多万人获得了学分，这些均领先于世界水平④。网易教育产品部负责人孙志岗说："这将导致传统高等教育的重新洗牌。"⑤就慕课而言，高校图书馆的作用将是一个"与各利益相关方合作"的支持，慕课促进高校的教学和嵌入式图书馆事业⑥。慕课课程对高校及高校图书馆的教学及教学支撑服务影响较大。

　　21 世纪高等教育的重要特征是现代信息技术与教育教学的深度融合。作为教学辅助单位，高校图书馆如何有效利用现代化"互联网＋"、大数据、云计算等技术，并与之深度融合，如利用它们建立更多的网络共享课程平台，开展基于互联网的授课平台与方式，基于云技术构建多媒体教学资源云，建立更多的微课、慕课，鼓励学生更多地自主学习，开展更多的线上学习交流等，以培养新技术环境下的创新人才，成为值得重点研究的核心问题。我国国务院《关于开展国家教育体制改革试点的通知》要求改革

---

① 教育部 2019 年工作要点 [EB/OL]. [2019 – 05 – 26]. http://www. moe. gov. cn/jyb_xwfb/gzdt_gzdt/s5987/201902/t20190222_370722. html.

② 卢晓东. 综合改革难在"综合" [N]. 中国科学报, 2014 – 12 – 11(5).

③ 唐景莉, 万玉凤. 对话张大良: 我国高校人才培养呈现出三大亮点 [N]. 中国教育报, 2014 – 11 – 10(9).

④ 我国上线慕课数量达 5000 门, 世界领跑 [EB/OL]. [2019 – 03 – 21]. https://www. sohu. com/a/228946232_528969.

⑤ 高度关注教育系统, 让高等教育"活"起来 [EB/OL]. [2015 – 06 – 21]. http://info. edu. hc360. com/2015/04/011729656770. shtml.

⑥ HAYMAN R, SMITH E E. Sustainable decision making for emerging educational technologies in libraries[J]. Reference services review, 2015, 43(1): 7 – 18.

高等学校各项制度,包括高校所属的基层组织的机构制度与运行模式①。我国教育部《全国教育人才发展中长期规划(2010—2020 年)》也要求高等学校应理顺体制机制②。说明促进高校改革发展,理顺体制机制是总体要求与热门词汇,作为高校三大支柱之一的高校图书馆,也应做出自己的改革革新承诺与行动。

2018 年,教育部高等教育司司长吴岩指出,高等教育创新发展势在必行,新时代高等教育发展主要任务是通过内涵式发展推进教育现代化,人才培养要把知识、能力、素质糅合在一起,要把新技术融入文科课程中,为学生提供综合性的跨学科学习,全面推进"新文科"建设。同时,新工科、新医科、新农科起步良好,发展稳健。高校图书馆作为教学辅助机构,应在新时代的高等教育环境中,进行现有机制体制、业务流程等方面的革新与重组,助力教师更好地将信息技术与教学课堂相结合,打造高质量的"金课",建设高水平的一流学科。

5.国内外学界业界关注改革

国际图联等重要的行业组织近年来持续关注图书馆的重组与改革,近年来国际图联的年度大会主题多与这个话题有关,如 2011 年年会主题为"跨越图书馆的图书馆:整合、革新与共享信息"(Libraries Beyond Libraries:Integration,Innovation and Information For All)③,这次年会重点探讨了图书馆的再定义、再思考、人员的再安排、机构的再重组,以达到再创新的目的④。2012 年国际图联年度大会主题也与变革改革有关,即"从此开始启人深思的、让人惊讶的、给力的图书馆"(Libraries Now! Insiping,Surprising,Empowering)⑤。2013 年,在新加坡召开的国际图联大会第 79 届年会,主题为"未来图书馆:无限可能"(Future Libraries:Infinite Possibilities)。2015

①　关于开展国家教育体制改革试点的通知[EB/OL]. [2018 – 05 – 26]. http://www. edu. cn/zong_he_870/20110113/t20110 113_570048. shtml.

②　教育部. 教育部关于印发《全国教育人才发展中长期规划(2010—2020 年)》的通知 [EB/OL]. [2018 – 05 – 26]. http://www. gov. cn/gongbao/content/2011/content_1907090. htm.

③　张晓林. 超越图书馆:寻求变革方向——第 77 届国际图联大会观感[J]. 图书情报工作, 2011(21):5 – 10.

④　BERNDTSON M. "What and why libraries?"—looking at what libraries might look like and why we still need them now and into the future[EB/OL]. [2018 – 07 – 06]. http://conference. ifla. org/sites/default/files/files/papers/ifla77/123-berndtson-en. pdf.

⑤　IFLA. World library and information congress 77th IFLA general conference and assembly[EB/OL]. [2018 – 07 – 06]. http:www. ifla. org.

年,在南非开普敦举行的第 81 届国际图联大会的主题为"有活力的图书馆:获取、发展与改革"(Dynamic Libraries:Access,Development and Transformation)。2016 年,第 82 届国际图联年会在美国俄亥俄州哥伦布市举行,大会的主题是"连接、合作、共同体"(Connections,Collaboration,Community)。2018 年,在马来西亚首都吉隆坡召开了第 84 届国际图联大会,其会议主题为"转型中的图书馆,转型中的社会"(Transform Libraries,Transform Societies)。2019 年,在希腊雅典召开的第 85 届国际图联大会主题是"图书馆:为变革而对话"(Libraries:Dialogue for Change)。可以看出,历年来,国际图联的年会主题要么在探讨图书馆的未来,要么在研究图书馆的转型,要么在思考图书馆在社会中的价值、与外界的协同合作,等等,基本都与图书馆改革内容有关。

2012 年 ALA 年度大会讨论了随着数字化阅读方式的兴起,图书馆在现有环境中如何革新,高校图书馆如何通过变革实现其价值,等等,诸多议题与图书馆的发展趋势高度相关[1]。同时,ACRL 所属的研究计划与评价委员会曾推出关于高校图书馆未来发展的十大趋势,最后一条趋势即认为高校图书馆未来的实体空间将会继续得到重视,数字化虚拟空间同时也会被委以重任,图书馆需要变革予以应对[2]。ARL 于 2019 年召开秋季论坛,主题为"变化发展的社会中研究图书馆的有效引路人角色"(Research Libraries as Catalytic Leaders in a Society in Constant Flux),该会议还研究图书馆未来的机构、技能变革等议题[3]。

创建于德国的国际技术大学图书馆协会,是遍及全球的科技大学图书馆事业思想交流论坛,该协会是一个志愿型国际非政府图书馆组织。第 32 届国际技术大学图书馆协会大会于 2011 年 5 月 29 日—6 月 2 日在波兰华沙大学举办,此次大会以为图书馆管理者、图书馆员、供应商和其他客户提供深入体验科技大学更开放的环境为特色。会议的主题涵盖开放存取、开放教育资源、支持开放的新技术、学术交流的所有方面(专注于科学图书馆事业)等,它们提供了一个有意义的话题探讨,其中第四次全体会议

---

[1] American Library Association[EB/OL].[2018 – 07 – 06]. http://www.alaannual.org/.

[2] ACRL Research Planning and Review Committee. 2010 top ten trends in academic libraries:a review of the current literature[EB/OL].[2018 – 07 – 06]. http://crln. acrl. org/content/71/6/286. full.

[3] ARL 2019 年秋季论坛将于 9 月 26 日举行[EB/OL].[2019 – 05 – 06]. http://iras. lib. whu. edu. cn:8080/rwt/305/http/P75 YPLUDNBVX6ZLMNFSHGLUPMW4A/ArticleInfo. aspx?id =454812.

的主题更是直接探讨图书馆在新技术环境下的新任务改革,即"新任务,新技术——是否还是图书馆"①。

参与英国研究型图书馆(Research Libraries UK)年会的专业人员每年济济一堂,他们讨论影响研究型图书馆发展的重要问题,其 2018 年年会的主题为:"质变:现代化研究图书馆正在变化的角色"(Metamorphose:the Changing Role of the Modern Research Library)②,2019 年讨论的主题为"再造学术:革新、创新以及文化变革"(Reshaping Scholarship:Transformation, Innovation and Cultural Change)③,说明其致力于创新、革新、改革的决心。

同时,中国图书馆学会近年来的年度大会多有涉及图书馆改革与重组的议题,如图书馆业务流程重组话题早在 2012 年就入选其年度大会征文主题④。中国图书馆学会 2014 年年会以"馆员的力量:改革 发展 进步"为主题⑤。2014 年 11 月,中国图书馆学会第六届青年学术论坛以"未来的图书馆和未来的图书馆员"为主题,鼓励青年学者积极谋划图书馆未来发展之路⑥。2015 年 12 月,中国图书馆年会在广州举办,年会主题是"图书馆:社会进步的力量"。2016 年 10 月,在安徽省铜陵市举办的中国图书馆年会以"创新中国:技术、社会与图书馆"为主题。2018 年 5 月,在河北省廊坊市举办的中国图书馆年会以"图书馆与社会:共享 效能 法治"为主题。2019 年 8 月,在内蒙古自治区鄂尔多斯市举办的中国图书馆年会主题为"新时代图书馆的转型发展:均衡 融合 智慧"。由上可见,历年来中国图书馆学会年会的主题也基本围绕着图书馆的创新、改革、转型而展开,说明图书馆的改革话题多年来一直受到中国图书馆学会同人的重点关注。

国内外各种重要的学术会议也对图书馆的改革重组给予关注。如

① MULLEN L B. Libraries for an open environment:strategies,technologies and partnerships[J]. Library hi tech news,2011,28(8):1 - 6.

② Metamorphose:the changing role of the modern research library[EB/OL]. [2019 - 06 - 28]. http://rlukconference. com/call-for-papers-2018/.

③ Reshaping scholarship:transformation,innovation and cultural change[EB/OL]. [2019 - 06 - 28]. http://rlukconference. com/.

④ 中国图书馆学会. 2012 中国图书馆学会年会征文通知[EB/OL]. [2012 - 05 - 20]. http://www. lsc. org. cn/CN/News/2012-02/EnableSite _ ReadNews1131359171329148800. html.

⑤ 中国图书馆学会举办第六届青年学术论坛[EB/OL]. [2015 - 05 - 25]. http://www. lsc. org. cn/contents/1177/952. html.

⑥ 中国图书馆学会第六届青年学术论坛[EB/OL]. [2015 - 05 - 25]. http://www. lsc. org. cn/c/cn/news/2014-09/05/news _7420. html.

何应对图书馆面临的现实挑战成为2013年数字图书馆前沿问题高级研讨会和高校图书馆发展论坛密切关注的话题①。2014年6月,由同济大学与ALA国际关系办公室联合举办的第二届新技术时代大学图书馆领导与管理创新国际会议在上海开幕,会议主题为"图书馆管理创新与组织变革""图书馆空间重组与服务转型"等,与会专家们讨论最多的话题即新数字环境下高校图书馆的再定位与创新转型发展②。2014年11月,第二届全球化视野·大学图书馆馆长论坛上,专家表示高校图书馆正面临变革,应以知识创新、文化传承为核心,紧跟用户需求转型③。2015年5月,图书馆发展趋势与运营创新研讨会上,各位专家分别从图书馆发展趋势与规划制订、图书馆建筑发展趋势、用互联网思维重构图书馆服务系统、图书馆服务创新探索以及与世界图情高端保持同步等方面进行了交流④。2016年4月,由《大学图书馆学报》编辑部主办的国际视野中的大学图书馆发展研究高端论坛在南京举办,与会专家围绕高校图书馆创新发展的探索与实践这两个主题进行专深论述⑤。2018年12月,中国高等教育文献保障系统(China Academic Library & Information System,简称CALIS)管理中心特别举办"从共建共享走向融合开放"学术研讨会暨2018 CALIS年会,大会主要探讨在新时代环境下,图书馆转型与创新中的前沿性问题⑥。

图书馆需要革新与业务流程重组成为2011年11月美国查理顿大会的主要议题⑦。2019年3月,由德国图书馆与信息协会联合会(Bibliothek und Information Deutschland,简称BID)组织的第7届德国图书馆大会,直

① 王左利.图书馆:信息时代的价值重构[EB/OL].[2015 – 07 – 25].http://www.edu.cn/li_lun_yj_1652/20130806/t20130806_997906.shtml.

② 何青芳,姚俊兰."第二届(2014)新技术时代大学图书馆领导与管理创新国际会议"综述[J].图书馆杂志,2014(8):110 – 112.

③ 陈爱平.专家建言打造面向未来的高校图书馆[EB/OL].[2015 – 07 – 21].http://www.sh.xinhuanet.com/2014 – 11/26/c_133815054.htm.

④ 魏翠娟.图书馆发展趋势与运营创新研讨会在南京航空航天大学图书馆召开[EB/OL].[2015 – 06 – 12].http://www.chinalibs.net/ArticleInfo.aspx?id = 377729.

⑤ 王锰."国际视野中的大学图书馆发展研究高端论坛"综述[J].大学图书馆学报,2016(4):5 – 12.

⑥ CALIS管理中心.从共建共享走向融合开放——2018年度CALIS年会在北京大学召开[EB/OL].[2019 – 05 – 06].http://iras.lib.whu.edu.cn:8080/rwt/305/http/P75YPLUDNBVX6ZLMNFSHGLUPMW4A/ArticleInfo.aspx?id = 448565.

⑦ RAPP D.Charleston conference 2011:big ideas,big challenges[EB/OL].[2017 – 05 – 26].http://www.thedigitalshift.com/2011/11/publishing-2/charleston-conference-2011-big-ideas-big-challenges/.

接以"图书馆改革"（Libraries for Change）为主题①。2019 年 5 月,由国际图联大都市图书馆组（IFLA Section on Metropolitan Libraries）主办的国际图联大都市图书馆会议,以"重塑生活,重塑图书馆"（Reshaping lives and libraries）为会议主题,探讨了数字化、文化变化等带来的图书馆变革等问题②。2019 年 11 月,由英国研究型图书馆（Research Libraries UK）和英国国家档案馆（The National Archives）联合召开的 2019"发现馆藏,发现社区"会议,以"引领数字化转型:实践性和可行性"（Navigating the Digital Shift:Practices and Possibilities）为主题③。

同时,近年来图情界的学者也纷纷就图书馆的转型、改革等话题展开论述。张晓林提出图书馆应基于新环境与技术的变化,对现有体制机制、传统服务能力等来一次彻底性革新④。吴建中认为转型和超越是图书馆的发展趋势⑤,且认为图书馆将由"以书为本"转向"以人为本"⑥。

2018 年 6 月,来自图书馆学界和业界的 160 名学者召开了中国图书馆事业发展高层论坛,发布了《图书馆事业发展南京宣言(2018)》,达成的共识与建议中第五条即关注图书馆改革命题,认为应鼓励图书馆各种类型的创新,促使其高质量发展⑦。

2017 年起任国际图联主席的格洛莉亚·佩雷斯 – 萨尔梅隆（Glória Pérez-Salmerón）于 2018 年 10 月参加在上海图书馆举行的第九届上海国际图书馆论坛（The 9th Shanghai International Library Forum,简称 SILF 2018）上的主旨发言最后提到:更全面的管理一定会面临新的挑战,图书馆的变革已是必然选择⑧。

①　7th German Library Congress Leipzig 2019［EB/OL］.［2017 – 05 – 26］. https:∥www. bid-kongress-leipzig. de/index. php?id = 13&L = 0.

②　赵启玥. 2019 年国际图联 MetLib 会议将于 5 月 8 日在赫尔辛基中央图书馆召开［DB/OL］.［2019 – 07 – 04］. http:∥iras. lib. whu. edu. cn:8080/rwt/305/http/P75YPLUDNBVX6ZLMNFSHGLUPMW4A/ArticleInfo. aspx?id = 450624.

③　Research Library UK. Digital shift provocation:the research library in 2025［EB/OL］.［2018 – 05 – 22］http:∥dcdcconference. com/.

④　张晓林. 颠覆数字图书馆的大趋势［J］. 中国图书馆学报,2011(9):4 – 11.

⑤　颜维琦. 时代给了图书馆无限想象力——访上海图书馆馆长吴建中［N］. 光明日报,2012 – 04 – 24(2).

⑥　吴建中. 转型与超越:无所不在的图书馆［M］. 上海:上海大学出版社,2012:1.

⑦　图书馆事业发展南京宣言(2018)［J］. 图书情报工作,2018(18):33.

⑧　格洛莉亚·佩雷斯 – 萨尔梅隆,许桂菊,徐路. 图书馆:社会变革的驱动器［J］. 图书馆杂志,2018(11):4 – 10.

由是观之,我们有必要仔细梳理与总结近年来高校图书馆界的改革发展动向,将其上升到理论的高度,并最终用来指导下一步的行动。

6. 高校图书馆界持续性改革

面对危机,国内外的高校图书馆积极改革,持续性开展此项工作,力求有所突破。国外如哈佛大学图书馆,该馆近年来先后三次开展重组,第一次重组起始于 2011 年 9 月,重组方案围绕用户需求、馆藏资源、信息服务等,依据统一的"大学图书馆"的理念、使用 IT 技术将整个学校 73 所图书馆分成 5 组,建成一个有机系统[①]。第二次重组于 2012 年开展,这次重组因其程度激烈而被称为"大屠杀"事件,集体解聘馆内馆员,对图书馆进行基于设计、调研、准备、实施等的重组[②]。最近的一次重组则于 2013 年开始,哈佛大学图书馆启动新一轮重组,合并重复的职能机构,确立了 8 个直属部门,形成领导小组、内阁、专门委员会三方协作的图书馆领导机制[③]。美国耶鲁大学图书馆、伊利诺伊大学图书馆也开启了各自的改革重组行动:前者以信息加工服务部整合采访编目部、期刊部等的业务;后者则更注重重组时的科学方案的设计,且将用户满意与否作为该方案设计的基准,以用户为本设计全新的业务流程,整合各种业务与服务形式为学科群开展服务[④]。

具体到国内的情况,其特点是主要开展了各种形式的机构重组,主要有:第一,合并有些机构。主要考虑到这些机构业务内容相近,于是合并便于"同一个声音"说话,为读者推出整合式服务。这方面的代表性案例如佛山大学图书馆,该馆较早实施机构重组,将文献采编、文献交换等部门并入文献整理部,文献服务部则统筹统管全馆与读者服务有关的部门。其他如清华大学图书馆、上海交通大学图书馆、南京航空航天大学图书馆、东南大学图书馆等均属于这类型的机构重组,它们要么将采访、编目部合并到一起,要么将流通、阅览部合并,要么将参考咨询部、情报服务部、科技查新中心等整合成新的信息参考部[⑤]。第二,新增新兴机构。根据数字环境的

①② 罗四鸰. 哈佛图书馆"大屠杀"[EB/OL]. [2016 – 06 – 16]. http://www.eeo.com.cn/2012/0504/225936.shtml.

③ 王亚林,张耀蕾. 哈佛大学图书馆:重组失败后的再重组[J]. 大学图书馆学报,2014(6):5 – 9.

④ MAHARANA B,PANDA K C. Planning business process reengineering (BPR) in academic libraries[J]. Malaysian journal of library & information science,2001,6(1):105 – 111.

⑤ 徐军华. 关于国内外图书馆开展 BPR 的案例述评[J]. 情报杂志,2009(10):203 – 206.

变化,以及师生读者信息需求的多样化,有些高校图书馆基于这些因素建立了一些新的机构以应对馆内外的变化。如北京农学院图书馆新建了数字资源部①。第三,设立学科服务机构。近些年来学科服务在高校图书馆得以大张旗鼓地推行,与之有关的机构也逐渐建立。如徐州师范大学图书馆于1999年在国内较早建立学科文献中心,根据学科内容而非文献外在形态聚集文献②。

国内外高校图书馆改革与重组的实践探索,对图书馆缓解来自内外的压力与危机、应对新环境与读者的新需求等都发挥了积极作用。但因其主要处于分散式的探索阶段,因此急需进行理论总结与升华,形成具有指导意义的科学理论。故本书就高校图书馆的业务流程重组展开理论研究,以求能指导当前蓬勃发展的高校图书馆改革实践。

二、研究目的

1. 有利于完善已有的图书馆学理论

本书研究的高校图书馆业务流程重组的模式,因其本身即关涉图书馆管理领域的决策、计划、组织、指导、实施及控制等多方面内容,对此开展研究,能够进一步完善图书馆管理理论。三种高校图书馆业务流程重组的优化模式,涉及高校图书馆内部管理、馆际之间、图书馆与校内外其他信息机构之间的合作、协同管理以及合并后的资源建设、业务流程、服务开展等方面的微观、中观、宏观管理,这些都能较好地丰富图书馆学管理、合作、协同等方面的理论知识。

2. 有助于拓展已有的知识管理理论

本书提出的三种高校图书馆业务流程重组的模式均基于知识管理理论的指导,又能在一定程度上丰富知识管理理论。第一种优化模式以用户为本,构建围绕用户教学科研的业务流程,构建将用户置于中心的机构设置;第二种优化模式构建统一的一站式检索界面;最后一种优化模式构建大文献保存、发现、服务流程,以更便于服务用户。同时,构建学科交流中心、嵌入教学科研流程、鼓励到图书馆开展教与学,激发师生用户们大脑里

---

①② 徐军华.关于国内外图书馆开展 BPR 的案例述评[J].情报杂志,2009(10):203－206.

的隐性知识,图书馆加强这方面知识的管理,等等,均有助于拓展现有的知识管理理论。

3. 有利于缓解面临的各种内外危机

高校图书馆面临着较大的危机,国际经济形势不景气引起图书馆预算减少,数字环境带来资源数字化、用户信息需求多样化,网络媒介也对图书馆造成一定的冲击,等等,这些共同作用于高校图书馆,给其带来危机与压力。通过本书的研究,高校图书馆构建了以师生用户为中心的业务流程,该业务流程围绕着用户的需求、嵌入其教学与科研,因而能有效满足师生用户变化了的信息需求,也能更好地解决高校图书馆与教学之间脱节的问题,也因其还基于多种信息技术的嵌入,通过实体和虚拟空间增加用户参与的业务流程等。这些都有利于激活高校图书馆的活力,使其适应数字环境的变化,让其焕发出更旺盛的生机与活力,获得师生用户更大的认可,从而缓解高校图书馆目前面临的内外危机。

4. 有益于适应新兴的学术交流环境

数字环境下,开放获取运动正风起云涌,高校图书馆在新的学术交流机制中直接参与出版服务,ARL 的大多数成员馆已经从事出版或出版支持活动,其中许多馆拥有强大的和长期的出版活动。对这种情形的研究,将有助于高校图书馆在开放获取环境中,从学术交流机制的中游直接跃升至上中游,构建起学术成果生产、学术资源加工组织、学术资源提供利用的一整条业务流程,使其在新的学术交流环境中占有一席之地。

三、本书研究主题的文献述评

1. 国外研究现状

国外研究文献的检索与获取主要通过"图书馆与信息科学文摘"(LISA)实现,LISA 拥有来自约 70 个国家的不同语言的近 500 种专业期刊杂志,因而极具代表性。通过检索,共获得与高校图书馆业务流程重组有关的文献 168 篇,年代分布图如图 0-1 所示。

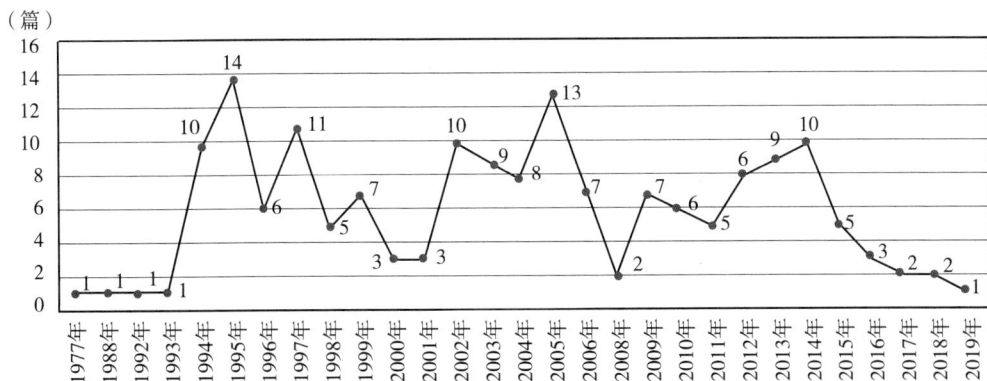

图 0-1 国外关于图书馆业务流程重组研究论文的年度分布

资料来源:作者根据调查数据绘制。

注:2007 年没有相关论文,故此图中未出现 2007 年数据。

从图 0-1 可知:①第一篇相关的学术论文出现在 1977 年,该文章主要研究的是高校图书馆组织机构变革,非真正意义上的图书馆业务流程重组研究;②1993 年,企业管理领域的业务流程重组理论正式由汉默与钱皮提出,一年后图书馆学领域也有了第一篇真正研究图书馆业务流程重组的学术论文;③发文的趋势呈波浪式发展,企业业务流程重组理论在 1993 年被提出并引入图书馆领域后,1994 年图书馆学有关业务流程重组的研究论文即迅速攀升,第二年就达到了研究顶点,1995 年发表了 14 篇有关图书馆业务流程重组的论文,随后一直到 2014 年,若干年间发文量一直呈高高低低的波浪状起伏,近几年来呈下降的趋势。

另外,笔者还对各种重要的国内外学会协会的网站进行了调研。总的来说,国外学者对于图书馆业务流程重组的研究内容主要可从以下方面展开:

(1)关于图书馆业务流程重组的理论及方法研究

有学者认为,业务流程重组实施前,图书馆应重点考虑以下要素:第一是环境扫描,要考虑图书馆的外在政治、经济、教育、信息等环境都发生了什么样的变化,它们共同对图书馆如何形成作用力。第二是投入问题,为了开展业务流程重组,图书馆准备投入多少经费,安排多少馆员来专事此项工作,技术力量如何打造,哪些流程将被选中优先重组。第三是图书馆内部业务流程扫描,在实施业务流程重组之前,要详尽把握现有业务流程,了解它们是如何运转的,利弊各在哪些方面。第四是调研用户信息需求,了解他们现在和未来有哪些信息需求。第五是调研图书馆与外部机构的关系,包括联合共建共享、联合共建系统、合并与被合并的关系;等等①。

有学者认为,图书馆业务流程重组开启后,应按以下步骤展开②:第一为准备期,包括拟定实施的目标,准备预算经费,准备实施的方案,拟开展的时机选择,哪些业务流程将进入重组范畴;第二为初步设计期,主要包括设计图书馆业务流程重组项目总规则、图书馆和用户需求规则、信息技术规则,这些需业务流程重组实施团队与图书馆上下员工一起反复调研、商量、研讨决定;第三则是梳理业务流程的阶段,包括梳理图书馆现有业务流程,这些业务流程各有何优劣,确定优化这些业务流程的初步方案;第四则是具体实施阶段,建立起真正实施图书馆业务流程重组的项目团队,明确团队的负责人、骨干成员、技术力量,他们主要来自于图书馆内部的专家、技术骨干以及校外的业务流程重组方面的理论专家及图书馆学学者,然后基于前面三个阶段的准备工作开始实施具体的业务流程重组。当然,最开始应该选择关键流程寻找突破口,一旦实施,还需要在项目团队的基础上建立具体的工作小组,后者是具体实施的人员,团队所有人员必须全身心投入该项工作,工作小组在项目团队的具体领导下开展工作。

另外,还有学者推出实施图书馆业务流程重组的五步法③:第一步,确定重组的目标,该目标主要应考虑用户需求与用户满意度;第二步,到一线部门了解各项流程的工作,包括其成本、内容、服务等;第三步,深入用户群体,了解他们对于图书馆的看法,对于图书馆现有业务流程的满意度,以及他们对于图书馆接下来的业务流程有何意见建议;第四步,信息技术嵌入,将信息技术嵌入图书馆业务流程重组中;第五步,新的业务流程模型的搭建,并在其指导下具体实施图书馆业务流程重组。

也有学者推出三步法④:第一步,选择关键流程,分析有无重组的必要;第二步,对图书馆现有业务流程情况进行描述,对用户需求和满意度展开调研;第三步,基于以上两大方面的分析、准备,以满足用户需求为基准,开展图书馆的业务流程重组。

关于高校图书馆业务流程重组,有学者认为其实施程序还应具有自身

①② BENTE B,RATHJE D,MCGRORY M,et al. Designing and building integrated digital library systems-guidelines[EB/OL].[2018 – 04 – 23]. https://files. eric. ed. gov/fulltext/ED494538. pdf.

③ MAHARANA B,PANDA K C. Planning business process reengineering (BPR)in academic libraries[J]. Malaysian journal of library & information science,2001,6(1):105 – 111.

④ JEAL Y. Reengineering customer services:University of Salford information services division [J]. New library world,2005,106(7):352 – 362.

的特点,即首先应发挥高校科学研究的优势,建立业务流程重组实施研究中心,该中心主要就本图书馆的发展战略、资源特色、技术现实等展开具体研究;其次,建立业务流程重组团队,选择关键流程实施重组;评估重组后的业务流程是否与之前的目标相符,是否令读者满意①。

阿里加·祖顿伦(Arja Juntunen)等学者以芬兰图尔库大学图书馆重组为例探讨图书馆业务流程重组的程序,该校图尔库经济学院图书馆和图尔库大学图书馆合并,由此引起新的运作模式并展开重组,重组中遵循以下步骤:用户满意度调查模式先行,因为图书馆与学术界缺乏对话易引起不满;为了创建一个新的功能组织,图书馆开始系统地记录最佳实践,转让或采用既能推进内部流程流畅性又能提高用户满意度的功能;为了在一般的重组行动中学习其他高校图书馆和用户导向组织的基准,图书馆同时也在组织之外寻求最佳实践,它由图书馆的管理人员即图书馆馆长以及特殊主题图书馆和内部操作的领导者执行,还鼓励几个专家参加了基准测试②。

(2)关于重视重组过程中理论的指导研究

学者克劳斯·赛诺瓦(Klaus Ceynowa)认为图书馆开展业务流程重组时需要开展理论研究,抛弃旧有的模式并不那么容易,必须在理论的指导下通过业务流程重组使图书馆浴火重生,要求图书馆在重组后使其服务无处不在,而其空间设计则令人惊叹③。匹兹堡大学图书馆馆长鲁什·米勒(Rush Miller)认为要将以人为本、战略思想、空间再造思想、组织文化再造思想等作为图书馆业务流程重组的理论指导④。

(3)关于高校图书馆业务流程重组内容的研究

高校图书馆的文献从纸质向在线的转变使得其必须找到方法来组织和管理"这个囊括电子书、期刊文章、文本和图片的虚拟聚宝盆"。图书馆系统开发商近年来一直在设法解决资源搜索的窘境,得到了不同的系统解决方案,这些解决方案的最终目的是要最大限度地提高资源的使用率,缓

① MAHARANA B,PANDA K C. Planning business process reengineering(BPR)in academic libraries[J]. Malaysian journal of library & information science,2001,6(1):105 – 111.

② JUNTUNEN A,MUHONEN A,NYGRÉN U,et al. Reinventing the academic library and its mission:service design in three merged Finnish libraries in mergers and alliances[J]. The wider view,2015,3(9):225 – 246.

③ 艾歇尔.图书馆的未来[EB/OL]. [2017 – 04 – 23]. http://ssaion. cn/yjfw/wenjian/ifla/xpress6_zh_final. pdf.

④ 詹萌.走进匹兹堡市,匹兹堡大学,走进匹兹堡大学图书馆[EB/OL]. [2017 – 04 – 23]. http://libseeker. bokee. com/5076684. html.

解用户的挫折感并实现流畅地对图书馆资源进行利用。

关于纸质文献的业务流程处理变革,学者们认为可通过参与其他馆的合作构建纸质藏书的业务流通服务。穆汉恩(Muhonen)等人认为图书馆再也不能维持庞大而广泛的印刷型和数字馆藏,他们提出的图书模型的生命周期已经考虑各种类型的资源和用户。该模型规定,印刷型资源的最佳位置是书架,在这里它被潜在用户找到的可能性最大。读者经常需要的资源必须放在固定书架。当需求减少,这种资料可转移到最近的院系资料室(如图0-2所示),如果资源找不到读者,它可以被移到更大、更集中的机构,直到最后被放入储存库。生命周期模型涵盖了不同类型的图书馆及用户。这种模式给图书馆带来的好处是,只有具有潜在使用可能的图书才可以被放在活跃馆藏区,因此提供了优化空间的可能性。更甚者,一定文献的副本数量也可以在一个区域甚至全国范围内被优化。

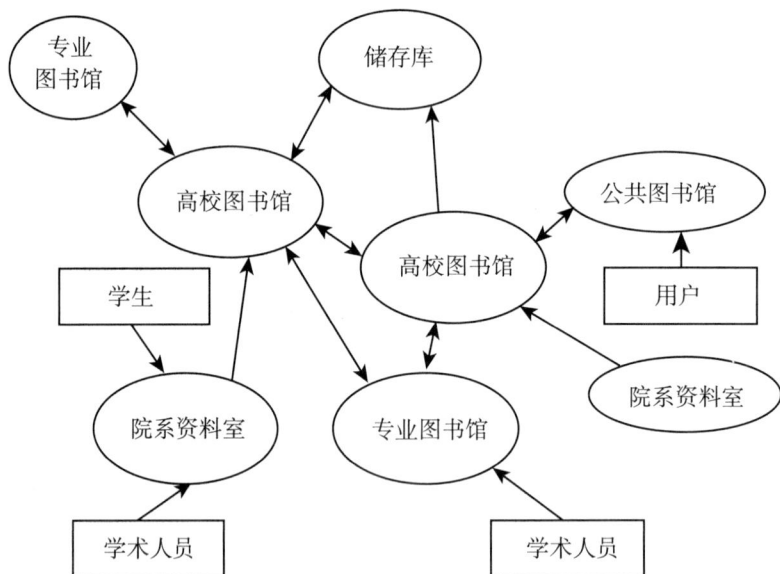

图0-2　纸质资源的生命周期循环模型图

资料来源:MUHONEN A,SAARTI J,VATTULAINEN P. Managing the life cycles of the document and library collections in Finnish academic libraries:two cases studies:Aalto and UEF[J]. Library management,2010,31(8/9):669-677.

这种网络为所有的参与和合作的图书馆提供了机会,使其专注于服务对自身及其利益相关者最重要的学科。每个图书馆都可以宣传自己的馆藏实力,以便其他图书馆考虑哪些资源是他们希望保有的,哪些资源需要他们依赖其他馆提供。实际上,最好的方法是创建一个地区性或全国范围内的征集政策①。

　　纸质文献服务流程则包括:用户发起请求需要、合适的技术、从借阅图书馆到用户的物流运作。但总体而言,按照传统定义,文献传递服务是两个图书馆之间的行为(见图0-3)。通过这种方式,双方可以互相信任。然而,这个定义在用户发起请求时不再有效,更不用说在资源直接传递给用户的情况下。因此,定义需要修改(见图0-4)。用户发起文献请求时,不再是通过主图书馆这一中间环节,而是直接向借阅图书馆发出文献传递的请求,借阅图书馆在收到用户的文献请求后,可以直接传递给用户,也可传递给主图书馆,然后再由主图书馆传递给用户,主图书馆作为自己用户的担保人,确保用户在与借阅图书馆开展文献请求与传递过程中的诚信问题。

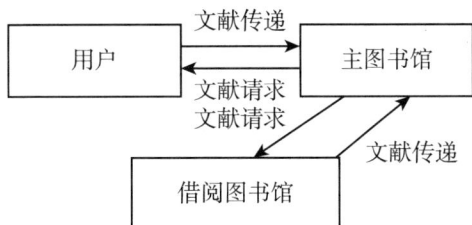

图0-3　传统的文献传递方式

资料来源:MUHONEN A,SAARTI J,VATTULAINEN P. From the centralized national collection policy towards a decentralized collection management and resource sharing co-operation-Finnish experiences[J]. Library management, 2014, 35(1/2): 111-122.

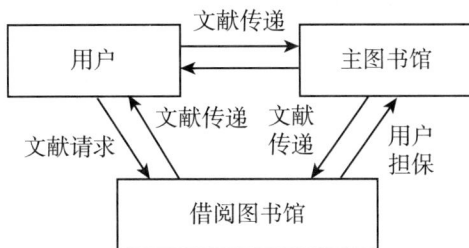

图0-4　用户需求激发后的文献传递方式

资料来源:MUHONEN A,SAARTI J,VATTULAINEN P. From the centralized national collection policy towards a decentralized collection management and resource sharing co-operation-Finnish experiences[J]. Library management, 2014, 35(1/2): 111-122.

---

① MUHONEN A,SAARTI J,VATTULAINEN P. From the centralized national collection policy towards a decentralized collection management and resource sharing co-operation-Finnish experiences[J]. Library management,2014,35(1/2):111-122.

关于数字资源管理流程改革,芬兰已开始实施一项由不同元素组成的新战略,其目标是提供全国数字图书馆的基础设施,致力于确保芬兰文化科学的电子资源以高标准进行管理,易于访问,能妥善保存至将来。这是目前芬兰建设电子科研和文化基础设施的关键之一①。

(4)关于高校图书馆业务流程嵌入教学科研的研究

高校图书馆的功能是支持母体机构师生的学习、教学、研究等。知识不是静态的。图书馆应努力跟上技术的步伐,创造获取知识的途径,为所需信息提供易于使用的网关。世界各地的高校图书馆正在经历一段巨大的变化时期,正在适应支持学习和研究的新需求和信息提供的新形式。

特别是考虑到许多学术资源从纸质到数字格式的过渡,高校图书馆必须重新考虑如何使用空间。如果以前储存和使用需要占据大量的物理空间的馆藏文献,现在则主要转变为虚拟空间,那么,"图书馆位置"的未来是什么?物理供应和数字供应之间适当的平衡是什么?此种情况下如何有效服务教学?约翰·托马斯·奥里乌(John Thomas Oliver)等则认为图书馆可将维基百科嵌入图书馆信息素养教育,利用维基百科为大学一年级学生开设有关如何研究和写作的信息素养课程,通过在两次教学课堂上进行模拟测试后,进一步挖掘它的潜力。在学习过程中图书馆可以为学生们丰富第一手的经验、精炼维基百科的内容,同时图书馆获得大量学生评教的评估数据以及使用过程中产生的学术信息。课题模拟训练表明:有价值的课程可以通过较短时间来讲授,比如该项目设计的图书馆信息素养课程②。

(5)关于高校图书馆重组空间作为促进用户交流的场所研究

高校图书馆的空间重组已越来越受到重视,它在高校图书馆中的应用也不断增加。随着高校图书馆形象的不断提升,学者们正研究通过空间重组为用户交流提供场所的命题③。

随着信息资源日益数字化,图书馆信息中心偏离了本质上仅是一个物理信息产品的存储空间这一功能。如果他们保留物理空间,则其目的是用来学习和思考,成为一个"思考地带"。在那里,用户被鼓励"慢下

① O'CONNOR S,JILOVSKY C. Approaches to the storage of low use and last copy research materials[J]. Library collections,acquisitions & technical services,2008,32(3/4):121－126.

② OLIVER J T. One-shot wikipedia:an edit-sprint toward information literacy[J]. Reference services review,2015,43(1):81－97.

③ HURST S. Current trends in UK university libraries[J]. New library world,2013,114(9/10):398－407.

来,放松一下头脑",是一个进行创造革新的激励性环境和社交区域或聚会地点,许多学术图书馆似乎步入了"社交圈"路线,为会议和协同工作以及文化活动提供一个空间来补充信息供应。这些新概念对高校"信息空间"的设计具有强大的影响,在信息空间中个人信息用户可以进行操作和互动①。

(6)关于高校图书馆的重组案例研究

先后有学者对加州大学伯克利分校图书馆②、澳大利亚国家图书馆③、新西兰林肯大学图书馆④、斯坦福大学图书馆⑤、芬兰赫尔辛基大学图书馆、东芬兰大学图书馆和图尔库大学图书馆⑥等的业务流程重组展开案例研究,它们或将服务业务细分,或将图书馆重组为第三空间,或开展机构重组,或将图书馆打造成教学与学习中心,或与出版社、计算系统实现机构合并,或通过组建项目小组,具体负责高校图书馆的业务流程重组。

2. 国内研究现状

对于国内研究文献的检索,本书借助了 CALIS、NSTL、读秀等专业检索平台,同时主要利用中国知网数据库 CNKI 检索了与图书馆业务流程重组有关的文献。检索的时间起点年为 1993 年,与汉默和钱皮提出该理论的时间同步。另外,本书还借助国家社科基金项目数据库检索获得了近年来与本主题有关的国家课题,主要有"信息化环境下我国图书馆业务管理模式重建研究"(2002 年获批)、"数字图书馆业务微服务重组架构研究"(2009 年获批)等。

本书从以下几方面对国内研究现状展开文献计量和主题分析。

---

① OLIVER J T. One-shot Wikipedia:an edit-sprint toward information literacy[J]. Reference services review,2015,43(1):81 – 97.

② Guide to library catalogs:home[EB/OL]. [2018 – 02 – 21]. http://www. lib. berkeley. edu/Catalogs/melvyl_pilot_faq. html.

③ The National Library of Australia. Directions 2009 – 2011[EB/OL]. [2018 – 02 – 21]. http://www. nla. gov. au/library/directions. html.

④ 初景利.图书馆的未来与范式转变——IFLA 2011 年大会侧记[EB/OL]. [2018 – 02 – 21]. http://ir. las. ac. cn/handle/12502/3882.

⑤ 初景利,许平,钟永恒,等.在变革的环境中寻求图书馆的创新变革——美国七大图书情报机构考察调研报告[J].图书情报工作,2011(1):10 – 16,69.

⑥ JUNTUNEN A,MUHONEN A,NYGRÉN T,et al. Reinventing the academic library and its mission:service design in three merged Finnish libraries in mergers and alliances[J]. The wider view,2015,3(9):225 – 246.

（1）历年论文发表统计

通过将历年来发表的与图书馆业务流程重组有关的期刊论文、会议论文以及学位论文按照发表年度进行统计归纳，得到如图0-5、0-6、0-7所示的年度分布图。

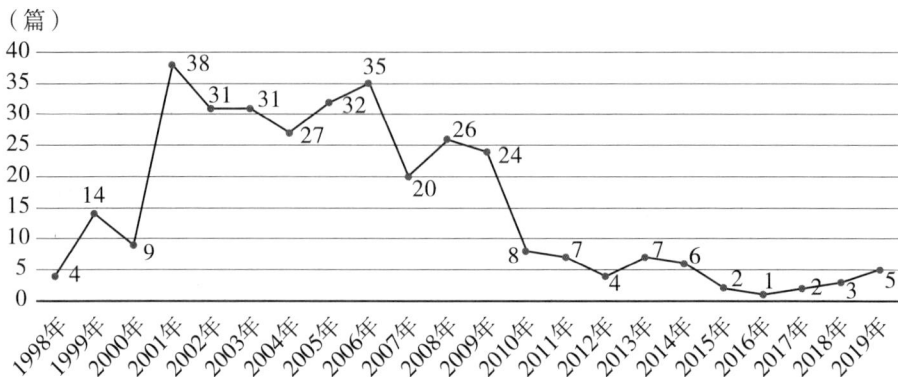

（篇）

图0-5　国内关于图书馆业务流程重组研究之期刊论文的年度分布
资料来源：作者根据调查数据绘制。

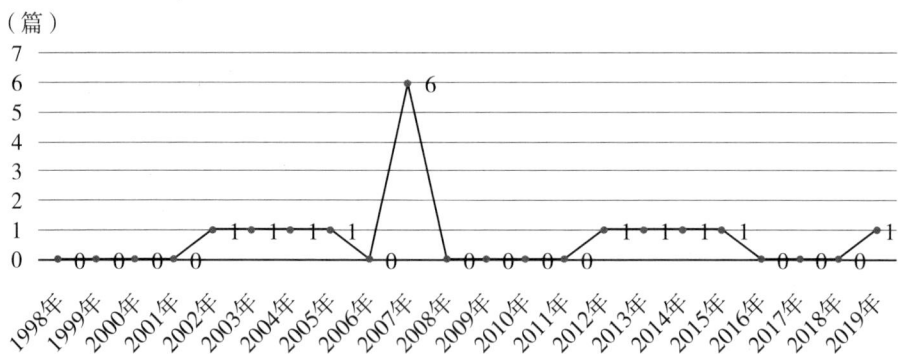

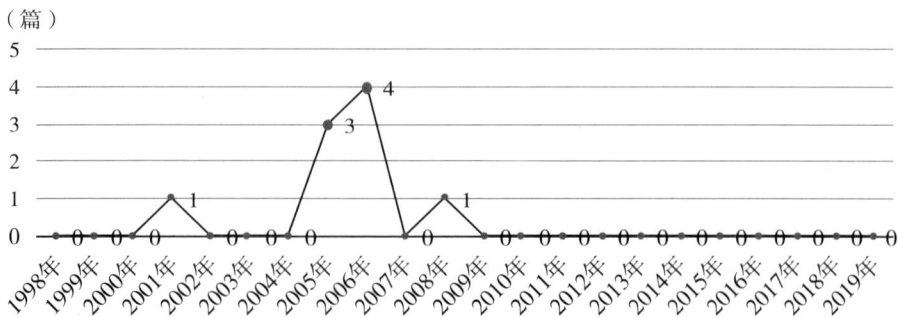

（篇）

图0-6　国内关于图书馆业务流程重组研究之学位论文的年度分布
资料来源：作者根据调查数据绘制。

（篇）

图0-7　国内关于图书馆业务流程重组研究之会议论文的年度分布
资料来源：作者根据调查数据绘制。

　　从图 0 - 5、0 - 6、0 - 7 中,我们可以分析归纳出以下发展特点:第一,从总的发文数量上来看,360 篇学术论文分布在 22 年间,平均每年发文约 16 篇,应该说这种研究力度还是比较大的。第二,从数量的发展变化趋势来看,1998 年出现第一篇图书馆业务流程重组论文[缪其浩的《"业务流程重组(BPR)"与图书馆改革》]以来,随后的几年期刊论文发文数增长较快,在 2001 年达到了第一次发文数的高峰,当年发表与图书馆业务流程重组有关的文章达 38 篇,此后在 2006 年再次达到期刊论文发表的第二次小高峰,当年发表论文 35 篇,这可能与进入 21 世纪后学界业界都在寻求图书馆的改革重组有关;自 2006 年之后,期刊论文发文数呈一路下降趋势,这也从一个侧面说明了关于图书馆业务流程重组需要寻求更大、更新的突破点方能进一步激起学者们的研究兴奋点。第三,第一篇研究图书馆业务流程重组的学位论文于 2002 年出现,之后略有上升,在 2007 年达到发文数的高峰,总的来说,历年来这方面的发文数增幅慢,且时有反复,表明精深、系统研究图书馆业务流程重组的论文还不多,此领域还有大量待挖掘的"富矿"。第四,图书馆业务流程重组有关的会议论文直到 2001 年才出现,在 2006 年期刊论文发表出现第二次高峰,当年这方面的会议论文数量也达至最顶点,说明当年学术界对此话题关注度极高。

　　(2)作者发文量统计

　　根据统计,现有的 360 篇论文主要由 330 位作者撰写,本书进一步分析这些作者的详细发文情况,见图 0 - 8。

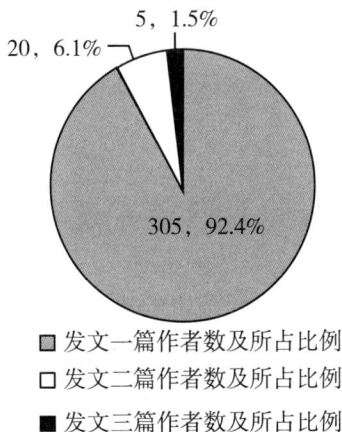

图 0 - 8　图书馆业务流程重组研究的作者发文数量统计

资料来源:作者根据调查数据绘制。

　　由图 0 - 8 可以看出,绝大部分(92.4%)的作者都只发表了一篇与图书馆业务流程重组有关的论文,说明对这个领域来说,那种多年来持续关注、专题研究该主题的作者群体还是太少,核心作者群有待继续努力搭建。

（3）作者单位统计

同时,笔者还对360篇论文的作者单位进行了统计分析,具体数据见图0-9。

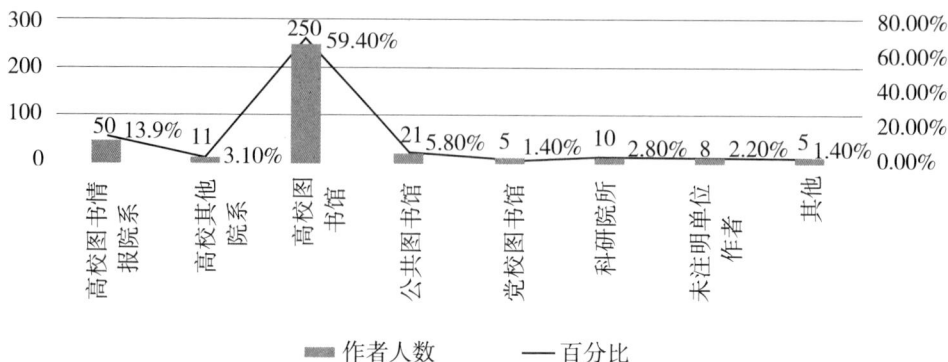

图0-9　图书馆业务流程重组研究学者的单位系统统计
资料来源:作者根据调查数据绘制。

本书对这些单位进行了进一步归纳:高校系统(包括高校图书情报院系、高校其他院系、高校图书馆)、公共图书馆系统、党校图书馆系统、科研机构图书馆系统以及其他系统。从图0-9可以看出:高校系统是研究图书馆业务流程重组最大的一支力量,共有311名作者来自高校系统,占比86.40%,充分说明了这个系统群体的研究实力,也说明他们对图书馆业务流程重组等前沿热点话题一直保持较高的敏锐性。当然,这可能也与高校图书馆在业界一直属于走在变革最前列有关,生动活泼、朝气蓬勃的高校图书馆改革实践让属于其内的研究者们在总结经验教训时,也需通过研究让理论来指导这些实践。

（4）主题分布

笔者通过对已发表的文献进行分析,发现它们主要就以下主题展开了研究:

一是关于图书馆业务流程重组的概念与程序研究。有研究者论述了业务流程重组的概念和特点,并认为渐进性的业务流程重组即主要对业务流程进行重组[1]。论述了图书馆业务流程重组的主要程序,认为首先应评估现有流程,接下来开展流程重组,最后对重组后的业务流程开展评估[2]。另有学者认为图书馆业务流程重组还应在此程序上增加组建专门班子这

---

[1] 徐军华.高校图书馆业务流程重组的相关理论研究[J].现代情报,2014(3):16-20.

[2] 蒋知义.基于ESIA方法的图书馆业务流程重组[J].情报杂志,2006(11):55-56,60.

一步①。还有研究者以山东大学图书馆为例,详细介绍了再造中的三个主要流程:服务流程、业务流程和支持流程②。卢晓慧认为应用系统论指导图书馆的业务流程重组③。任静认为应从观念上理顺图书馆业务流程重组④。另有学者从价值链理论的视角,提出了图书馆价值链上的"战略环节"及图书馆的业务流程再造⑤。此外,还有学者从管理学中的"系统基模理论的角度"出发,分析其对图书馆业务流程重组的影响,并基于该理论提出了图书馆业务流程重组的应对策略⑥。

二是关于图书馆业务流程重组动因研究。陈艳认为大数据技术推动图书馆业务流程重组,大数据技术将改变传统的基于"文献采购为起点,读者借阅为终点"的图书馆工作流程⑦。费希明从用户需求出发,重新审视图书采访的流程,从量化统计用户需求、嵌入用户需求层次的采访模式、查重补漏贯穿采访决策全过程、引入投入产出效益评价机制四个方面论述图书馆采访业务流程重组的动因⑧。杨红玲通过对高校图书馆业务流程现状的分析,认为图书馆传统业务流程存在各种弊端已不能适应形势发展,需要重组⑨。

三是关于高校图书馆业务流程重组几大层面的研究。这方面主要有燕今伟、谭明君⑩等学者开展研究,他们认为以下三大层面是高校图书馆业务流程重组需着重给予关注的:首先要在高校图书馆内部开展好业务流程重组,其次应该将视野扩大到图书馆之外的包括院系资料室等高校其他信息机构的业务流程重组,最后还应考虑本行业更多的图书馆及其他信息

① 王朋.业务流程重组与我馆的改革[J].河北科技图苑,2003(5):48-49.

② 田静.流程管理视角下的多校区高校图书馆通借通还流程再造与实践——以山东大学图书馆为例[J].新世纪图书馆,2018(1):30-34.

③ 卢晓慧.图书馆在数字化进程中业务流程的重组[J].国家图书馆学刊,2003(3):81-84.

④ 任静.信息化环境下图书馆业务流程重组应用研究[D].天津:天津工业大学,2007:12.

⑤ 于凤程,王晓兵.基于价值链理论的图书馆业务流程再造[J].图书馆工作与研究,2013(1):23-26.

⑥ 黄翔.在"系统基模"理论启发下探讨高校图书馆业务流程再造[J].商界论坛,2013(1):261-263.

⑦ 陈艳.基于大数据的图书馆业务流程再造研究[J].新世纪图书馆,2014(6):28-31.

⑧ 费希明.基于用户需求的图书采访业务流程重组过程分析[J].图书馆学研究,2014(11):42-45.

⑨ 杨红玲.高校图书馆业务流程重组研究[D].湘潭:湘潭大学,2013:6.

⑩ 燕今伟,谭明君.新形势下高校图书馆的组织机构重组[EB/OL].[2016-11-30].http://www.lib.cuhk.edu.hk/conference/aldp2007/programme/aldp2007_full_paper/Yan-Jinwei.pdf.

机构的业务流程重组。

四是关于图书馆业务流程重组的内容研究。张勇认为应重组以用户为中心的业务流程①。陈进则认为图书馆在重组时应增强业务的渗透力，嵌入用户所在的各种环境，集成多种资源②。吴越认为应开展面向知识服务的高校图书馆图书采访业务流程重组，从知识服务的概念中分析高校图书馆图书采访业务应当如何发展并确定发展目标，进而提出面向知识服务的高校图书馆图书采访业务流程重组策略③。多位学者从"互联网＋"的角度探讨图书馆业务流程重组内容与方向，余凌提出在"互联网＋"影响下，图书馆业务流程重组将向智慧图书馆转型、从阶梯式管理向扁平式管理模式转变、从文献信息资源建设向数据资源建设转变三个方向④。金小璞等则认为"互联网＋"时代图书馆的业务流程重组应该对基础设施、组织结构、业务流程、智慧服务等进行重组⑤。

五是关于图书馆业务流程所依赖的机构重组研究。学者们主要探讨了以下几种机构重组的类型：一种是几室几部的类型。通过对现有部室的增减等处理，将图书馆的组织机构重组成二部一室，即信息存取部、信息传递部、办公室⑥；三部一室，即资源建设部、读者服务部、技术维护部、办公室⑦；五部一室，即文献信息采编部、信息参考部、读者服务部、技术应用部、信息资源开发部和办公室⑧；等等。另外，学者们还结合近年来高校图书馆学科服务的兴起，特别是"双一流"建设的大背景，探讨了高校图书馆

① 张勇.创新观念：传承文明，打造职业化图书馆［EB/OL］．［2016－11－30］. http://59. 172. 208. 23：8080/rewriter/E ＿ TUQING/http/vvv9bghm-khar9mds/ArtInfo. aspx？titleid ＝ 150445.

② 陈进.数字环境下的图书馆功能定位和服务模式［EB/OL］．［2018－04－12］. http:// www. dl-china. org/？tag ＝％E6％95％B0％E5％9B％BE％E7％A0％94％E8％AE％A8％ E7％8F％AD.

③ 吴越.面向知识服务的高校图书馆图书采访业务流程重组研究［J］.农业图书情报学刊， 2017(9)：185－188.

④ 余凌."互联网＋"背景下的图书馆业务重组内容与方向研究［J］.图书与情报，2016(3)： 79－81,48.

⑤ 金小璞，徐芳，毕新."互联网＋"时代图书馆范式演变与业务流程重组［J］.图书馆研究与工作，2017(5)：5－11.

⑥ 燕今伟，谭明君.新形势下高校图书馆的组织机构重组［EB/OL］．［2016－11－30］. www. lib. cuhk. edu. hk/conference/aldp2007/programme/aldp2007_full_paper/YanJinwei. pdf.

⑦ 李志明，宋春玲.基于用户服务的图书馆业务流程重组［J］.图书馆学刊，2005(6)： 99－100.

⑧ 仲超生，王英平.论网络环境下的图书馆业务流程重组［J］.情报杂志，2003(1)：90－91.

设置专门的学科服务机构,陈能华等认为应设立学科专业分馆①,朱强等以北京大学为例,重点探讨了从以"文献流"为核心转向以"信息流"为核心的业务组织和部门设置②。

六是关于工作人员的科学安排研究。图书馆在实施业务流程重组、进行组织机构的调整时,人员的安排是否合理与科学关系到最后的效果,因为"人是第一位的",只有将最合适的人安排到最适合的岗位,将其潜能最大化地挖掘、发挥出来,才能取得较好的成绩。

七是关于图书馆空间再造的研究。孙琳等以西安石油大学新图书馆特色空间再造为例,针对行业特色型大学图书馆空间再造提出对策建议:加强组织领导,统一规划实施;传承行业精神,建设文化中心;遵循现代理念,营造休闲空间;开展文化活动,打造展示平台;普及学科知识,提升专业素养③。盛兴军等通过调研北美地区大学图书馆数字学术中心(the Center for Digital Scholarship,简称CDS)发展概况,以美国布朗大学图书馆数字学术中心为案例,分析了其空间再造的特点:集空间变革与服务转型于一体,在数字学术、研究支持和服务方面实现创新④。蒋萌等则研究了"互联网 +"环境下图书馆空间现状、趋势与再造战略,认为要推动图书馆空间模式转型与重构"互联网 +"图书馆新空间,必须实施空间跨界联盟、嵌入整合和协同创新战略⑤。

3. 现有研究述评

(1)国内外缺少对图书馆业务流程重组动因的全方位多层次的研究

现有的文献重点从现有流程的弊端等探讨了图书馆业务流程重组的动因,但图书馆为何要引入业务流程重组,到底有何深层次的原因? 数字环境的到来给图书馆的业务流程到底带来了什么影响? 整个社会的政治、经济、教育、公共文化、技术等大环境对高校图书馆产生了什么影响? 移动

① 陈能华,龚蛟腾,肖冬梅.图书馆业务流程重组与机构设置的一般模式[J].图书馆,2004(6):70 - 73,109.

② 朱强,别立谦.面向未来的大学图书馆业务与机构重组[J].大学图书馆学报,2016(2):20 - 27.

③ 孙琳,樊长军,熊伟,等.石油行业特色型大学图书馆的空间再造——以西安石油大学图书馆为例[J].图书馆论坛,2017(12):32 - 37,43.

④ 盛兴军,介凤,彭飞.数字环境下大学图书馆的空间变革与服务转型——以美国布朗大学图书馆为例[J].图书馆论坛,2017(5):133 - 143.

⑤ 蒋萌,王勋荣."互联网 +"环境下图书馆空间现状、趋势与再造战略研究[J].新世纪图书馆,2017(5):31 - 35.

互联网时代用户的信息需求与行为到底发生了什么样的变化以及这些变化正在对图书馆产生什么影响？等等，这些都需从更宏大、更全面的角度深化关于图书馆业务流程重组的动因研究。

（2）国内外缺少关于图书馆业务流程重组模式的研究

现有的国内外文献虽然就高校图书馆业务流程重组的案例开展了较多研究，但这些文献主要针对高校图书馆内部的业务流程及机构重组，且多集中于高校图书馆的机构重组，缺乏对高校图书馆与校内外其他信息机构协同合作开展业务时的业务流程重组模式研究。

（3）国内外缺少关于 IT 技术嵌入图书馆业务流程重组的研究

开展业务流程重组时，IT 技术的嵌入引导是很重要的，主要有以下五个层次：本馆的应用、本馆内部各个信息孤岛的整合、组织与业务流程的再造、有机统一的业务网络的搭建、更大范围的业务再造①。而从现有的国内外文献来看，涉及这五大层次嵌入图书馆业务流程重组的研究较为少见。

四、本书的结构

"提出问题—分析问题—解决问题"是本书用来开展图书馆业务流程重组模式研究的基本思路，见图 0 - 10。

数字环境下，信息的生产、储存和利用都发生了诸多变化，这使得高校图书馆赖以提供服务的资源基础、技术手段、工作方式以及用户需求也随之发生了深刻的变化。同时，数字霸权、高等教育的全球化以及研究、教育和学习模式的变化、开放存取运动的兴起、图书馆和出版商关系的变化等也正给高校图书馆带来挑战与机遇。

面对此种情况，国内外高校图书馆积极行动，如北京大学、哈佛大学、耶鲁大学、伊利诺伊大学等高校图书馆均通过开展业务流程重组突破发展的瓶颈。国内外各种国际组织和学术会议也对高校图书馆的改革或重组等议题表示极大关注，国际图联自 2010 年以来的历届年会主题，OCLC 近年来发布的研究报告，ARL、ALA 近几年年会上产生的众多变革性的项目、

---

① VENKATRAMAN N. "IT-induced business reconfiguration", in the corporation of the 1990s: information technology and organizational transformation[M]. New York: Oxford University Press, 1991:122 - 158.

会议,成立于德国的国际技术大学图书馆协会年会的主题,中国图书馆学会近年来的年会主题,等等,均涉及该命题。本书基于国内外的调研分析,从三个实证样本出发,进而提炼出三种高校图书馆业务流程重组优化模式。具体来说,包括以下五大内容。

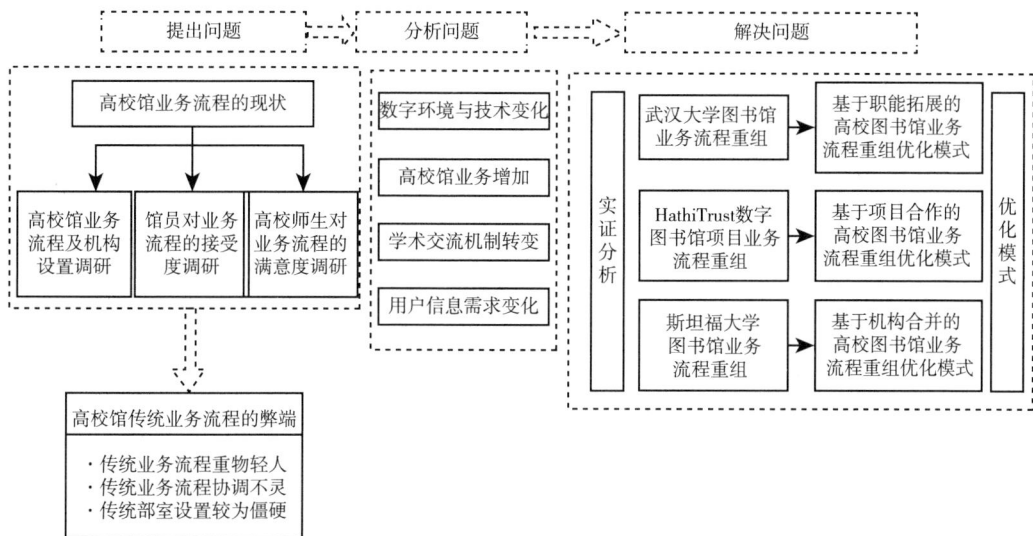

图 0 - 10　本书研究内容框架图

资料来源:作者绘制。

其一,高校图书馆业务流程重组的理论基石。从企业业务流程重组理论入手,论证高校图书馆引入该理论的必要性及可行性,结合系统科学、知识管理等理论,共同组成高校图书馆业务流程重组的理论基础。这是展开研究的理论基石。

其二,高校图书馆业务流程重组的主要动因。通过网络、电话及实地调研 75 所部属高校图书馆的业务流程现状并剖析弊端,本书认为其迫切需要予以重组革新。另外,还基于系统论的观点,全面研究促使高校图书馆开展业务流程重组的动因:①数字环境与技术发展变化。在数字环境下,新技术的应用正在改变图书馆的传统业务及流程,IT 技术的发展推动图书馆业务流程重组成为可能和必须。②学术交流机制出现新动向。高校图书馆直接参加学术交流机制,将学术交流的上中下游全部打通,更便于为读者提供一站式的服务。③高校图书馆业务内容变化带来新课题,对现有高校图书馆的业务流程提出了新要求。④高校图书馆馆员对现有业务流程提出新要求,高校师生用户也对现有流程满意度较低,这些结论来自于本书针对高校图书馆员及高校师生用户就现有业务流程等情况展开调查,获取他们对于高校图书馆业务流程的态度,国内基于问卷和实地调研为主,国外则主要利用文献检索,分别获取了美国、英国、印度、尼日利亚等国家的相关数据。这是开展本书研究的现实基础。⑤用户信息需求变化。数字环境下,师生用户的需求更多转向数字化信息需求、移动化信息需求、学科化信息需求,为了应对这种需求,高校图书馆应做出改变重组。

其三,高校图书馆业务流程重组的实证分析。选取武汉大学图书馆、HathiTrust 项目以及斯坦福大学图书馆和学术信息资源三个样本开展实证研究,分析每个样本开展业务流程重组的特点、重组内容、重组成效等,为后续模式优化研究提供重要前提。

其四,高校图书馆业务流程重组的优化模式。基于实证分析,本书分别提炼了三种不同的高校图书馆业务流程重组优化模式:第一种优化模式为基于职能拓展的高校图书馆业务流程重组,重点探讨高校图书馆内部职能拓展后的业务流程重组模式;第二种优化模式为基于项目合作的高校图书馆业务流程重组,探讨高校图书馆之间、高校图书馆与其他相关信息机构之间基于项目合作的业务流程重组模式;第三种优化模式为基于机构合并的高校图书馆业务流程重组,着重探讨高校图书馆与其他机构合并后的业务流程重组模式。在此基础上,对三种不同的业务流程重组模式从特点、适用性、重组内容、涉及的机构与人员重组等方面展开比较分析。这是本书的对策研究。

最后,总结与展望。通过优化高校图书馆业务流程重组模式,有效地解决了高校图书馆业务流程存在的弊端,重组后的业务流程围绕用户开展工作,以知识内容为基准统筹各项工作,强调交互性,部室设置较为灵活。

五、本书的研究方法

1. 文献调研法

本书利用文献调研法查找了中国知网、LISA 相关文献,还对各种重要的国内外学会、协会网站进行了调研,并将相关的调研数据做对比、类比分析,为后续研究提供坚实的基础。

另外,本书还通过网络调研的方法,分别获取了美国、英国、印度、尼日利亚等国家的相关数据。针对馆员的调研数据源于英国伦敦大学皇后玛丽学院、南安普顿大学、伯恩茅斯大学等 3 所大学对图书馆馆员进行的调研,尼日利亚124所全国大学委员会认证的62所大学对图书馆员的调研,爱沙尼亚对195个州立大学图书馆馆员的在线问卷调查,印度对20所高校图书馆馆员的调查;而对于高校师生用户的调研则来自美国霍普金斯大学图书馆就大学教师进行的网络问卷调查,美国州立大学图书馆对本科生进行的调查,英国伦敦大学皇后玛丽学院、南安普顿大学、伯恩茅斯大学等3校图书馆对研究生的调查,英国诺丁汉大学在线调查学者们对高校图书馆提供的十大现有服务的满意度,西英格兰大学对教职员工和学生关于图书馆满意度的调研,印度昌迪加尔旁遮普大学、阿姆利则古鲁纳纳克开发大学图书馆对500名师生受访者的调研。

2.问卷调查法

本书主要利用问卷调查法调研以下三类机构和人群:利用问卷调研了75所教育部直属高校的图书馆,主要了解其业务流程及机构重组等情况;通过问卷调研了高校图书馆馆员队伍,主要了解他们对图书馆现有业务流程、机构设置等所秉持的态度以及意见建议;通过问卷调查了广大的高校师生用户,主要了解他们对图书馆的印象、对图书馆所开展的业务及服务的态度等。

3.实证分析法

通过三个实证样本,分析其开展业务流程重组的特点、重组内容、重组成效等,在此基础上分别提炼出三种高校图书馆业务流程重组优化模式。

4.案例分析法

本书通过文献调研获取来自美国、英国、芬兰、新西兰等国家的哈佛大学、耶鲁大学、伊利诺伊大学、康奈尔大学、谢菲尔德大学、奥克兰大学、赫尔辛基大学等著名高校图书馆开展业务流程重组的案例,并从这些案例中归纳总结出一般性、普遍性的规律,为本书研究所用。

5.比较分析法

主要就三种不同的高校图书馆业务流程重组优化模式的重组内容、适用性、机构和人员重组以及它们的特点开展比较分析,以便于对每种优化模式清晰地予以界定。

六、创新之处

1. 剖析了高校图书馆业务流程重组的动因论

现有研究多从环境、高校图书馆自身缺陷、用户需求等方面研究其业务流程重组的动因,本书从高校图书馆业务流程自身、服务提供者(馆员)、服务对象(师生)等三方面展开调研,获得第一手数据,分析弊端,进而对高校图书馆业务流程重组的背景和动因进行剖析,最终得出高校图书馆业务流程重组全方位、多角度、多方面的动因。

2. 优化了高校图书馆业务流程重组的三模式

国内外现有研究多针对高校图书馆内部的业务流程及机构重组,且多集中于高校图书馆的机构重组研究,对图书馆业务流程重组模式研究较少论及。本书基于三个实证分析,提炼出三种高校图书馆业务流程重组优化模式,对每种模式的特点、适用性、重组内容、机构和馆员的要求等进行深入研究,且对三种模式进行比较分析,这些研究将有益于各高校图书馆根据各自需求与实际馆情选择合适的模式进行重组,同时也便于整合其中的几种模式开展混合式的业务流程重组。

3. 提出了高校图书馆业务流程重组的用户观

现有文献对高校图书馆业务流程重组如何做到以"用户"而非"文献"为本的论述较少,本书以系统论、知识管理等理论为指导,提出了高校图书馆的业务流程应将用户置于中心的观点,并构建了与之相适应的一套完整的业务流程与机构设置。本书认为应围绕高校师生的教学科研重组业务流程,建立起二者之间更为紧密的关系,并通过将网络中心、档案馆、出版社等合并到高校图书馆,实现资源一站式发现的业务流程,以此方便并满足用户多元化的需求,激发用户灵感,促进创新性成果的产生。

1 高校图书馆业务流程重组的理论基石

1.1 业务流程重组的概念及特点

对于流程含义的探讨,有诸多注解。其中,"水流的路程,各项工序安排的程序"是《牛津英语大字典》对"流程"的解释①。而布鲁·马哈拉纳(Bulu Maharana)等人则将"在完成指定业务范围内一切工作所绘制的步骤图"定义为流程②。

业务流程重组(Business Process Reengineering,简称 BPR)出现于 20 世界 90 年代,并逐渐成为一种非常流行的理论,许多公司希望业务流程重组能够满足他们的竞争需求,而不受先前管理理论不确定性的影响,业务流程重组带来了一些新的词汇、命题和概念。众多学者已经撰文证实了业务流程重组在保持企业竞争力方面的重要性。根据国外学者对英国工程师订单制造公司业务流程重组的访谈研究,在访谈前,公司与制造顾问历时 5 个月进行了一项业务流程重组项目,根据其业务流程重组的要求,提高生产力要求公司内部的文化和员工工作态度发生重大变化,将这些重大变化定义为"业务重新设计",研究者们花了很多时间来了解公司的态度、价值观和文化的现状,在此过程中,根据负责每个特定功能的人员的贡献,编制了一张长而复杂的流程图,尽一切努力确保没有流程或子流程丢失。因此,一部分学者提到了这种最初的实践,正如汉默和钱皮提出的要开始业务流程重组,必须了解文化③。

---

① 流程[EB/OL]. [2012 - 03 - 01]. http://www. ichacha. net/% E6% B5% 81% E7% A8% 8B. html.

② MAHARANA B,PANDA K C. Planning business process reengineering (BPR)in academic libraries[J]. Malaysian journal of library & information science,2001,6(1):105 - 111.

③ BELMIRO T R,GARDINER P D,SIMMONS J E L. Business process reengineering discredited vocabulary,information management[J]. 1997,17(1):21 - 33.

从狭义范围来看,业务流程重组是指对现有业务流程彻底性地进行再思考,以实现缩减成本,提升质量、服务及效率为最终目的的,对其进行根本性的变革与再设计的过程①。这一定义最初由汉默和钱皮在1993年出版的专著《企业再造:商业革命宣言》(*Reengineering the Corporation:A Manifesto for Business Revolution*)中提出。该定义对如何看待关键流程提出要求,需要重新思考是否仍该继续执行关键流程,或者是否对现有关键流程进行根本性的改造或舍弃。

从广义范围来看,业务流程重组是为了实现工业的现代化,在诸多广义业务流程重组定义中,最具代表性的是达尔文·格兰特(Delvin Grant)和马约德·马歇日(Majed AI-Mashari)提出的"业务流程重组是面向流程的准则"这一说法,他们指出"业务流程重构的过程中应该考虑到组织的架构、人力资源的管理、有效的沟通以及信息技术的应用等因素"②。

"过程"观点、"再造"观点是业务流程重组的核心要素。"过程"观点是指通过重组不同职能部门间的管理作业,实现流程重组,"过程"观点贯穿于具体业务整合活动的始终;"再造"观点则摈弃原有按职能形成的管理流程,通过以顾客需求为中心的原则,来重新创造新的流程③。

至于业务流程重组的方法,包括对所有流程进行一定程度的编码,并选择那些有望获得最大回报的流程。大多数方法提供了两种可选的方法来识别要重新设计的过程:一种是详尽的方法,试图识别组织内的所有流程,然后基于重新设计的紧迫性和高影响力对它们进行优先排序;另一种是只识别最重要的流程或与业务目标冲突最大的流程。所选择的方法和流程映射的详细程度取决于组织目标。业务流程重组方法的具体步骤包括:①分析现状,调研了解当前流程;②重新设计新的业务流程;③实现新的业务流程运转④。

总的来说,对于业务流程重组主要有以下重要特征:设计整体化,一位员工负责一个流程的所有步骤;组织结构扁平化;操作信息化;坚持以用户

---

① HAMMER M,CHAMPY J. Reengineering the corporation:a manifesto for business revolution [M]. New York:Harper Business Press,1993:12.

② GRANT D. A wide view of business process reengineering[J]. Communications of the ACM, 2002,1(45):2.

③ 李国良. 流程制胜[M]. 北京:中国发展出版社,2005:12.

④ AL-HASHDI M A M N. BPR initiatives:the impacts of IT and organisational customs and practices[D]. London:University of Brunel,2002:63.

为本实现流程与组织机构等的重组;重组以效果为导向;等等①。

1.2　业务流程重组的界定

汉默和钱皮提出的业务流程重组强调暴风骤雨式的革命,认为业务流程重组的关键是再思考与再设计,"唯有对现有业务流程进行彻底的再思考,方能进行根本性的再设计",这一带有激进特征的观点,体现了变革者企图利用一次性变革解决所有问题的心理。

就客观实际来说,如果希冀通过过早开展全方位的业务流程重组来实现超越竞争对手的目的,其结果往往不尽如人意。如图1-1所示,随着业务流程重组的持续有效推进,其带来的危机也与日俱增,因此全面的业务流程重组达到预期效果的时长往往极大地超出了变革者的设想。"进行大规模的变革切忌操作过急,因为其收益也许会低于渐进变革同等投资的回报。"宝丽来公司研究部主任助理莱恩·波利策特(Len Polizotto)博士曾如此论述②。

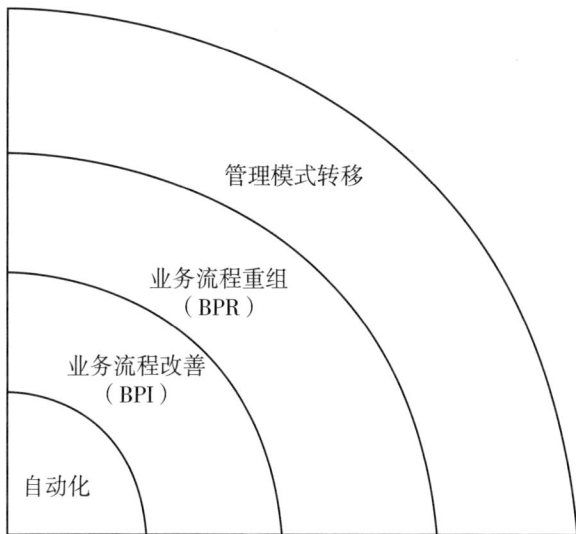

图1-1　业务流程重组推进程度与风险递进关系

资料来源:宓咏.高校信息化的发展与展望[EB/OL].[2016-04-01].http://166.111.5.197/docs/20110119081910408572.pdf.

---

① 甘华鸣.业务流程[J].北京:中国国际广播出版社,2002:93.

② POLIZZOTTO L. Creating opportunity through innovation:strategies for entrepreneurial success [EB/OL].[2016-04-01].http://www.startecflorida.com/conference/speakers.asp.

同时,汉默和史蒂文·斯坦顿(Steven Stanton)也认为组织领导者在实施业务流程重组计划时不断犯下同样的错误,包括:①仅重新设计一个部门或几个部门;②仅关注业务流程重组期间组织的流程;③在目前的状态上花费太多时间;④在业务流程重组期间缺乏强有力的执行领导;⑤缺乏预演,直接将理论拿来实施;⑥花费太长时间来完成业务流程重组;⑦重新设计整个组织;⑧领导层采用传统的实施方式;⑨忽视员工的担忧[①]。

同样,国外学者也警告称:虽然有很多成功的业务流程重组案例,但是失败似乎是经常发生的。一些学者和调研数据都表明业务流程重组项目失败率较高,汉默和钱皮指出业务流程重组项目的失败率高达70%;《首席财务官》杂志对600名在业务流程重组项目中起关键作用的高级经理进行了调查,他们中的40%参与了欧美大型企业的业务流程重组,调查结果显示,只有16%的高级经理对工作满意、工作成绩优秀,17%的高级经理工作成绩为良好,42%的为中等或平均水平,失败水平者达25%;《首席财务官》杂志另一项调查发现,只有16%的高管对业务流程重组项目结果非常满意,而将近68%的高管遇到了意想不到的问题。业务流程重组项目失败的原因有很多,其中一个主要原因是对业务流程重组概念的误解,其他原因包括:对人员方面的管理不善,对管理科学技术的过度依赖以及对文化、社会和政治问题考虑不足。尽管许多公司都在技术上投入巨资,但结果却不尽人意,因为这些公司对IT的角色不明确,公司倾向于使用这种技术来自动化旧的业务实践方法,并保持现有流程不变。由于业务流程再造的局限性,用IT进行业务流程再造的使用往往不能满足实际情况,并可能限制其工作。有时在设计阶段忽略了IT的潜力,或者重新设计建立在对最新技术的投资之上,而没有充分利用现有IT基础设施的功能。显然,IT的部署会影响组织者及其参与者。在业务流程重组中充分利用IT技术的优势,精心部署,对企业文化与IT之间的相互关联、对企业机制的优化改革,都大有裨益[②]。

另外,国外学者通过对埃塞俄比亚默克莱大学和阿克苏姆大学共160位学术人员的调查研究,结果表明以下因素极易导致业务流程重组项目的失败:缺乏高级管理者的热情是组织环境中最严重的问题,会最终导致业

---

① ELIZABETH M, AQUILA D. Factors contributing to business process reengineering implementation success[D]. Minneapolls:Walden University,2017:6,7.

② AL-HASHDI M A M N. BPR initiatives:the impacts of IT and organisational customs and practices[D]. London:University of Brunel,2002:62.

务流程重组实施的失败;员工缺乏培训就实施业务流程重组,缩小规模的同时还保持旧的组织结构,传统绩效与业务流程重组目标之间产生冲突,不愿为业务流程重组开展提供资金等。在操作上,总体而言,最关键的问题是业务流程重组实施时间长,缺乏培训,IT无法支持业务流程重组要求和隐藏业务流程重组实际进展且进行不切实际的报道。因此,组织不应急于实施激进的变革,因为业务流程重组如果处理不当,可能会导致竞争劣势。为了进行业务流程重组,确保成功的最重要因素是分析当前的情况,以确定目标和可能的战略。这些目标和战略应该公开并向利益相关者传达,最高管理层和员工必须支持变革并将其推向成功,必须关注所有关键成功因素,并尽量减少导致业务流程重组计划失败的所有因素①。

国外学者对埃塞俄比亚吉马大学的333名学术和行政人员进行调研访谈,受访者被要求在实施特定的业务流程重组项目时,对每个成功因素的满意度进行评分,每个问题都按照李克特量表(Likert scale)的5分制进行评分,从不重要(1)到极其重要(5)不等。这些因素包括与管理制度和文化变革相关的因素、与组织结构相关的因素、与高层管理和领导力相关的因素以及与之相关的因素。所有影响业务流程重组成功的因素的总体均值为3.22,说明这4个因素的重要性都在中等以上。在4个因素中,变革管理制度和文化是最重要的因素,平均得分为3.35,其次是最高管理者的承诺和支持,信息技术的平均得分分别为3.24和3.16,组织机构的因素得3.13,这一因素的影响也不容小觑②,其影响也不容忽视。

虽然汉默和钱皮认为业务流程重组是一种"干净利落"的方法,然而,达文波特(Davenport)和斯图达特(Stoddart)的实证研究表明,很少有组织能够遵循这种方法。

在此情形下,渐进性业务流程重组应时而生,它重视员工的接受能力,强调变革以员工为中心,用适当范围内、关键流程上的渐进性改良取代全面铺开的变革。同时,它还强调对现有流程的理解,这是消除不必要流程,理顺并优化现有关系的基础,唯有对现有流程充分理解,才能据此构建新的业务流程,从而实现组织架构与人员的变更,并以此为依据,在新的业务流程之中嵌入IT技术。

---

① SIBHATO H,SINGH A P. Evaluation on BPR implementation in ethiopian higher education institutions[J]. Global journal of management and business research,2012,12(11):1-27.

② AMENSIS G. An evaluation of BPR implementation at Jimma University:challenges and success [D]. Jimma:Jimma University,2014:30-31.

本书对业务流程重组概念的界定即渐进性业务流程重组,重点是对业务流程的重组优化。因此,业务流程重组定义的细微变化不会改变其主要目标,即对业务流程的重新设计,但在大多数情况下,实现新流程的主要障碍是原有组织机构不适应新的流程,因此组织变革一直包含在业务流程重组之中。因此,本书还将对机构和人员的重新再设计以及再安排纳入业务流程重组之中。

1.3 高校图书馆业务流程重组的引入

1.3.1 高校图书馆业务流程重组的界定

1995 年,我国学者开始研究图书馆业务流程重组[①]。自业务流程重组理念引入图书馆领域后,国内诸多学者就其概念界定进行了众多研究,代表性观点如下:

(1)图书馆业务流程重组是指以满足用户需求为出发点,改善图书馆的管理方法和手段,对图书馆文献信息资源的采集、组织、存储与利用等一系列完整的业务流程进行重新构造与设计,在实施信息技术的基础上,最终实现图书馆在管理方面的转型[②]。

(2)图书馆业务流程重组的含义是指在传统图书馆的组织结构变革中引入企业界盛行的业务流程重组理念,对图书馆的组织机构开展根本性的改革,以此推动图书馆的发展[③]。

(3)图书馆业务流程重组的定义是指以满足用户信息需求为目标,在现代图书馆的管理理念、机构设置、资源配置、服务内容与服务方式等方面的变革与重新设计中引入现代信息技术,以实现变革的全方位与立体化[④]。

本书的高校图书馆业务流程重组是指以师生用户需求为驱动,以优化高校图书馆管理与服务水平为目标,将企业界盛行的业务流程重组理念导入高校图书馆变革之中,在高校图书馆的业务流程中嵌入 IT 技术,以此达到优化现有业务流程的目的,高校图书馆现有的组织机构与人员配置需根

---

①② 　郑章飞,凌美秀.基于当前信息环境的图书馆业务流程重组[J],湖南大学学报(社会科学版),2004(3):104－106.

③ 　王立清.新技术革命与图书馆业务流程重组[J].图书情报工作,2000(2):54－56,33.

④ 　高明中.大学图书馆业务流程重组的理论研究与实践[J].图书馆建设,2006(1):62－64.

据业务流程重组后的具体要求进行适当的调整。

1.3.2 高校图书馆业务流程重组的特征

图书馆业务流程重组的主要特征是:设计整体化,用户中心化;扁平化的机构设置;嵌入 IT 技术的业务处理。具体而言:①设计整体化,用户中心化。流程的通畅与否、设计得合理与否直接关系到用户的满意度。再设计时应考虑将交叉、重叠、多余的流程疏通,建立起以用户为中心的业务流程。②扁平化的机构设置。作为流程开展的重要环节,机构和机构中的馆员也占据着重要地位。因此,流程的顺利开展需要科学合理的机构设置,这也直接影响着重组的成败。图书馆业务流程重组应将机构重组纳入其中。独立的业务处理与信息服务机构、职责交叉的机构以及扁平化管理机制是组织机构变革的关键要素。③嵌入 IT 技术的业务处理。利用 IT 的能力帮助消除现有流程中效率低下的节点。业务流程重组从业者需要确保所选技术能够支持计划的组织目标,并且能够与组织的习俗和价值观实现可接受的"匹配"。他们还需要确保获得所需的技能,并建立适当实施所采用技术的操作程序,还应挖掘通信技术的潜力,以实现知识共享①。

进行图书馆流程再设计时,以下因素不可忽视:①高效传递服务是流程设计的关键;②以用户为中心是工作流程设计的重中之重;③提供快捷化服务的流线型工作流程是流程设计的抓手;④所有的工作应包含在同一条流程之中;⑤信息技术的嵌入应做到无缝嵌入,以解放馆员的时间为用户提供更优质的服务②。

基于上述业务流程处理过程,为保障各项业务的顺利开展,高校图书馆应建立相对应的组织机构。

随着用户需求的日益变化以及计算机与网络技术日新月异的发展,高校图书馆数字信息流的业务处理流程成为大势所趋。其主要内容包括图书馆网站建设、电子资源的订购及后续服务、网络资源的整合等。现阶段,高校图书馆的网站建设流程主要由技术部承担;电子资源的利用及与之相关的培训、网络资源的整合等由参考咨询部处理;而电子资源的订购与组织流程在不同高校图书馆有所差异,大致上由图书馆技术部或参考咨询部

---

① AL-HASHDI M A M N. BPR initiatives:the impacts of IT and organisational customs and practices[D]. London:University of Brunel,2002:136.

② 郑章飞,凌美秀. 基于当前信息环境的图书馆业务流程重组[J],湖南大学学报(社会科学版),2004(3):104 – 106.

处理。

综上所述,物质文献流的处理与数字文献流的处理是高校图书馆传统业务流程的两个重要组成部分,二者的具体操作执行均由不同的业务处理部门来完成,两个业务流程间缺乏必然联系,没有实现优化整合。

业务流程重组理论产生的背景以及高校图书馆的现状是讨论高校图书馆界是否有必要引入该理论的两大重要因素。随着市场形势的不断变化,企业兴衰成败的重要因素悄然向用户满意度过渡,用户至上逐渐成为一种趋势,而基于方便管理者的视角则是企业传统业务流程与组织机构的组成形式,因此企业亟须业务流程重组理论来重组与革新现有的流程、组织与人员。同样的处境也是现阶段高校图书馆面临的,源于用户至上的服务目标,高校图书馆经历了办馆理念与管理方式的巨大转变,重服务、方便用户已经取代了传统的重藏书、方便管理理念。网络的出现,为高校图书馆的发展带来了新的机遇与挑战。在此情境下,变革那些烦琐重叠的机构设置、阻碍用户服务的业务流程就显得特别必要。因而,将业务流程重组理论引入高校图书馆界就显得既有可行性,也十分必要。

具体来说,流程、机构、用户、馆员、服务与技术是图书馆业务流程重组重中之重的六大要素,如图1-2所示。本书选择其中的四大要素深入阐述:

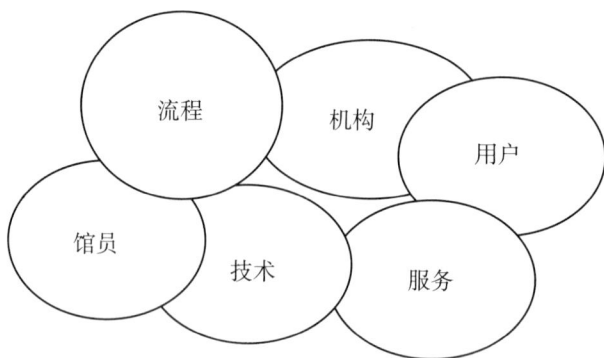

图1-2 图书馆业务流程重组重点考虑的六大因素

资料来源:作者绘制。

(1)流程。图书馆的服务质量和用户满意度由流程的通畅度与合理度来决定,因此,业务流程的再设计应该成为图书馆业务流程重组的最重要方面。文献加工整理流程与用户服务流程是业务流程再设计过程中应该重点考虑的两种流程。前一种业务流程主要涉及对图书馆馆藏各类文献的处理;后一种服务流程则指的是围绕用户开展服务的处理流程。业务流程再设计的过程中,对现有冗余流程的摈弃,以及构建新的以用户为中心的业务处理与用户服务流程至关重要。

(2)机构。作为流程开展的重要环节,机构和机构中的馆员也占据着重要地位。流程开展的基本保障还包括合理的机构配置,组织机构的合理性直接影响重组成功的可能性。由此可见,业务流程重组也包括对组织机构开展重组。基于方便图书馆管理者的视角,图书馆将其组织机构按照职能分工型进行划分,传统的划分方式对图书馆的文献管理与员工管理都有诸多便利,但站在用户的视角来看,这样的划分形式给用户带来诸多不便。因此,在对图书馆业务流程再设计过程中,重组的机构应该坚持以用户为中心,组织机构应该秉承为用户服务的宗旨。

(3)馆员。在图书馆业务流程执行过程中,馆员发挥着重要作用。对馆员队伍进行重组的过程中,需要考虑馆员权利、馆员专业知识技能以及馆员组合与搭配对重组产生的影响,胜任新的业务流程、完成新的服务目标是馆员队伍重组最终的目的。

(4)技术。信息技术为图书馆业务流程重组提供强有力的技术支持,应充分考虑业务与技术的匹配度。如为了提升重组后流程的流畅度,可以引入 E-mail、Internet 等工具,为决策者、馆员与用户提供迅捷的沟通方式,此外,工具的引入还可以增强机构决策与用户服务的时效性。信息技术的使用使图书馆的服务突破了地域与空间的限制,快速、远距离地为用户传递信息。进行复杂的信息分析处理是信息技术的优势之一,图书馆业务中嵌入信息技术,可以提升用户服务产品的质量。与此同时,支持同时进行多项复杂任务也是信息技术的优势之一,在信息技术的支持下,图书馆多部门馆员协同合作,共同围绕某一任务开展工作。

1.4 高校图书馆业务流程重组的理论

1.4.1 系统科学理论

信息论、控制论和系统论是系统科学理论的三大支柱,作为新兴的科学方法论,系统论是本书主要涉及的内容。20 世纪 30 年代前后,以系统为研究对象的系统论诞生。具体而言,系统论的研究对象包含了自然界和社会中所有事物的系统性质及其系统联系,主要遵循整体性、相互联系与动态性等原则①。图书馆业务流程从外在来看,它与外在环境开展物质、能量及信息交换,从内部来说,它由一个个业务节点组成,它们之间彼此关联与依赖,且具有独特功能,最终形成有机体。系统论的基本特征是由若干子系统与要素按一定的方式连接而成;各子系统或节点间相互依赖、相互制约,共同遵循为系统提供服务的宗旨。

系统论的理论与方法能够对图书馆业务流程重组中遇到的问题提供有效的解决方案,还能深入指导图书馆业务流程重组。

(1)整体性原则是图书馆业务流程重组的立足之本。整体性原则要求在图书馆流程重组时保证流程与服务的完整性,摒弃将原有的一条完整流程割裂开来、分开放置相同或类似学科的不同类型文献以及不同类型文献分属不同部门采集等做法②。

(2)协同性原则是图书馆业务流程重组的有力依据。东莞图书馆馆长李东来曾指出,协同发展是新时期我国图书馆事业发展新特点③。协同性原则对图书馆与其他各方机构提出了要求,要求各个机构互相协调与配合,以为用户提供优质服务为最终宗旨。

(3)适应性原则是图书馆业务流程重组的可靠保障。图书馆业务流程重组通过理顺图书馆现有的各个业务流程、设计科学合理的组织机构、对现有人员进行合理的调整与安排,极大地推动了图书馆事业的发展,也对图书馆适应新形势的变化和满足用户需求起到了极大的促进作用。

1.4.2 知识管理理论

美国免费期刊信息分析平台(Scimago Journal & Country Rank,简称Scimago)发布称,知识包括显性的文献知识和隐性的主观知识,知识管理是开发与发展组织的知识资产,以促进组织目标的实现④。根据上述定义,知识管理实施中有以下一些重要的方面:①知识管理者必须意识到两类知识的存在:隐性知识和显性知识;②两种类型的知识都是一种资产,只要它们都涉及组织的目标和利益;③必须有一个促进知识共享的制度以及维护知识存储;④知识管理实践的中心是利用人类知识和学习;⑤组织需

---

① 张光忠.社会科学学科辞典[M].北京:中国青年出版社,1990:13 - 15.

② 徐军华.高校图书馆业务流程重组的模式研究[D].武汉:武汉大学,2012:28.

③ 柳霞.专家:我国图书馆事业进入整体协同发展新时期[N].光明日报,2009 - 12 - 07 (6).

④ SCImago. SJR-SCImago journal & country rank[EB/OL].[2015 - 06 - 18]. http://www.sci-magojr.com.

要将技术作为一种支持知识共享的工具来创建过程、战略和文化背景①。一个完整的知识处理业务流程是通过对知识进行诸如创造、分析、开发与利用等一系列操作,使知识管理理论研究的作用得到充分的发挥。

知识管理理论的深入指导使图书馆业务流程重组能够更深入地开展,并且能够更加贴近用户的需求。

首先,知识管理为图书馆业务流程提供质量保证。网络与通信技术为图书馆知识管理的基础建设提供了强有力的支撑;知识管理能够对馆员与用户的隐性知识进行深入挖掘,对实现知识共享有极大的促进作用;还能实现无序知识的有序化,提升知识在用户间的传播效率,对于促进流程的运行效率有极大帮助。

其次,新的业务流程设计要在知识管理理论的基础上形成。知识管理的相关理论可以实现对图书馆的各项业务处理的有效管理,同时分析图书馆原有的业务流程,在此基础上,知识处理的完整流程可以成为一个范本,为构建新的图书馆知识业务流程提供指导。

再次,知识管理能深化图书馆服务流程的开展。在知识服务的引领下,图书馆的工作内容具体到了知识点的挖掘及其产生的增值服务。这要求图书馆在开展服务流程再设计时充分考虑用户的体验,以解决用户面临的实际问题为目的,构建一条以知识采集、加工、管理与提供利用为目的的业务流程。

1.5 高校图书馆业务流程重组的原则

1.5.1 围绕教学科研重组业务流程的原则

为所属母体高校提供服务是高校图书馆的主要职责,而教学与科研则是高校图书馆所属母体的两大重要任务,因此高校图书馆的业务流程应该以满足和方便高校师生教学与科研需求而展开。

具体来说,图书馆的业务流程应该根据高校的教学与科研需求来重新组织,无论选择何种重组模式,更优质的资源、更流畅的业务流程与更便捷的服务都是其不变的宗旨。

---

① KENNAN M A,CORRALL S,AFZAL W. "Making Space" in practice and education:research support services in academic libraries[J]. Library management,2014,35(8/9):666 – 683.

哈佛大学图书馆的重组模式即充分体现了重组是为教学服务的这一原则。2011 年 6 月,哈佛大学图书馆启动了直接借阅服务流程,在无法通过本校图书馆借阅到所需书籍时,哈佛大学的用户可以利用有效的电子邮件通过该服务获取相应的资料,获取的资料主要来自普林斯顿大学、哥伦比亚大学、康奈尔大学、布朗大学、达特茅斯大学、宾夕法尼亚大学、耶鲁大学等高校的图书馆,用户在获取资料的过程中不需要承担服务费用[①]。

1.5.2 置用户于整个业务流程中心的原则

置用户于整个业务流程中心这个原则应始终贯穿于业务流程重组的全过程。便于用户理解与使用是对业务进行加工处理的基本原则;机构的设置应以为用户提供服务的整体协同性为基础,打破传统的以图书馆职能划分的框架;同时让图书馆员以娴熟的专业技能、友好的服务态度和充分的执行权利为每一位用户提供高质量的服务;以用户为中心还可以消减图书馆为用户服务过程中产生的延时,有效减少用户的等待时长;应进行用户研究,以衡量他们对图书馆服务和流程的满意度,现有流程的基准测试应在此阶段进行,这将有助于对重新设计的流程进行评估。

以文献的采访、加工与利用为依据,以"文献"为中心开展工作,这种传统的业务流程管理体制已经在图书馆沿袭了 100 多年,"书本位"的指导思想造成业务流程在设计时,一定程度地忽略了用户需求[②]。因为从某种角度来说,流程里只有文献,馆员处理的对象也主要是文献,从而忽视了用户的真正需求。同时,对于馆员来说,经年累月让他们从事简单的文献处理流程中的某一个业务节点,极易造成工作之枯燥、烦闷,影响工作效率,也影响其主观能动性的发挥。

《华盛顿州立大学图书馆 2014—2019 年战略规划》(*Washington State University Libraries Strategic Plan*,*2014 - 2019*)里提到:其第一个目标为:基于以用户为中心的角度,推广反应灵敏及有效的图书馆服务。用户服务是工作的核心,贯穿于华盛顿州立大学图书馆的每个业务流程。具体策略包括:通过面对面和虚拟沟通,提供良好的用户服务;经常评估和调整服务与流程,以改进用户服务;通过与 Orbis Cascade 联盟和与其他联盟伙伴合作,扩大对资源的获取,以支持师生用户的研究、教育和专业项目;确认并协调

---

① Harvard Library. Harvard Library's borrow direct leads to better, deeper, richer service [EB/OL]. [2017 - 05 - 08]. http://hul. harvard. edu/news/2011_0829. html.

② 陈晓林. 再造工程与大学图书馆业务流程重组[J]. 前沿,2006(8):244 - 246.

教职员工的专业知识,为所有用户提供最佳信息服务;为教职员工创造鼓励和支持专业发展的环境;开展经常性的用户及用户服务研究,以评估服务的有效性①。

荷兰代尔夫特理工大学的玛丽亚·A. M. 希恩(Maria A. M. Hijne)认为,用户主导的获取、以用户为中心的高校图书馆业务革新,应占据更加主要的地位②。

芬兰图尔库大学图书馆在进行重组时,重要的是要了解生产服务内部流程的重要性,成功的核心前提是承诺员工更新流程,目的是让员工明白批判性分析和改造过程的最终目的是提高用户的服务体验。在业务流程重组初期,图书馆对内部流程与服务流程之间的连接已经进行了初步探讨,所有工作人员都参与了定义图书馆的核心流程和支持它的过程。在战略层面,不涉及图书馆重组的具体设计,而是战略意图和顶层设计,且其目的在于将其战略和顶层设计转向用户服务。接下来的过程分析有:识别偏差、重叠和可能的瓶颈,识别和更新它们使其推进核心过程,尽可能以符合成本效益和精简的方式向用户传递信息③。

在本书中,位于整个业务流程中心位置的是师生用户,作为业务流程业务链的一部分,文献、网络系统等物的东西对流程的有效开展起辅助作用,馆员充分利用物的东西为图书馆的用户提供综合信息服务。

1.5.3　选择关键流程重点优先重组的原则

根据渐进式业务流程重组的要求,以及本书对业务流程重组相关理论的修订,有选择、有重点地开展图书馆业务流程重组是根本。有学者认为高校图书馆的关键流程包括物理和电子资料的获取,包括编目、分类、系列控制、馆际互借、读者支持服务、信息查询服务等流程④。

具体来说,关键流程重点优先重组原则应实现如下主要目标:①甄别

① Washington State University Libraries strategic plan,2014 – 2019[EB/OL]. [2019 – 05 – 08]. https://strategicplan. wsu. edu/#.

② MULLEN L B. Libraries for an open environment:strategies,technologies and partnerships[J]. Library hi tech news,2011,28(8):1 – 6.

③ JUNTUNEN A,MUHONEN A,NYGRÉN T,et al. Reinventing the academic library and its mission:service design in three merged Finnish libraries in mergers and alliances[J]. The wider view,2015,3(9):225 – 246.

④ MAHARANA B,PANDA K C. Planning business process reengineering (BPR) in academic libraries[J]. Malaysian journal of library & information science,2001,6(1):105 – 111.

用户需求,以他们作为变革出发点,通过流程重组提升用户满意度;②通过对图书馆工作流程的重组展现机构发展目标;③将图书馆"第一线"业务做得更强大。

穷尽法和高影响法是选出那些关键流程的重要方法,具体来说,穷尽法指的是对所有的流程进行一一爬梳,在此基础上根据重组的紧迫性进行排序,之后再做决定;高影响法则指从那些与业务流程重组理论冲突最激烈的或最重要的流程选出。

芬兰赫尔辛基大学、东芬兰大学和图尔库大学三所高校图书馆的合并与重组过程,把重点放在服务业务流程上,而不是员工的性格和习惯,这样也使工作人员更容易集中在基本服务和质量改进上①。

于图书馆馆员而言,服务是他们的重中之重,因为服务是图书馆的关键,也是最有价值的业务。实体及电子资源的采购、编目与分类、连续出版物的控制、馆际互借等可作为图书馆的关键性业务,对这些重要信息的处理流程需要以实现目标为出发点重新设计。埃塞俄比亚吉马大学作为案例研究,其业务流程重组的经验表明:应针对那些最需要改进的关键流程进行重组,以有效实现任务和目标②。我国香港大学、香港中文大学图书馆的业务流程重组也提供了宝贵的经验,两校图书馆通过对关键流程的重组为其用户提供方便、快捷的信息服务,其对关键流程的重组体现为将知识密集度高、使用频率高、最能体现知识服务性质、最能支持用户知识检索与利用能力的资源与服务流程置于用户最易接触到的地方③。

1.5.4 嵌入信息技术重组业务流程的原则

信息技术不仅仅是业务流程再造的有用工具,也是流程变革的主要推动者。事实上,信息技术的关键作用是区别于其他组织变革方法的特征之一。伴随着对现有流程和系统的重新思考以及对工作设计、组织结构和管理系统的彻底改革时,信息技术可以带来惊人的收益。如果不进行再造,信息技术投资的重点是将正在进行的工作自动化,从而导致生产率的小幅

① JUNTUNEN A,MUHONEN A,NYGRÉN T,et al. Reinventing the academic library and its mission:service design in three merged Finnish libraries in mergers and alliances[J]. The wider view,2015,3(9):225 – 246.

② SIBHATO H,SINGH A P. Evaluation on BPR implementation in ethiopian higher education institutions[J]. Global journal of management and business research,2012,12(11):1 – 27.

③ 张晓林.于细微处见改革,于特别处见发展——香港考察观感[EB/OL]. [2017 – 05 – 08]. http://ir. las. ac. cn/handle/12502/21.

提高。许多业务流程的设计,都没有考虑到信息技术的能力。在许多情况下,利用信息技术和业务流程再造,业务流程可以以全新的方式完成,从而极大提高生产率。成功的再造工作需要机构和信息系统专业人员之间的合作。研究表明,成功的再造工作需要商业领袖的领导,但信息系统部门也具有重要作用。信息技术应被视为任何业务变革计划的重要组成部分。但是,实施复杂的信息技术解决方案并不能保证过程变更工作的成功。其他组织变革,如结构、文化和角色的变革,都必须进行,而这些变革不一定受信息系统的控制。然而,由于实施新设计的工作是信息系统的责任,他们应该从一开始就参与项目。现代信息技术使业务流程再造在许多情况下成为可能。虽然传统上,信息系统是在确定功能或过程的需求后开发的,但信息技术能力的知识会影响过程设计。许多内部和外部数据库中的信息可以同时访问,并且专家系统可以获取信用授权管理器的专业知识,可以确定信用授权过程的结构。应该从支持新的或重新设计的业务流程而不是业务功能的角度来看待信息技术。业务流程应该根据信息技术能够提供的能力来考虑。作为一个推动者,信息技术提供了许多流程再造的机会①。

福特公司业务流程重组的过程是通过一个数据库实现的,该数据库允许所有功能独立地访问信息,订单由购买功能输入数据库,当货物到达时,库存功能可以访问数据库以匹配订单,任何差异都可以输入数据库,也可以通过应付账款功能进行支付。只有通过 IT 才能将流程从之前的基于纸张的连续操作转换为并行的电子文档共享操作。重新设计的流程使劳动力从 500 减少到 125,降低了 75%②。高校图书馆业务流程重组过程需提升对技术发展及其在图书馆应用的敏感度,以此为图书馆的全面发展提供强有力的技术支撑③。信息技术及其产品如互联网、大数据、云计算、个人电脑、传真、视频会议、电话会议、光盘、局域网、城域网等早已进入图书馆,当今市场上有大量用于图书馆自动化的软件产品,这些促使图书馆业务活动减少了工作时间,提高了效率。

①　KONDAREDDY S. From business process reengineering to integrated process management:an exploration of issues[D]. West Lafayette:Purdue University,1998:5.

②　GROVER V,FIEDLER K D,TENG J T C. Exploring the success of information technology enabled business process reengineering[J]. IEEE transactions on engineering management,1994,41(3):276 - 284.

③　吴越. 面向知识服务的高校图书馆图书采访 BPR 研究[J]. 农业图书情报学刊,2017(9):185 - 188.

应真正让 IT 技术成为图书馆中有效的信息交换和检索的主要推动者。它的发展和复杂的管理、控制、设计和使用给管理者带来了新的挑战。许多组织正在接受信息和通信技术外包作为一个战略举措,使它们能够集中和提高核心业务功能。

在高校图书馆业务流程重组中,在所有的服务过程中增加 IT 技术的应用,加快从纸质资源到数字资源采集的范式转变;通过 IT 技术实现内部网的网络讨论;通过 IT 技术,减少图书馆的人工劳动量,实现图书馆物流自动化;利用 IT 技术在馆员和师生用户之间构建交流分享的网络空间,最终实现高度智慧化的图书馆。

2 我国高校图书馆业务流程现状的调查分析

2.1 我国高校图书馆业务流程的调查取样

在业务开展、信息服务与科学化管理等方面，我国教育部直属高校的图书馆一直处于领先地位。为了对我国高校图书馆业务流程与机构设置等方面的实际情况有一个全方位的了解，本书以我国教育部75所直属高校图书馆为研究对象，以它们作为调研样本，把握现状，并以此为基础开展后续研究。

本书对我国高校图书馆业务流程现状的调查采取网络调查、问卷调查，并辅之以电话访谈的方式。根据我国教育部网站列举出的75所直属高校名单①，调查共发放问卷75份，回收有效问卷45份。在问卷调查的基础上，还通过访问其图书馆官方网站的方式开展了网络调查，网络调查重点访问了75所图书馆中没有返回调查问卷的图书馆官网。

2.2 我国高校图书馆业务流程的调查分析

2.2.1 业务流程的调查分析

（1）传统纸质文献业务处理流程

参与调查的75所部属高校图书馆中，有73所依然根据采访、编目、阅览、咨询等不同业务处理阶段开展传统纸质文献业务处理流程，在被调查

---

① 教育部.中华人民共和国教育部直属高等学校［EB/OL］.［2018－05－18］. http://www. moe. gov. cn/edoas/website18/68/info1215414596679168. htm.

的高校图书馆中,这一比例高达97.3%。有别于大多数高校图书馆的业务处理模式,上海交通大学图书馆和安徽大学图书馆采用了不同的方式。其中,上海交通大学图书馆建立了信息共享空间,淡化了书库与阅览室间的界限,通过采用一站式的管理模式,实现了图书馆"藏、查、借、阅、参"五位一体的优质服务机制,大力推行大开放、大服务的新格局。其新馆一共设置了九大阅览室和一个密集书库,推行扁平化服务,实行五位一体的一站式服务机制,如新馆在用户服务部下设工科室,专门为全校工科专业提供文献服务;安徽大学图书馆则以流通阅览一体化的模式来处理传统纸质文献①。

调研数据说明,关注文献本身及便于图书馆业务处理是部属高校图书馆纸质文献业务处理流程中体现出来的最明显的特征,高达97.3%的部属高校图书馆仍以文献的加工操作流程来开展纸质文献业务处理流程。

此外,作为纸质文献业务处理流程中的重头戏,纸质文献的采访流程可以看作是后续业务处理的源头,唯有把握好源头,才会有源源不断的"活水",因此本书针对该项流程开展了深入调查。75所部属高校图书馆的纸质文献采访方式主要包括:①采访馆员采购纸质文献,有56所高校图书馆采用此方式,占参与调查馆的74.7%;②采访馆员、学科馆员与院系专家联合采购,有15所高校图书馆采用此方式,占20.0%;③采访馆员与院系用户采购,仅有5.3%的高校图书馆采用此方式,如安徽大学图书馆和对外经济贸易大学图书馆开辟了各自独有的纸质文献采访方式,前者由图书馆馆员与各院系的专家联合采购,图书馆中的采购馆员和其他部门馆员均可参与到纸质文献采访之中;后者则采用采访馆员、院系精选与学生用户推荐的方式。

虽然有部分高校图书馆对本馆的采访方式进行了革新,但大多数图书馆仍以采访馆员负责纸质文献采购流程的方式为主。受学科背景、个人精力等因素的影响,采访馆员采购回来的纸质文献并不能完全满足用户的需求,也不能对本校学科的发展特点进行科学、合理的展示,因此需要对这样的采访业务处理方式进行一定的改进。

(2)数字文献业务处理流程

电子资源业务与虚拟资源业务是图书馆数字文献业务的主要组成部分。本书首先介绍部属高校图书馆电子资源业务的处理情况。

书中所指的电子资源主要包含图书馆为满足用户需求订购的数据库

---

① 崔风雷.陈进:人生无处不创新[J].高校图书馆工作,2008(4):23-25.

与电子图书等数字资源。参与调查的 75 所高校图书馆在电子资源订购方面存在诸多差异,首先体现在电子资源订购的部门分布上。部属高校图书馆电子资源订购的负责部门见表 2 - 1。

表 2 - 1 部属高校图书馆电子资源订购的部门分布

负责订购部门	图书馆数量(所)	百分比(%)
采编部	32	42.7
技术部	9	12.0
咨询部	13	17.3
信息技术中心(技术部与咨询部合并后的部门)	3	4.0
技术部 + 采编部	2	2.7
咨询部 + 采编部	1	1.3
采编部 + 技术部 + 咨询部	2	2.7
文献借阅部	3	4.0
数字化部	10	13.3

资料来源:作者根据调查数据绘制。

由表 2 - 1 可知:① 42.7% 被调查馆的电子资源订购由采编部独立完成,此外,还有 38 所高校图书馆的电子资源订购工作由除采编部之外的单独一个部门完成,占被调查馆的 50.7%。②共 5 所高校图书馆由多部门联合完成电子资源订购,多部门联合订购的模式可以在一定程度上降低订购的随意性,但也会产生效率低下、标准参差不齐等问题。③文献借阅部订购模式是电子资源订购中较为有特色的一种模式,该模式下,文献借阅部统筹管理纸质文献与电子资源,实行大文献管理理念,实现了不同文种文献的统一管理,能够更好地为用户提供服务。在调查中,共有 3 所高校图书馆采用这种特色订购模式。④此外,建立专门的数字化部门处理电子资源的订购工作已经逐步成为一种趋势,共有 10 所被调查高校图书馆采用了该方式。专门数字化部门的建立体现了图书馆决策机构对电子资源订购的重视程度,但在实际工作过程中,需要加强与采编部等相关部门的沟通协调工作,避免出现重复建设的情况。

电子资源业务的处理除涉及订购外,还包括对其的组织、利用与培训,负责这些工作的部门见表 2 - 2。

表 2 – 2　部属高校图书馆电子资源组织、利用及培训部门分布

负责组织、利用及培训部门	图书馆数量（所）	百分比（％）
技术部	8	10.7
咨询部	36	48.0
信息技术中心（技术部与咨询部合并后的部门）	14	18.7
综合办公室	1	1.3
咨询部＋数字图书馆部	2	2.7
采编部＋技术部＋咨询部	3	4.0
咨询部＋采编部	1	1.3
数字化部	10	13.3

资料来源：作者根据调查数据绘制。

由表 2 – 2 可知：咨询部是承担电子资源组织、利用与培训任务最多的部门，有 36 所、48.0％ 的高校图书馆的咨询部承担这一工作；与 42.7％ 的高校图书馆由采编部完成电子资源订购形成对比的是，采编部并未单独承担电子资源组织、利用与培训这一业务。与 17.3％ 的高校图书馆由咨询部单独承担电子资源采购相比，高达 48.0％ 的高校图书馆由咨询部全程处理电子资源采购后的后期业务，说明咨询部已经成为高校图书馆处理电子资源业务的主阵地。此外，电子资源的订购及采购后的信息组织等后期业务分属不同部门，极易产生因缺乏与用户接触而造成信息灵敏度欠佳、信息组织规范与标准不统一等诸多问题。

此外，本书还对 75 所部属高校图书馆网络资源采集与组织的负责部门做了调查，调查结果见图 2 – 1。

调查结果显示：①作为数字资源的另外一种组成形式，虚拟资源在高校图书馆的采集与组织受到了越来越多的重视，咨询部是现阶段采集和组织虚拟资源的重要角色。有 32 所高校图书馆的虚拟资源业务操作流程由咨询部承担，结合前述咨询部参与电子资源订购及承担后续组织、利用与培训的比例可知，现阶段，咨询部是国内部属高校图书馆处理数字资源业务的主力军。②采编部承担虚拟资源业务处理的比例少之又少，在被调查的 75 所高校图书馆中，仅有 3 所采用此种模式，众所周知，采编部的传统业务围绕纸质文献展开，间或加入部分电子资源的业务，承担虚拟资源处

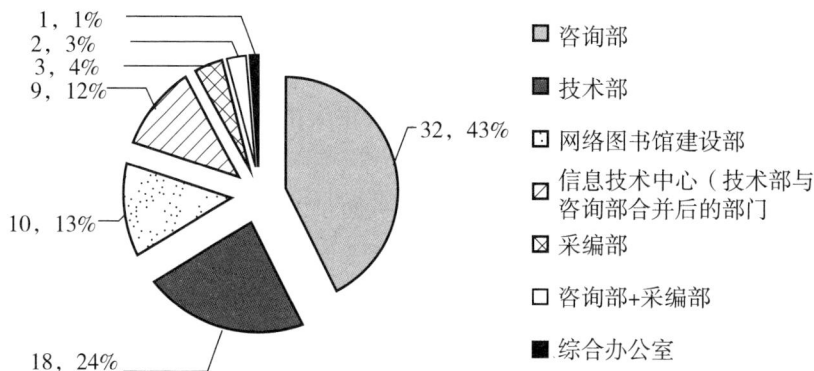

图 2-1 部属高校图书馆网络资源采集和组织的部门比例

资料来源:作者根据调查数据绘制。

理业务后,采编部成了名副其实的文献资源建设部,可以实现对全馆或全校文献资源的统筹管理与建设,如此既可避免文献资源的重复建设,又能像用户提供更优质的文献资源服务。③总的来说,现阶段部属高校图书馆的虚拟资源建设仍呈现出一定的随意性,且质量参差不齐,这是由该业务的处理在不同高校图书馆分属不同部门的现状所致。

部属高校图书馆中,厦门大学图书馆的虚拟资源业务处理为其他高校提供了有益的经验,该校图书馆采用用户推荐,图书馆采集与组织的模式,对网络免费站点进行整合,建设本校的虚拟资源,该模式在业务流程中纳入其服务的对象,具有一定的新意。

(3)将用户纳入业务流程的调研

2015 年 12 月,教高〔2015〕14 号文件《普通高等学校图书馆规程》由教育部正式印发,其第八条仍然与图书馆工作委员会的设立有关,文件指出图书馆工作委员会可按需设立,成员包括高校相关职能部门负责人以及教师与学生代表,该委员会承担全校图书馆的咨询与协调工作①。这些都为高校图书馆在其管理流程中吸收用户参与提供了有力的制度保障。

参与调查的部属高校图书馆中,12 所、占总数 16.0%的图书馆设有图书馆工作委员会,该委员会的设立旨在为图书馆的科学管理、资源建设与用户服务提出建议,同时对图书馆与院系及学校职能部门间的业务进行一定的协调。另外,吸引用户参与图书馆业务流程管理的高校图书馆有 47

① 中华人民共和国教育部. 教育部关于印发《普通高等学校图书馆规程》的通知［EB/OL］.
［2018－12－18］. http://www. moe. gov. cn/srcsite/A08/moe_736/s3886/201601/t20160120_
228487. html.

所,各高校图书馆吸收用户参与管理的形式各不相同,主要包括:

第一,设立用户咨询委员会。以复旦大学图书馆为例,该馆设立了咨询委员会,在图书馆的日常管理与维护及重大决策或重大采购中,咨询委员会成员。

第二,成立用户协会或学生管理委员会。该组织作为广大图书馆用户的代表,参与到图书馆的日常管理与服务工作之中。

第三,开展用户荐购活动。此形式是为了鼓励用户参与图书馆文献资源建设,推荐的内容可以是优秀的文献或站点,也可以是提供在线点评功能的特色资源等,厦门大学图书馆举办的"免费资源大家推"活动即是用户荐购活动的典型案例,该活动历时 2 个月,用户为图书馆提供的站点链接多达 150 个[1]。

第四,开展立体阅读活动。此活动可以充分发挥各馆的多方面优势,同济大学图书馆多次举办展览、讲座等活动,达成与用户紧密互动联系的目标。

第五,开展用户监督与评价图书馆服务的活动。允许用户对馆员的服务进行监督与投诉,公开图书馆年度经费预算与实际执行状况,复旦大学图书馆通过一系列举措接受用户的监督与评价[2]。湖南大学图书馆则提供量化评价指标,对用户评价图书馆服务的内容做出要求,主要涉及服务态度与能力、仪表与语言规范、环境规范等内容,希望用户以评价与监督的形式参与图书馆管理。

从前述调研可知,75 所部属高校图书馆的参与式机制主要围绕传统环境展开,如成立图书馆工作委员会或用户咨询委员会等。数字信息环境浪潮中,图书馆的业务流程处理应如何吸引用户,对此调研数据较少体现。

2.2.2 机构重组的调查分析

组织机构的正常运转方能保证高校图书馆业务流程的顺利开展,因此本书对 75 所部属高校图书馆的组织机构设置也进行了调查。

(1)机构设置的类型

调研数据表明,职能型是目前部属高校图书馆组织机构设置的主要类

① 厦门大学图书馆.厦门大学图书馆用户推荐免费资源[EB/OL].[2018 – 11 – 08].http://library.xmu.edu.cn/cn/detail.asp? pid = 3&sid = 2731.

② 葛剑雄.葛剑雄馆长关于 Wind 等问题的回复[EB/OL].[2018 – 11 – 08].http://www.library.fudan.edu.cn/services/libnews.htm#ge_wind1001.

型,该机构设置类型主要以文献加工流程与用户服务功能为依据,这与业务流程重组的整体性理念存在一定的冲突。

在参与调查的 75 所高校图书馆中,48 所实行总分馆制,其中的 14 所设立了专业馆。实行总分馆制高校图书馆的结构类型主要包括:

事业部形式:此类高校图书馆的分馆承担的职责较重,一般出现在多所高校合并带来的图书馆合并情形之下,分馆在合并之前即有一套成熟的机构设置与服务模式,合并后分馆被赋予较大的权限。吉林大学图书馆与山东大学图书馆的总分馆模式即呈现分馆为事业部的形式,总馆统筹规划全校的文献信息资源建设与信息服务等项目,分馆利用其成熟的机构设置为用户提供相应的服务。

定位分馆功能形式:武汉大学图书馆拥有四大分馆,为了更好地为用户提供服务,根据四大分馆的不同功能,分别将其定位为文理馆、工学馆、信息科学馆与医学馆。兰州大学图书馆则将其中心馆定位为研究型馆,两个分馆分别为学习型馆与医学馆。

分馆职责较小的形式:在诸多总分馆的设置中,还存在分馆职责较小的总分馆模式,区别于事业部形式,该形式下的分馆仅提供文献借阅服务,同济大学图书馆、东南大学图书馆、武汉理工大学图书馆等即采用此种形式。

分馆共建资源体系的形式:复旦大学图书馆的校园文献资源服务体系即由该校图书馆五大分馆共同构建而成,提供学科服务是上海交通大学图书馆文献资源服务体系建设的主线,围绕这一主线,总馆与四大分馆各自进行精准定位,建立以总馆为中心、四大分馆协同的模式,开展文献资源服务体系建设。

高校合并在一定程度上导致了目前图书馆出现的总分馆管理模式。数据显示,自 1992 年至今,全国已有 612 所高校顺应时代潮流,进行了合并与调整,目前已调整至 250 所[①],这一波合并与调整的浪潮也导致高校图书馆在功能与角色上对总分馆定位的模糊。

数字信息环境对总分馆清晰定位自身特色功能提出了较高的要求。只有明确定位,才能实现管理的分布式与信息资源的共建共享,值得一提的是,数字资源的管理与共建共享比纸质资源更为容易。上海交通大学图

---

① 张思辉. 图书馆分馆建设的探讨[EB/OL]. [2018 – 10 – 11]. http://www. lib. lnnu. edu. cn/gylt/gylt-008/a-02. pdf.

书馆对分馆的管理模式采用了国际通用的多分馆联合模式,根据各馆的学科特色,该校分布在三个校区的四所图书馆互相补充,以最大限度为用户节约时间为指导原则,明确了各自的定位与职能①。

除此之外,有 2 所部属高校图书馆在组织架构方面采用了跨部门委员会与任务小组的形式。

(2)馆内机构个数

机构个数即各高校图书馆根据各自的职能划分而设置的组织机构的总数量。统计调查数据发现,参与调查高校图书馆的机构总数为 564 个,平均机构数量约 8 个。馆内机构个数低于 6 个的共有 28 所高校图书馆,占总数的比例约为 38%。

图书馆的机构一般都有其对应的业务流程,应做到因事而设、为用户提供便捷而设、为提供优质的文献信息服务而设。从某种程度而言,机构部门设置与机构扁平化特征息息相关,两者呈负相关。2002 年,王可文调查江苏省高校图书馆机构数的结果显示,机构数低于 6 个的占图书馆总数的 58%②;2004 年,杨学红等人针对北京地区的 20 所部属高校图书馆展开调查,机构数低于 6 个的比例是 30%③;本书调查所得的数据是 38%。将三组数据做比较可以发现,机构划分较细致、不够扁平化是国内部属高校图书馆现阶段的机构设置特点。

部门设置简而言之就是各个图书馆按照自身业务需求设置了哪些具体的部门,其中具有普遍性的部门便是馆长办公室,该部门为全馆各项工作的开展提供有力的保障。75 所部属高校图书馆其他部门设置情况见图 2 - 2。

1956 年教育部颁发的《中华人民共和国高等学校图书馆试行条例(草案)》④(以下简称《条例》)对于高校图书馆的部门设置做出了规定,采录部(组)、编目部(组)和流通管理部(组)是高校图书馆必须设立的主要部

---

① 上海交通大学.图书馆以多分馆联合模式支撑教学科研[EB/OL].[2018 - 10 - 11]. http://www.sjtu.edu.cn/newsnet/newsdisplay.php?id = 16154.
② 王可文.网络环境下图书馆机构改革[J].高校图书馆工作,2003(3):79 - 80.
③ 杨学红,郭渝碚,刘凤辰.高校图书馆组织机构改革[J].农业图书情报学刊,2005(3): 76 - 78.
④ 燕今伟,谭明君.新形势下高校图书馆的组织机构重组[EB/OL].[2016 - 11 - 30]. http://www.lib.cuhk.edu.hk/conference/aldp2007/programme/aldp2007_full_paper/Yan-Jinwei.pdf.

门,在此基础上,可根据本馆具体业务的开展情况,增设诸如办公室、期刊、特藏等其他部(组),还可在办馆规模较大时开设一定的专业分馆。这一规定经过多年的沿袭与发展,已经成为我国高校图书馆馆内部门设置的范本。

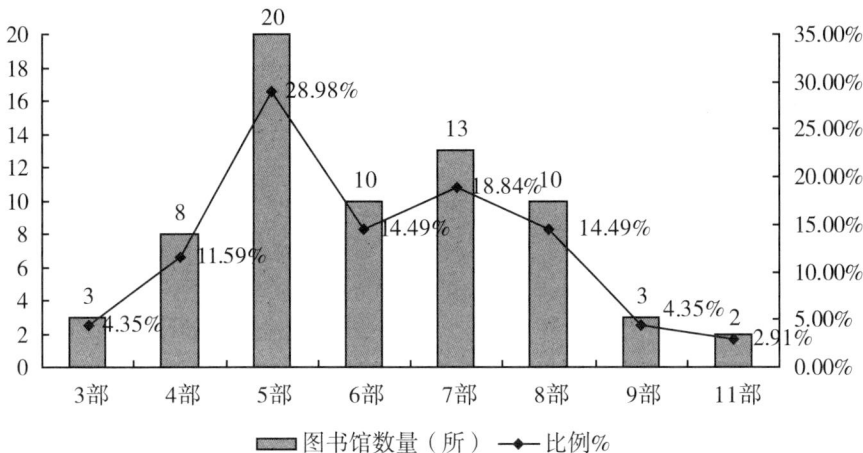

图 2 - 2 部属高校图书馆部门设置

资料来源:作者根据调查数据绘制。

注:①中央美术学院等 6 所高校图书馆的信息不详或特殊,故图 2 - 2 的图书馆总数是 69 所;

②"图书馆数量"指使用该部门设置模式的图书馆数量总和。

现阶段,高校图书馆的机构设置采用"六部一室"的形式较多,它所占的比例排在第三,"六部"指的是采访部、编目部、流通部、阅览部、参考咨询部、信息技术部,"一室"即为馆长办公室,这是对 1956 年颁布的《条例》规定的沿袭。在调查中,共有 10 所高校图书馆的部门设置使用这种形式,所占比例约为 14.49%。在"六部一室"的基础上,通过新增、合并或撤销等方式可以在图书馆组建新的较为复杂的部门设置形式。在本次调查中,设置模式占比最大的是"五部一室"模式,达到了 28.98%。该模式即通过将"六部一室"模式中某两个部门合并来实现,如采访与编目合并、流通与阅览合并,或技术部与咨询部合并等。由此可见,合并内容相关部门以此实现机构重组的模式是当前部属高校图书馆使用较为广泛的模式。

此外,北京大学图书馆的部门设置分为技术服务、用户服务与行政管理三大块,这一划分以服务和管理的特征为依据。实行模块化部门设置后,采编、数字加工等有一定技术含量的部门全部纳入技术服务模块;流通阅览、信息咨询等则以其服务性的特征被纳入用户服务模块;承担行政事务的部室,如馆长办公室,则被整合至行政管理模块。北京大学图书馆自2012 年开始,再次重启的重组将机构分为资源建设中心、古籍图书馆、特色资源中心、信息化与数据中心、学习支持中心、研究支持中心、综合管理与协作中心七大块[①],可视为在上一次机构改革基础上模块化的深化版。大连理工大学图书馆现阶段的部门设置也以模块形式呈现,重组部室后形成了用户服务区与国际会议中心两大模块,用户服务区模块的设置实现了文献资源藏阅与管理的一体化。对内模块与对外模块则是上海外国语大学部室重组后现行的部门设置模式,对内模块整合了采编部、技术部等部门的职责,对外模块则主要负责为用户提供服务,主要是对流通部与阅览部等对外服务部室的整合。上海交通大学图书馆的部室设置围绕学科服务展开,仅设置了读者服务部、系统科学技术研究所等部室。

大部门制逐渐成为部属高校图书馆探索部门重组的新途径,这一有益的探索带来了诸多积极信号,最明显的有两点:其一,基于用户的视角,大部门制"一个入口"式的服务模式让用户免除了在繁复的部室中寻求服务的困扰;其二,基于图书馆管理者的视角,大部门制可以减少部室重复建设,且能增强原有部室间的沟通与合作。

(3)馆内机构的合并

从前述分析可知,75 所部属高校图书馆都或多或少地进行了部室重组,对其重组情况进行深入的调查,得到表 2 - 3。

表 2 - 3 部属高校图书馆部室合并情况

部属高校图书馆部室合并情况	图书馆数量(所)	比例(%)
采访、编目部合并	47	54.02
采访、编目、期刊部合并	1	1.15
采访、编目、流通、咨询部合并	1	1.15
典藏、流通部合并	1	1.15
流通、阅览部合并	29	33.33
技术、参考咨询部合并	8	9.20

资料来源:作者根据调查数据绘制。

注:表中有些馆可能同时涉及不止一种合并方式,这里做多次统计,故"图书馆数量"之和超过了75 所。

---

① 朱强,别立谦.面向未来的大学图书馆业务与机构重组[J].大学图书馆学报,2016(2):20 - 27.

表2-3数据表明,高校图书馆界接受度最高的机构重组方式是对采访部和编目部进行整合,47所、占比高达54.02%部属高校图书馆采用该方式。其次是以流通部和阅览部合并的方式完成机构重组,29所、33.33%的部属高校图书馆对本馆的这两个部门进行了合并与重组。而2002年王可文对江苏省高校图书馆的调研数据显示,江苏省内83%的高校图书馆将文献信息资源的采访、编目与典藏职责合为一体,由一个部门来承担,与此同时50%的高校图书馆完成了对书刊流通与阅览职责一体化的机构重组[1]。北京地区20所教育部直属高校图书馆机构重组过程中采用以上两种合并方式的比例则有所不同,杨学红等人2004年通过调研得出的比例分别是75%和25%[2]。与之前的调研数据相比较,本书所得数据的占比均不是很高,可见,机构个数偏多,机构扁平化程度偏低是现阶段部属高校图书馆机构设置的现状。造成这一现象的原因是多方面的,高校图书馆的自身定位、人员配置、馆藏基数都会对其产生影响。机构重组不是简单的部门叠加,而是优化业务相关部门的人员与配置,而这也是对业务流程重组理念的诠释。

(4)新兴机构的设置

新兴机构在本书中被界定为除上文提及的"六部一室"之外,高校图书馆设立的其他机构。在参与调查的75所高校图书馆中,部分馆通过设立新兴机构来处理图书馆出现的新业务。随着数字图书馆研究的兴起,有10所部属高校图书馆设立了负责数字图书馆业务的机构,虽然各馆对于该机构的命名不一,但其基本职责主要围绕文献信息资源数字化、用户信息服务网络化、图书馆业务管理信息化展开,具体工作包括馆藏文献信息资源的数字化、数字化资源的引进与加工、数字图书馆的相关标准与规范研究等。

另外,经过长时间的发展,不少部属高校图书馆建立了一些委员会机构,如资源建设委员会、图书馆咨询委员会等。资源建设委员会着重为图书馆的文献资源采购建言献策,同时还会参与图书馆年度采选计划与经费预算的制订,该委员会广泛吸收本校师生参与,为他们颁发"图书馆学生顾问"和"图书馆教师顾问"聘书,清华大学图书馆与中国海洋大学图书馆即成立了这样的资源建设委员会。复旦大学图书馆设立图书馆咨询委员会,该校

---

① 王可文.网络环境下图书馆机构改革[J].高校图书馆工作,2003(3):79-80.
② 杨学红,郭渝碚,刘凤辰.高校图书馆组织机构改革[J].农业图书情报学刊,2005(3):76-78.

图书馆拥有 32 名咨询委员,全部由院系产生,委员对图书馆的日常管理事务与文献资源采购等业务提供咨询,该委员会的设立有效降低了文献资源采购的随意性,进一步提高了日常管理的规范性。随着新兴机构的设立,原本较为僵硬的职能式组织机构在一定程度上被打破了。而新兴机构的设立改变旧有运行机制,体现了业务流程重组对整体化的要求,整合效果得以体现。

2.2.3　对外重组的调查分析

除图书馆内部重组之外,高校图书馆业务流程重组还应包括对外重组,对外重组主要涉及整合校内其他信息服务机构与图书馆间的业务、建立图书馆行业及地区合作组织和业务流程。本书对 75 所部属高校图书馆的对外重组业务进行了深入调查,结果显示,现阶段对外重组的模式主要包括:高校图书馆与院系资料室重组、高校图书馆与校内其他信息机构重组以及建立行业及地区图书馆合作组织与业务流程。

(1)高校图书馆与院系资料室重组

34.67% 的被调查部属高校图书馆选择了高校图书馆与院系资料室重组的模式。该模式主要有两种方式:其一是整合高校图书馆与院系资料室的联机公共目录查询系统(Online Public Access Catalogue,OPAC),实现二者的统一管理与服务,在整合过程中,与院系资料室相关的要素诸如经费、馆舍、人员等均由院系提供。北京大学图书馆在整合本馆与院系资料室时,仅接收院系资料室的文献资源,并未改变院系资料室的行政归属;武汉大学图书馆的整合则采用自愿原则,对于愿意将资料室移交图书馆的院系,图书馆对其进行统一管理,对于不愿意移交的,图书馆对其目录信息进行整合,保证院系资料室的目录信息与图书馆完全同步,方便用户使用[1]。其二是完全合并高校图书馆与院系资料室,完全合并之后,院系资料室的人员、经费与物资设备完全归入图书馆。厦门大学图书馆即采用了这种方式,通过完全合并,厦门大学图书馆实现了对全校院系资料室的统一管理[2]。比较两种重组方式,前一种的推进阻力更小。就当前实际而言,前一种重组方式更有利于整合院系资料室与图书馆的馆藏资源,而统一OPAC 检索系统的建立,也为用户提供了更好的使用体验,重组能同时为

---

① 崔凤雷,燕今伟. 求实拓新创辉煌[J]. 高校图书馆工作,2008(1):18 - 20.

② 厦门大学图书馆. 厦门大学接管各院系资料室[EB/OL]. [2018 - 11 - 08]. http://210. 34.4.20/cn/detail. asp? pid = 589&sid = 65.

图书馆与院系资料室减负,实现双赢。

(2)高校图书馆与校内其他信息机构的重组

除与院系资料室重组之外,高校图书馆还与校内其他信息机构开展了形式各样的重组,参与重组的校内机构包括高校期刊(学报)编辑部、校园文化素质教育中心、学校教材中心以及教育技术中心或网络信息中心等。

(3)行业及地区图书馆之间的合作组织及其业务流程的建立

近年来,基于最大限度地为用户提供便捷的服务理念,通借通还业务成为高校图书馆业务发展的一大趋势。"图书馆要时刻将'你珍藏的不是书,而是用户'牢记在心"①。迪克·艾歇尔(Dierk Eichel)用一句话揭示了用户对图书馆的重要性。关注用户需求是图书馆进行业务整合自始至终应坚持的重要原则。为了实现提供全方位、立体化的用户服务,图书馆可将传统的文献借阅、文献传递、信息素养教育、代查代检等各类服务进行整合。

在全国范围内,联合书目数据库、专题特色数据库、高校学位论文数据库以及重点学科导航等的建设一直是各高校图书馆重点开展的业务,为了提升它们的质量,CALIS 成员馆紧密合作,共同开展共建共享。事实证明,成员馆之间合作开展这些业务对各个图书馆本身的业务没有产生不利的影响,相反地起到了较大的促进作用。中国高校人文社会科学文献中心(China Academic Social Sciences and Humanities Library,简称 CASHL)和大学数字图书馆国际合作计划(China Academic Digital Associative Library,简称 CADAL)的重组是高校系统内重组的典型案例。2004 年 3 月,CASHL 在北京大学启航,几年后,一个覆盖全国的三级资源与服务体系正式形成,在对这个三级资源与服务体系的资源进行深度整合以后,CASHL 组建了一个强大的外文资源服务网络,诸多高校的人文社科类用户享受了整合带来的红利。

具体到地方来看,依据"集中资源、分工合作、均衡负载、用藏结合"原则,在 CALIS 和 CADAL 相关成果的支撑下,浙江省高校数字图书馆致力于数字化文献信息保障服务体系的建设,该服务体系为浙江省内高等院校提供优质的文献信息服务,共有 1 个省级中心、6 个分中心和 1 个文献传递服务系统②。湖北省在开展高校数字图书馆项目时成立了专门的服务工作

---

① 艾歇尔.并非任何声音都令图书馆员心烦[EB/OL].[2018 – 11 – 08].http://www.ifla. org/annual-conference/ifla75/xpress6-zh-2009.pdf.

② 浙江省高校数字图书馆(ZADL)[EB/OL].[2018 – 11 – 08].http://182.61.52.44/ad- dress.action.

组,该工作组在项目开展过程中发现,该项目的推进需要对多项工作进行整合,如数据库培训、虚拟参考咨询服务等。工作组在对省内高校图书馆服务工作有效整合的基础上,推出了统一的文献检索与借阅服务。地区图书馆联盟也在积极探索合作方式,希冀通过合作整合区域内高校图书馆的服务,建立强大的区域图书馆服务保障体系。较为典型的是北京高校图书馆联合体,该联合体有 39 所成员馆,在"资源共享、优势互补、互惠互利、自愿参加、平等协作"原则的指导下,北京邮电大学联合成员馆在馆际借阅、文献传递等方面开展了有益探索,实现了联合体的整体效益最大化①。江苏省内高校图书馆文献资源建设的规划、馆际文献传递与互借等业务均在江苏省高等学校文献信息保障系统的指导下完成②。

随着图书馆联盟的出现,图书馆内部的业务流程与组织架构都产生了一定的变动,如馆际文献传递协议的出现,使得图书馆的文献资源建设目标由"多而全"转变为"求精""求准",受众较小的文献资源即可通过文献传递来满足用户需求。随着文献传递业务量的递增,文献传递工作组应运而生。CALIS 成员馆为了更好地协调与成员间的各项工作,需要在部分关键业务环节设立新的工作制度。与此同时,图书馆还应积极寻求与其他机构的服务整合,扩大图书馆服务的覆盖面积,实现三者共赢的局面。

本次调查的 75 所部属高校图书馆参加 CALIS、CASHL、CADAL 的比例分别是 100.0%、77.3%、20.0%,作为全国性的行业图书馆合作组织,高校图书馆参加以上三个组织的比例从一定程度上反映出各高校图书馆已走出"单打独斗"的局面,走上依靠合作、构建共建共享联盟的发展之路。

2.3 我国高校图书馆业务流程的弊端

基于对 75 所部属高校图书馆业务流程、内部机构重组、与校内外其他信息机构重组等三大方面的调研分析发现,传统的业务流程重物轻人且协调不灵、传统的部室设置较为僵硬是目前我国高校图书馆业务流程及机构重组方面存在的弊端。

---

① 北京高校图书馆联合体介绍[EB/OL].[2018 – 11 – 08].http://www.xzeu.cn/ReadNews.asp? NewsID = 337.

② 江苏省高等教育文献保障系统(JALIS)简介[EB/OL].[2018 – 11 – 08].http://202.119.47.5/about.php.

2.3.1　传统的业务流程重物轻人

以文献的采访、加工与利用为依据,以"文献"为中心开展工作,这种传统的业务流程管理体制已经在图书馆沿袭了 100 多年。前述调查结果显示,"书本位"的指导思想造成业务流程的设计在一定程度上忽略了用户需求,也造成了业务流程与用户需求之间的脱节①。

于馆员而言,重视文献操作,长期被"禁锢"于某一具体业务的运行模式操作,极大地抑制了其工作的主动性、积极性和创造性,同时对馆员个性的忽视以及大量的重复劳动对馆员的工作效率也产生了极大影响,致使其工作效率低下。

2.3.2　传统的业务流程协调不灵

前述调查数据在一定程度上凸显了传统业务流程存在的问题,这些问题主要包括:

第一,纸质文献与数字文献处理的协调性欠佳。传统业务流程以纸质文献的处理为中心,电子文献与虚拟文献的处理没有得到足够重视;分散式采集导致印刷型文献与数字型信息资源的业务处理存在不同程度的交叉与重复,这也使二者互相补充的功能被弱化,间接影响了资金的使用效率。

第二,馆员与用户沟通渠道的畅通性欠佳。业务部门缺少与用户面对面沟通的机会,与用户面对面沟通的部门却因为各种原因无法及时向业务部门反馈用户体验,各个业务部门开展工作均多从各自视角出发,这样的工作模式导致了对用户需求的忽视,业务部门也无法及时改进自身工作②,如此,高校图书馆的文献资源采购工作出现了"购非所需"的现象。

第三,馆员间、馆员与决策者间的协调性欠佳。受机构设置影响,直面用户的馆员往往不能直接处理问题,这极大地延长了问题解决的时间③;秉承各司其职的工作原则,各个部门的馆员只对自身职责范围内工作负责④,僵化的管理方式直接造成了部门间的沟通难与合作难。

---

①③　陈晓林.再造工程与大学图书馆业务流程重组[J].前沿,2006(8):244 - 246.

②　李志明,宋春玲.基于用户服务的图书馆业务流程重组[J].图书馆学刊,2005(6):99 - 100.

④　卢晓慧.图书馆在数字化进程中业务流程的重组[J].国家图书馆学刊,2003(3):81 - 84.

2.3.3 传统的部室设置较为僵硬

在亚当·斯密(Adam Smith)职能划分法的指导与影响下,本书依据图书馆的功能,将其机构分为三大块:业务机构、用户服务、技术支撑。1981年颁布的《中华人民共和国高等学校图书馆工作条例》(以下简称《工作条例》)就对高校图书馆的机构设置做出了规定,采访部、编目部、期刊部、流通阅览部等部门均在文件规定范畴之内①。国家教育委员会随后在1987年颁布了《普通高等学校图书馆规程》,文件取消了《工作条例》对机构设置的相关规定,指出高校图书馆的机构设置应按需设置。沿袭1987年《普通高等学校图书馆规程》的相关规定,2002年教育部颁布的《普通高等学校图书馆规程(修订)》仍没有对图书馆内部机构设置做出明确规定,仅将"以有利于科学管理和便利用户为原则"修改为"以方便用户和有利于科学管理为原则"。2015年,教育部《普通高等学校图书馆规程》继续对这一表述进行修订,其第六条规定:高等学校应根据图书馆实际工作需要设置图书馆内部组织机构和岗位,明确各组织机构和岗位的职责②。因此,自1987年来,机构设置具体如何开展,其主动权主要还是交由各高校图书馆根据自身实际情况来进行。

依据前述调查结果,我国75所部属高校图书馆的组织机构均在各类文件规定的框架之上进行了或多或少的调整。职责分明、权力集中的等级式机构设置,在早期为高校图书馆的管理提供了极大的便利,但随着社会的发展,用户需求的不断变化,其弊端也日益凸显,用户信息需求与机构划分方式之间的矛盾越来越难以调和③。便于管理文献与用户的机构设立方式,极大地影响了用户对图书馆的使用体验。

弊端的存在要求高校图书馆改进自身服务,探索业务流程及其机构重组,促使高校图书馆不断提升自己,以应对数字信息环境的发展与用户信息需求变化给图书馆界带来的影响。

---

①③ 赵宣.关于图书馆业务流程重组的再思考[J].山东图书馆季刊,2001(4):26-28.
② 中华人民共和国教育部.教育部关于印发《普通高等学校图书馆规程》的通知[EB/OL].
　　[2018-12-18]. http://www.moe.gov.cn/srcsite/A08/moe_736/s3886/201601/t20160120_
　　228487.html.

3 高校图书馆业务流程重组的主要动因

近年来,高校图书馆新增了数字图书馆建设、数据管理、信息资源整合等业务,同时,在传统业务的操作方式上也做出了调整,如机读目录与联机编目的出现使得编目外包愈发普遍。这些变化依托于计算机和网络通信等技术的发展,新技术使信息资源的传播与利用更为方便,改变了用户需求,也让高校图书馆处在全新的社会环境中。

在此背景下,高校图书馆为了满足用户需求、提升服务质量,应该调整甚至重新设计传统的业务流程。高校图书馆要建立一种可持续发展的新型信息服务机制,为数字信息科研、科技创新等提供高效的服务,在数字信息时代创造新价值。《应对知识增长:英国国家图书馆战略 2011—2015》(*Growing Knowledge*:*The British Library's Strategy 2011 – 2015*)认为,全球趋势、持续的数字化和学者的需求使战略内容不断更新①。高校图书馆之所以需优化其战略方向,主要的动因有外部数字化环境、各位学术科研人员的需求变化、资源持续数字化等,这也是《应对知识增长:英国国家图书馆战略 2011—2015》制定的缘由。

除了前面章节所论述的当前业务流程存在较大的弊端之外,高校图书馆业务流程重组的动因还有诸多因素,详述如下。

3.1 数字环境与技术发展变化

3.1.1 数字环境产生影响

发达的信息技术使"数字化"不断融入我们的生活。城市、社区、校

---

① The British Library. Growing knowledge:the British Library's strategy 2011 – 2015[EB/OL].
[2018 – 05 – 21]. http://www.bl.uk/aboutus/stratpolprog/strategy1115/index.html.

园、图书馆、出版等各领域都有了数字化的发展。在数字出版领域,全球领先的数据统计互联网公司 Statista 统计国外数据后于 2016 年的报告中指出,数字出版占数字媒体市场的 18.2%,市场规模达 153 亿美元,从 2016 年到 2021 年,全球数字出版市场复合年增长率将保持在 7.1% 左右①。

2018 年 6 月 11 日,德国汉诺威信息及通信技术博览会开幕,主题为数字经济和数字技术,展会中新型数字化产品的展出使展商与观众深度感知了数字化时代的到来。《2018—2019 年中国数字出版年度报告》显示,2018 年国内数字出版产业整体收入规模为 8330.78 亿元,比上年增长 17.8%②。根据 Cox 对大出版机构的统计,科技期刊有电子期刊的比例约占 70%。在国外,Springer 这类主要出版社皆进军电子图书领域,Springer 公司每年的电子图书产品近 3000 种,例如许多知名出版商的电子图书也由 Netlibrary、I-library 公司集成出版③。21 世纪初,国际一流出版社如 Elsevier、Springer 等已经发展并且完善了其数字出版业务,数字产品也已成为其收入的主要来源④。

从信息的量来看,自 2006 年至 2010 年,信息量扩大 6 倍多,全球数字信息量达到 9880 亿 GB⑤。网上有 11 285TB 的邮件、195TB 的网页数据,且网页数据每天的增长量达 66GB。同时,各类数据库中存有 7500TB 数据⑥。由此,数字信息已经是主要载体工具。

数字资源用户同样增长飞速。据联合国人口司 2018 年统计,全世界使用互联网的人口比例已达 55%,来自 104 个国家的 80% 以上的青年都使用互联网⑦。根据中国互联网络信息中心于 2019 年初发布的统计报告数据,截至上一年底,中国网民达 8.29 亿,新增网民 5653 万,59.6% 的群

① 尹琨. 2016 全球数字出版报:电子书领跑,数字阅读发展向好[EB/OL]. [2018 – 05 – 21]. http://media. people. com. cn/n1/2016/1229/c14677-28986361. html.
② 路艳霞. 中国数字出版业年收入超 8000 亿元[N]. 北京日报,2019 – 08 – 26(3).
③ 张建勇. 数字资源整合化建设和组织[EB/OL]. [2018 – 05 – 21]. http://www. lis. ac. cn/netjournal/LIS_NET/2009-9/9% E6%9C% 88. jsp.
④ 任胜利. 国际学术期刊出版的数字化发展[N]. 中国社会科学报,2013 – 11 –29(A05).
⑤ 王梅.《武大图书馆·馆员生活》:学科馆员变化,数字宇宙膨胀:到 2010 年全球信息增长预测[EB/OL]. [2017 – 05 – 20]. http://www. lib. whu. edu. cn/gysh/3. asp.
⑥ 张晓林. 数字信息环境下的图书情报服务——新挑战、新思路、新形态[EB/OL]. [2017 – 05 – 20]. http://lib. zjei. net/infocenter/content/tsghy_0111/article04. ppt.
⑦ The New York Pledge[EB/OL]. [2019 – 03 – 20]. http://www. chinalibs. net/ArticleInfo. aspx?id =456929.

众为互联网用户,比 2017 年底提高 3.8 个百分点①。

2018 年,中国成年国民的阅读率为 80.8%,该数据综合统计了纸质与数字媒介,同比 2017 年增长 0.5%。电子书、手机、网页在线等数字化阅读方式的频率由 2017 年的 73.0% 提升至 76.2%②。据《2018 年度中国数字阅读白皮书》统计,2018 年我国数字阅读市场容量与 2017 年相比扩大了近 19.6%,达 254.5 亿元,数字阅读的内容质量得到广大读者的肯定,付费读者提升至 66.4%③。2016 年,高校图书馆平均数字资源由 51.3% 增长至 54.4%。2013 年,北京大学的数字阅读量是 1427 万篇,2016 年是 2884 万篇;武汉大学数字阅读日均时间继续猛增,2015 年为 182.11 分钟,2016 年为 190.97 分钟,其间读者花费在网上阅读、手机阅读上的时间占比均超过 60%。香港教育大学图书馆 2010 至 2017 年间电子资源使用量增加了 8 倍,网络期刊的使用量翻了 4 倍④。

美国得克萨斯州大学图书馆充分利用图书馆的空间资源,为用户提供计算机等电子设备、舒适的工作阅读环境、全天的咨询服务,还售有咖啡等,但不提供书籍。该馆是"没有书的高校图书馆"(the bookless academic library)。数字信息资源时代,图书馆已由信息的拥有者转变为使用者,用户对数字资源需求的日益增加促使图书馆转变其资源建设结构,提高用户的到馆率⑤。

高校图书馆的核心技术与服务正随着信息革命的大环境不断发展。信息技术与信息资源的变革改变了高校图书馆传统的手工核心技术,如卡片目录法等,发展了联机检索法等建立在数字信息资源上的核心技术,传统图书馆转变为数字图书馆。

提供网络信息检索,落实各数字化项目,是《国际图联战略规划 2010—2015》(*IFLA Strategic Plan 2010 – 2015*)中提出的第一大创新内

① CNNIC 发布第 43 次《中国互联网络发展状况统计报告》[EB/OL].[2019 – 05 – 20]. http://www.gov.cn/xinwen/2019-03/01/content_5369476.htm.

② 刘彬.第十六次全国国民阅读调查结果公布[N].光明日报,2019 – 04 – 19(9).

③ 李中文,张贺.第五届中国数字阅读大会开幕,截至去年我国数字阅读用户 4.32 亿[N].人民日报,2019 – 04 – 13(4).

④ 章红雨.数字阅读风头强劲,电子书供不应求现状亟待改变[EB/OL].[2019 – 05 – 23]. http://media.people.com.cn/n1/2018/0420/c14677-29939813.html.

⑤ 代根兴.当代高校图书馆的功能定位与发展趋势[EB/OL].[2017 – 06 – 21].http://bjgx-tgw.ruc.edu.cn/gzyj/ddgxtsgdw.ppt.

容①。数字信息增多、开放存取的发展、互联网普及、网民增多等都造成了高校图书馆馆藏采集的变化,高校图书馆应增强实用性,开放存取资源,满足用户需求②。

高校图书馆传统的信息资源、参考咨询服务、编目、分类等技术与服务,都在数字信息背景下面临着新的挑战。具体表现为在海量信息中收集有益资源、关联大量数据中的信息点、描述数字信息、整理数字信息之间的关系以及著作权法对信息获取的规定等③。

高校图书馆必须不断地拥抱新技术来满足用户需求。因为在互联网时代,信息源繁多,数据信息庞杂,不同种类的信息需要一个服务系统将之统筹管理④。网络信息时代,谷歌同哈佛大学、密歇根大学、牛津大学、斯坦福大学图书馆合作实施"图书馆计划"。蒙大拿大学图书馆将建立特色馆藏数据库,使用虚拟空间代替传统展览,提升用户到馆率⑤。康奈尔大学图书馆每年的资源支出约1.31亿美元,其中近70%用于数字资源的采购,其购买了大量数字资源,拥有160万本电子书⑥。

数字环境下,大学生读书的内容和方式也发生了变化。针对大学生读书的调查数据显示,学生对数字阅读的意愿强于纸质阅读⑦。图书馆面临的信息源越来越多,信息内容更加混乱无序,这是对图书馆的信息采集和管理能力的一次考验,《新媒体联盟地平线报告:2014图书馆版》中也有相

---

① IFLA. IFLA strategic plan 2010-2015[EB/OL]. [2017 – 08 – 20]. http://www.ifla.org/files/hq/gb/strategic-plan/2010-2015.pdf.

②⑤ ACRL. From stacks to the web:the transformation of academic library collecting[EB/OL]. [2017 – 08 – 23]. http://crl.acrl.org/content/early/2012/01/09/crl-309.full.pdf.

③ PRASAD A R D.印度统计学院 2020 年未来发展宣言书[J].苏娜,编译.图书情报工作动态,2009(2):4 – 6.

④ RATHJE B D,Mcgrory M,POLLITT C,et al. Designing and building integrated digital library systems-guidelines[EB/OL]. [2018 – 04 – 23]. https://files.eric.ed.gov/fulltext/ED494538.pdf.

⑤ 数字化人文发展成"大学图书馆转型创新"趋势[EB/OL]. [2015 – 07 – 25]. http://www.huaxia.com/zhwh/whxx/2014/06/3916098.html.

⑥ 刘锦秀.彼得·麦克拉肯:基于 FOLIO 理念的创新探索[EB/OL]. [2019 – 05 – 06]. http://iras.lib.whu.edu.cn:8080/rwt/305/http/P75YPLUDNBVX6ZLMNFSHGLU PMW4A/ArticleInfo.aspx?id =449919.

⑦ 魏巍.把大学生拉回图书馆,图书馆改革势在必行[EB/OL]. [2015 – 07 – 25]. http://www.tianjinwe.com/cul/tt/201404/t20140428_612787.html.

同的观点①。

在未来,或许会有越来越多的无书图书馆建立起来。传统纸质资源的数字化使图书馆业务更倾向于数据管理,传统业务的占比渐低甚至消失,图书馆业务流程重组是必然的。

2009年,ACRL在第14届国际会议上指出高校图书馆的战略问题。目前,学习要求、经济形势等使得高校和学生都面临一些难题。高校图书馆同样处在困境中,尤以眼花缭乱的新技术带来的挑战最为突出。ACRL在会上还讨论了高校图书馆是否有责任提供学生的信息素养教育等问题,并且将会议内容及补充整理为《新经济形势下高校图书馆馆员战略思考指南》(*ACRL 2009 Strategic Thinking Guide for Academic Librarians in the New Economy*)的白皮书,望业内人士聚焦于此,多加探讨②。

互联网大环境下,高校图书馆遭受巨大冲击。高校图书馆受数字环境的影响尤甚。高校图书馆致力于建立高效和高度自动化的数字收集系统,并不断改进工作流程,以更利于高校图书馆在复杂环境中的资源采集。通过将资源建设从纸质的转变为数字的形式,能使效率更高,但也面临更大的挑战,如:个人和组织自身的文件资料比以往任何时候都要大,包括物理和数字部分;数字内容需要专业技能和基础设施才能长期保存;社交媒体内容过于庞大且实时变化,无法系统地收集③。

在目前形势下,高校图书馆必须强调自己的实用性来提高服务效率。逐年递增的纸质出版物、种类繁多的信息技术以及师生用户对数字信息的需求等都促使高校图书馆发展、转型以更高效地支持相关学术工作。

斯蒂尔(Steele)认为,图书馆只有打破建立在纸质信息资源基础上的工作流程,引入建立在包含纸质和数字信息资源基础上的技术、系统等,图书馆才能与时俱进。高校图书馆的传统优势在于其场馆、藏书,它可以提供信息资源。在信息技术的冲击下,图书馆工作得到简化,传统技术手段和业务流程都需要得到转变。

高校图书馆应该适应由信息的掌控者到使用者的角色转变,变换各

---

① 张铁道,殷丙山,蒋明蓉,等. 新媒体联盟地平线报告(2014图书馆版)[EB/OL].[2015 – 07 – 25]. http://www.edu.cn/zong_he_news_465/20141211/t20141211_1212542_2.shtml.

② ACRL. ACRL 2009 strategic thinking guide for academic librarians in the new economy[EB/ OL].[2012 – 05 – 20]. http://stephenslighthouse.sirsidynix.com/archives/2009/04/acrl_ strategic.html.

③ YELTO A. President's report ALA annual 2018[EB/OL].[2019 – 07 – 06]. http://www.ala. org/lita/.

部门机构的管理方式,在关键流程中实行业务流程重组以使流程更加高效①。高校图书馆需要把用户放在首位,化繁为简贴近其需求,提高服务质量。

3.1.2　新兴技术带来改变

IFLA 在 2018 年发布报告指出,数字信息技术正为图书馆发展提供新的机遇。新兴数字技术使得图书馆不断学习,在新的社会环境中找到新的价值;技术的革新也是对图书馆的鞭策,只有学习和接受新事物才能保持图书馆的鲜活性,而不被高速发展的时代淘汰②。图书馆在融入了信息的使用者这一角色之后,开始重视服务的效率,即及时服务。用户依托于不同终端,随时随地都能连上互联网,对图书馆服务的便捷性要求颇高,IFLA原主席艾伦·R. 泰塞(Ellen R. Tise)也探讨过图书馆的"现在"服务③。ACRL 认为,图书馆将在拥抱云计算等新技术的过程中不断优化服务,各类移动终端的发展也会促使图书馆服务革新④。在图书馆今后发展的相关调研中,有专家提到:未来图书馆员将实现对数据的管理与服务;图书馆今后将与互联网公司、数据机构等相互角逐⑤。数字出版与图书馆发展学术研讨会中有学者称:计算机技术正在改变着图书馆,表现为图书馆容纳信息的量增大、对信息的处理手段更加便捷等⑥。

纸质文献日渐式微,用户也更偏好于"足不出户便知天下事"的学习生活方式。这就要求图书馆打破传统困境,适应互联网新环境、建设特色数据库、提供数字信息检索、优化线上访问等⑦。

图书馆业务流程重组的可能性和必要性还由互联网大环境提供。在

①　MAHARANA B,PANDA K C. Planning business process reengineering (BPR)in academic libraries[J]. Malaysian journal of library & information science,2001,6(1):105 – 111.

②　IFLA. Our vision,our future—a strong and united library field powering literate,informed and participative societies[EB/OL]. [2019 – 03 – 18]. https://www. ifla. org/node/11905.

③　泰塞. 国际图联主席:图书馆员比随意性强的 Google 强大[EB/OL]. [2016 – 06 – 10]. http://www. chinanews. com/cul/2010/08-26/2493372. shtml.

④　ACRL Research Planning and Review Committee. 2010 top ten trends in academic libraries:a review of the current literature[EB/OL]. [2018 – 07 – 06]. http://crln. acrl. org/content/71/6/286. full.

⑤　SHAFIQUE F. Librarianship:how is the future perceived by librarians in Pakistan[J]. Library review,2007,56(9):811 – 820.

⑥⑦　侯丽. 未来的大学图书馆是啥样——"数字出版与图书馆发展学术研讨会"侧记[N]. 中国文化报,2010 – 08 – 23(5).

互联网大环境中,射频识别(Radio Frequency Identification,简称 RFID)技术得到广泛应用,它可以通过无限电信号识别特定目标并读写相关数据,所以在图书馆领域,这项技术的实用性很高,能实现图书传统采集到借出归还的循环自动化。国外图书馆已经在逐步适应 RFID 技术①,英国更是出台了针对 RFID 技术的使用指南,帮助更多的图书馆引进该技术。英国认为 RFID 技术顺应了英国政府的需求,剔除了多余的图书馆工作人员,提高了工作效率②。

RFID 技术的广泛应用将使流通部门消失。RFID 的相关功能使用户实现自主借还,图书馆也必定改变其组织方式,以用户为中心,方便自助服务。基于此,传统的流通工作已被"全自动"的工作模式取代,未来图书馆将会把管理书籍借还等人力资源调配到新型服务部门中去③。

在互联网大环境中,云计算技术的广泛应用也促使了业务流程再造。有学者认为,云计算技术的重要性在各新兴技术中高居首位④。有观点称,图书馆的各项技术,都会以云计算为核心,2010 年,由新媒体联盟与美国高校教育信息化协会学习促进会(EDUCAUSE Learning Initiative,ELI)共同发布的《新媒体联盟地平线:2009 高等教育版》(*Horizon Report*:*2009 Higher Education Edition*)描述了未来一到五年的重要趋势之一即是我们使用的技术正日益向"云计算"方向发展⑤。云计算技术直接影响了高校图书馆业务流程。在传统的图书馆业务流程中,各图书馆在自己内部就完成了工作循环。但云计算技术广泛应用后,图书馆可以同其他公司达成合作,例如亚马逊公司云计算服务和谷歌公司的邮件、传输服务等,租借他人服务器甚至使用他人的平台,或选择商家针对图书馆开发一套管理系统,同时负责对相关系统设施日常维护、故障维修等,这使得原有的图书馆信息技术部门业务流程面临重组。云计算背景下传统的编目工作也受到很大影响,联合目录、图书馆编目工作外包等使得文献编目工作变

---

① ③ 刘传玺,周秀会,董真. 基于 RFID 技术的图书馆业务流程重组[J]. 图书馆论坛,2008 (5):68 – 70.

② Museums,Libraries,Archives Council. Getting the most from RFID[EB/OL]. [2017 – 03 – 16]. http://www. mla. gov. uk/news_and_views/press_releases/2010/RFID.

④ STEPHENS M. Ten Trends & Technologies for 2009[EB/OL]. [2017 – 03 – 16]. http://tametheweb. com/2009/01/12/ten-trends-technologies-for-2009/.

⑤ The New Media Consortium. 2009 Horizon report[EB/OL]. [2012 – 05 – 06]. http://net. educause. edu/ir/library/pdf/CSD5810. pdf.

动很大①。当然,到了《新媒体联盟地平线报告:2017 图书馆版》,其认为未来4—5 年影响学术与研究型图书馆技术应用重要发展的是人工智能与物联网②。

近年来迅猛发展的"互联网＋"技术也对图书馆的业务产生了较大影响。"互联网＋"时代图书馆信息资源版图扩张,自动化系统、云服务、联机检索、电子文献传递等新技术都为用户带来了较好的图书馆体验③。"互联网＋"时代,图书馆服务模式持续发展以适应信息社会中快速变换的行为和个性化需求。图书馆同其他机构寻求合作,建设智慧图书馆,确保用户在任意终端上都能享受优质图书馆服务。

3.2 学术交流机制出现新动向

3.2.1 传统学术交流机制正变革

传统学术交流正发生以下变化:①财政的削弱将在一段时期内持续影响图书馆的馆藏,这既带来危险也提供机遇,具体有:几乎所有的 ARL 成员馆都将对期刊和数据库进行缩减,有些馆可能还会在其他方面削减经费,这将进一步对传统出版系统造成压力;因为连续出版物的价格抬升,而图书馆由于经费紧张的原因,将难以支撑持续订购这些连续出版物,造成有些出版者及期刊消失;专著购买量的下降将导致它的出版有可能被缩减;无纸印刷运动将进一步加速;图书馆将与传统的内容提供者进行合作。②新的出版模式正进入学术交流实践中。③学术交流的作用与实践正内嵌于研究实践中,它越来越多地出现于整个研究流程中,这使得图书馆出现新的需求④,图书馆越来越多地参与学者的研究实践,从仅仅提供数据管理到为出版服务提供支持进行转变;图书馆需要通过利用工具搜索研究

① 刘炜.图书馆需要一朵怎样的"云"[J].大学图书馆学报,2009(4):2－6.
② 徐健晖.《新媒体联盟地平线报告:2017 年图书馆版》的解读与启示[J].大学图书馆学报,2018(1):27－33.
③ 金小璞,徐芳,毕新."互联网＋"时代图书馆范式演变与业务流程重组[J].图书馆研究与工作,2017(5):5－11.
④ ARL. Transformational times:an environmental scan prepared for the ARL strategic plan review task force[EB/OL].[2017－03－16]. http://www. arl. org/bm ~ doc/transformational-times. pdf.

所需的数字资源来满足学者的需求。

加拿大认知科学家史蒂万·哈纳德(Steven Harnad)提醒所有图书馆从业者,开放世界学术文献仍然是我们共同的任务,尽管通往开放存取的"绿色之路"是迂回的。

随着期刊出版模式的快速转变,潜在的开放存取模式出现了,其在市场中创造不稳定性以及研究者和图书馆员的不确定性。在一些图书馆机构的采购活动中,一般是从图书馆工作人员到学术研究人员的资料转移,读者通过在线系统获取图书馆资料已经成为一种主流。2018 年10 月于纽约发起的《联合国图书馆"纽约誓愿"倡议》提出:参与可持续的学术交流机制,切实解决联合国内容一致的数字生命周期管理工作流程的需要,包括信息资源的开放获取等①。第 32 届国际技术大学图书馆协会大会会议讨论了出版业的变化。2019 年 3 月,英国研究型图书馆(Research Libraries UK)举行了该年年度会议,会议主要讨论研究型图书馆在推进学术交流更为开放方面的作用,认为越来越开放的科研和学术交流将是研究图书馆面临的重要挑战之一②。在 2018 年 12 月 3 日至 4 日召开的第 14 届柏林开放存取会议中,《开放获取 2020 倡议》(OA 2020)得到中国的支持,同时,中国三大机构赞成国家资助的研究组织和机构的研究人员到 2020 年时在开放资源库或开放获取期刊上发表他们的成果,这三大机构将全面支持研究论文免费阅读③。施普林格企业战略及商务发展执行副总裁威姆·范德斯特尔特(Wim van der Stelt)认为很多东西都在变。他提醒参会者,出版商必须努力专注于消费者需求。作者通过"施普林格开放选择"(Springer Open Choice)的混合期刊从很多期刊中进行选择。随着"施普林格开放选择"的接受者越来越多,期刊价格已经受到影响。在达成开放存取的另一项议程中,讨论到世界上最大的生物医学领域的开放存取出版商 BioMedCentral,认为施普林格企业的开放存取的充分性和即时性将会取代很多原则。2019 年,Elsevier 积极调整自己,与全球资助机构和学术联盟密切合作,签订阅读—出版"OA 协议",通过协议支持各国科研人员以开放获取方式发表文章;创办 OA 新刊,扩展文章

---

① The New York pledge[EB/OL]. [2019 - 03 - 20]. http://www. chinalibs. net/ArticleInfo. aspx?id = 456929.

② RLUK19 Conference[EB/OL]. [2019 - 05 - 06]. http://rlukconference. com/.

③ 张晓林. 让所有科研论文免费阅读,中国机构明确力挺开放获取[EB/OL]. [2019 - 05 - 06]. http://iras. lib. whu. edu. cn:8080/rwt/305/http/P75YPLUDNBVX6ZLMNFSHGLUPMW4A/ArticleInfo. aspx?id = 448776.

类型,提高开放获取文章的曝光度,提供预印本平台等措施①。据 OA 期刊文献检索系统 DOAJ 调研发现,截至 2018 年 11 月已有超过 11 000 多种开放出版期刊;据 Elsevier 在 2017 年 9 月的报告,它出版的 2200 余种期刊中已有 1800 种接受复合开放出版,它每年出版的开放论文已占年度论文的 20%②。

考虑到这些发展和变化,图书馆工作人员在这方面的作用正在发生变化:针对用户需求,开发新的资源检索系统。重点是怎样合理管理图书馆馆藏并保证通过一个检索接口使用户检索到所有图书馆馆藏;促进更广泛的有用的馆藏资源的产生,比如档案和机构库等这些使机构别具特色的资源;管理知识产权资产,如研究数据、教学内容、虚拟学习系统;提供有关用户信息和市场个性化服务的整合系统和数据③。图书馆馆员不可能"自己做"(do this alone)或"使开放存取发生"(make open access happen),因为他们无法独自生产知识并且确保多种版本的知识库总体成功。这个方法使研究论文对世界范围内的读者和研究者免费开放。

第 32 届国际技术大学图书馆协会大会上,昆士兰科技大学的朱迪·斯托克尔(Judy Stokker)提供了一个开放的概貌,大大扩展了现有的仅仅对于出版物的开放,纳入了学术开放、科学开放、政府开放和数据开放。斯托克尔的视野聚焦于澳大利亚,尤其是澳大利亚国家数据服务。他强调了图书馆工作者参与扩大开放存取的重要性。斯托克尔同时提醒参与者,政府高层应该致力于解决结构性变化问题。在澳大利亚,高校图书馆委员会已经被纳入了几个特定的团体,以帮助他的成员在各个层次上参与学术开放④。波兰华沙大学的马雷克·迪森特(Marek Niezgodka)做了最后发言,题目是"学术调查和交流的开放未来",他谈到了波兰的开放知识社会得到了社会参与和政府支持,他认为,只要我们从服务的提供者变为"学术事业"的积极参与者,图书馆馆员就有光明未来⑤。

美国图书馆与信息资源理事会(Council on Library and Information Re-

① 郁林羲. Elsevier 开放获取政策及措施研究[J]. 科技与出版,2020(5):89-98.

② 张晓林. 让所有科研论文免费阅读,中国机构明确力挺开放获取[EB/OL]. [2019-05-06]. http://iras. lib. whu. edu. cn:8080/rwt/305/http/P75YPLUDNBVX6 ZLMNFSHG-LUPMW4A/ArticleInfo. aspx?id=448776.

③ HURST S. Current trends in UK university libraries[J]. New Library World,2013,114(9/10):398-407.

④⑤ MULLEN L B. Libraries for an open environment:strategies,technologies and partnerships [J]. Library hi tech news,2011,28(8):1-6.

sources,简称 CLIR)于 2008 年 8 月发布了研究报告《绝非燃之将尽的烛火：重构 21 世纪的研究图书馆》(*No Brief Candle：Reconceiving Research Libraries for the 21st Century*)，该报告指出，21 世纪学术交流模式将发生转变，研究型图书馆正随着时代而转变其结构模式，与传统的学术工作不同，新时期研究型图书馆跨学科交流比重增多①。

高校图书馆早已失去对信息的独占性，在大学中的定位需要调整，学习引进新兴技术，互联网大背景为图书馆带来的是挑战也是机遇。在迎接新技术的同时保持清醒的头脑和长远的眼光，兼收并蓄，汲取新时代新思维、新技术，调节自身机构组织、业务流程，馆员方面也可以考虑和其他机构进行合作等，使图书馆在数字信息背景下焕发新活力。

3.2.2　高校图书馆参与学术生产

高校图书馆向出版社寻求合作参与学术生产。如今，数字出版行业蓬勃发展，在大众适应了数字信息、屏幕阅读后，数字出版的用户需求与日俱增。传统出版社也纷纷开展数字出版业务，且重心逐渐向它偏移。高校图书馆用户的信息素养偏高，对数字学术资源需求尤甚，所以高校图书馆为了满足这一需求正积极发展、寻求合作。由于高校图书馆具有非营利性，致力于在学术活动中做出贡献，于是在数字信息学术服务中更具有优势。区别于出版社对顾客的态度，高校图书馆在面对用户时会摒弃信息冗余，为用户提供最为精炼的知识资源。

美国图书馆出版联盟(Library Publishing Coalition,简称 LPC)将图书馆出版定义为由学院和大学图书馆领导的一系列活动，以支持学术、有创新作品的创作、传播和管理。总的来说，图书馆出版需要重新设计一套业务流程，以便于呈现以前没有提供的原创作品，并对出版的内容应用一定程度的认证，无论是通过同行评审还是机构品牌的推广。基于图书馆的核心价值，并基于图书馆员的传统技能，它与其他出版领域的不同之处在于，它更倾向于开放获取传播，并愿意接受非正式和实验性的学术交流形式，并挑战现状。

《新媒体联盟地平线报告：2014 图书馆版》报告提到，数字化出版物项目在图书馆中愈发普遍，出版物被信息语言所描述、由信息系统来管理，使其成为网络信息被检索。美国一所高校图书馆在编写本科教材的同时以

---

① CLIR. No brief candle：reconceiving research libraries for the 21st century[EB/OL].[2020 - 05 - 02]. http://clir. org/wp-content/uploads/sites/6/pub142. pdf.

信息语言描述教材,且为了适应不同移动终端的阅读需求,编写了4种不同的格式①。

许多 ARL 的成员图书馆都有活跃且长期的学术出版活动,经常与较大的机构实体的出版社合作。美国大学出版社协会(Assciation of American University Press,简称 AAUP)2015—2016 年度报告显示:图书馆共有 30 家 AAUP 会员出版社;81 所院校同时是 ARL 和 AAUP 的成员。包括阿姆赫斯特学院出版社和辛辛那提大学出版社在内的其他出版社也在图书馆内推出了新的出版业务。ARL 的 123 个成员图书馆大多从事出版或出版支持活动,如主办数字出版物、管理开放存取出版系统、创建开放教育资源、提供编辑服务或参与学术咨询委员会②。

多数情况下,图书馆在学术交流的机制下开发出版服务。图书馆出版活动的原因包括支持推进开放获取倡议和改变学术交流模式方面的战略目标和使命。出版活动与存储库、开放获取计划和服务紧密结合,这些领域有可能增加资金,以支持总体学术传播的更大使命一致性。图书馆、出版社和出版业的发展仍然处于高度复杂和快速发展的阶段。由于 ARL 的大多数成员馆已经从事出版或出版支持活动,其中许多馆拥有强大的和长期出版活动,下一阶段的发展将通过与出版社、学术咨询委员会、其他图书馆和相关社区的合作得到进一步加强。

美国的两所大学图书馆同外界达成合作,促进了馆内数字出版业务的发展。其一为加州大学图书馆,它有效利用了自身作为学术机构的优势,写作、编辑、出版三位一体,把研究成果由创造到出版的所有步骤集于一身;其二为康奈尔大学图书馆,它为使学术期刊扩大传播范围、提高利用效率,积极向外界学术机构寻求合作,健全电子出版系统③。

为了更好地开展数字出版工作,提高数字化效率,在美国,有些高校图书馆直接与出版社合并④。

---

① 张铁道,殷丙山,蒋明蓉,等.新媒体联盟地平线报告(2014 图书馆版)[EB/OL].[2015 - 07 - 25]. http://www. edu. cn/zong_he_news_465/20141211/t20141211_1212542_2. shtml.

② TAYLOR L N, KEITH B W, DINSMORE C. SPEC Kit 357 libraries, presses, and publishing [EB/OL].[2018 - 07 - 25]. https://digitalcommons. unl. edu/scholcom/63/.

③ ANDERSON I. University of California Libraries and Springer sign pilot agreement for open access journal publishing[EB/OL].[2017 - 07 - 27]. http://www. Cdlib. Org/Springucopen_ Accesspressreleasefinal. Pdf.

④ WILLIAMS P. Utah State University Press merges with Merrill-Cazier library[EB/OL].[2017 - 07 - 27]. http://www. usu. edu/ust/index. cfm? article =40291.

综上,高校业务流程重组的必要性还体现于图书馆在研究活动中地位的变化,图书馆直接参与学术生产,数字出版的所有工作皆能在馆内完成。这无疑要求其业务流程也做出相应改变。

3.3 高校图书馆业务内容变化

3.3.1 业务处理的对象拓宽

纸质文献式微,数字资源增多,这种现象改变了高校图书馆的主要处理对象,数字信息资源逐渐成为主角。

ACRL 发布报告称,在高校,图书馆到馆用户以在校学生为主,其余用户更青睐于线上途径[①]。ACRL 认为,在未来,高校图书馆将以用户需求为转移,满足用户随时随地的查阅请求,经费的削减、始终有限的场馆提供等都将使其服务转向主要满足及时性,这是高校图书馆发展的首要趋势[②]。

高校图书馆应重视数字馆藏的建设。依照目前趋势,到 21 世纪中期,馆内纸质文献比例将降低一半,与之相对的数字文献比例大幅提高[③]。

随着计算机技术飞速发展、社交网络的出现以及信息共享的发展,高校图书馆需处理的业务将大大拓宽至教学服务整合、全方位了解用户需求定制个性化学术服务、提供人员和空间以及技术帮助、提供学术研究工具等方面[④]。

高校图书馆业务处理的对象的拓宽,使业务流程的重组成为必要。

3.3.2 业务工作的重心转移

英国一流研究型大学图书馆已经将获取全世界知识资源以支持学术

---

① ACRL. From stacks to the web: the transformation of academic library collecting[EB/OL]. [2017-08-23]. http://crl.acrl.org/content/early/2012/01/09/crl-309.full.pdf.

② ACRL Research Planning and Review Committee. 2010 top ten trends in academic libraries: a review of the current literature[EB/OL]. [2018-07-06]. http://crln.acrl.org/content/71/6/286.full.

③ Academic libraries should give up book-by-book collecting, article argue[EB/OL]. [2017-07-21]. http://lj.libraryjournal.com/2012/02/academic-libraries/article-argues-academic-libraries-should-give-up-book-by-book-collecting/.

④ 张春红,廖三三,巩梅,等. 变革与走向:共同探索图书馆的未来——北京大学图书馆建馆110周年国际研讨会暨 PRDLA 2012 年年会综述[J]. 大学图书馆学报,2013(1):5-14.

研究作为其首要工作;美国超一流高校图书馆完成了在高校学术活动中角色的转变,主动为研究小组提供支持①。这些变化表明,图书馆应打破传统思维与空间的局限,馆内馆外、虚拟现实相结合主动支持学术活动。由此,高校图书馆应在科研工作中化被动为主动,逐渐转变自身角色,促进学术工作的创新与发展。数字资源建设已成为如牛津大学等世界知名大学图书馆的重点项目。馆员结构重组、工作流程调整等皆是图书馆改变核心业务的必经之路。

由于图书馆核心业务的改变,馆员也应不断学习提高,在专业性、资源掌控、资源整理、专业技术、研究能力、服务能力、学习能力和管理能力方面严格要求自身②,以符合新业务工作的标准。

3.3.3 合作业务的开展推行

2000 年后,国民经济发展促使教育行业繁荣。大学生逐年增加,高校规模也越来越大,图书馆需要向各机构寻求合作才能更好地服务于师生,这就包括将某些工作项目外包。

外包工作一般是非核心服务,如安全、清洁和快递服务,而采集、订购和编目等内容是公认的核心业务并因此被留给内部分级治理。由于技术进步,这些工作已经利用了信息外包技术,包括数据转录和呼叫中心业务等功能。更为剧烈的变化则是全面或完全外包,这种模式正在取代传统的选择性外包③。国内高校图书馆业务中,采编工作、借阅厅问询工作、绿植环保工作、场地设施和设备的管理工作以及安全工作基本处于外包形式④。

本书调研发现,早在 2006 年,北京师范大学图书馆就与信息机构合作,外包编目工作。外包内容包括中文、西文图书编目,上传图书以及管理已上传馆藏等。北京工业大学图书馆、北京第二外国语学院图书馆则外包了流通业务,后者的合作机构为联机计算机图书馆中心。除此之

---

① AYRIS P. UCL library services strategy 2011 – 2014 [EB/OL]. [2017 – 07 – 21]. http://www.ucl.ac.uk/library/strategy.shtml.

② ALA. ALA core competences of librarianship[EB/OL]. [2017 – 07 – 27]. http://www.lama.ala.org/lamawiki/images/e/eb/Info_doc_-_ALA_Core_Competences_June_6.pdf.

③ MWAI N W, KIPLANG'AT J, GICHOYA D. Application of resource dependency theory and transaction cost theory in analysing outsourcing information communication services decisions [J]. The electronic library,2014,32(6):786 – 805.

④ 韩荔华.高校图书馆用户服务业务工作社会化探讨[EB/OL]. [2017 – 07 – 27]. http://www.lib.bnu.edu.cn/balis/lectures.htm.

外,还有将馆藏整理、系统管理等工作外包的高校图书馆。进行了业务外包的图书馆共计 8 所,约占调研总数的 10%①。最突出的外包案例是美国莱特州立大学图书馆,莱特州立大学在 1993 年完全关闭其在线计算机图书馆中心编目部,将其业务外包;佛罗里达海湾海岸大学也将大部分的图书馆馆藏发展和编目外包给学术图书中心和 OCLC②,这引起了图书馆界的关注。

业务外包为高校图书馆带来了较大的益处,如削减成本、带来熟练的技术和优质的人力资源以及获得超过其他组织的竞争优势,提高了图书馆员的工作质量。图书馆已经在外包的同时调整了相关业务流程、结构,但被动的微调是远远不够的,图书馆需要重新审视自身,重组人力资源,重构业务流程以期同外包业务相互配合完成图书馆整体工作。

高校图书馆要积极利用新技术,主动为科研学术工作提供信息支撑。ACRL 每年就有以此为标准设立的"优秀图书馆奖"(Excellence in Academic Libraries Award)。麦克马斯特大学图书馆这方面成绩优异,它同外界机构在数字化纸质馆藏资源方面开展合作,数字资源对公众开放,且它在用户量大的网络平台为自己的新项目做了宣传。同时,麦克马斯特大学图书馆为残障用户专门设立了小组学习室,并嵌入到具体的教育教学工作中③。

2015 年被称为"大数据用户之年"(Year of the big data user),用户将比过去更自由地挖掘数据,用他们自己的数据搅拌器(Big data blender)管理信息,并使用这些数据进行更好的决策,用户也有自己搜索信息的方式,图书馆不要束缚他们,而要为用户着想,为他们提供更好的信息环境。每人都是编目员④,如今,编目工作已不局限于特定机构,个人也可以进行编目工作,即通过对阅读过的图书添加标签为之编目。这大大方便了读者对图书相关领域的了解,不仅便于找到相关书籍,还能与志同道合的读者进

①　黄燕云. 编目业务社会化后的思考[EB/OL]. [2017 – 07 – 27]. http://bjgxtgw. ruc. edu. cn/gzdd/jb2007-1. doc.

②　MWAI N W, KIPLANG'AT J, GICHOYA D. Application of resource dependency theory and transaction cost theory in analysing outsourcing information communication services decisions [J]. The electronic library, 2014, 32(6):786 – 805.

③　YBP Library Services. Excellence in Academic Libraries Award[EB/OL]. [2017 – 07 – 27]. http://www. ala. org/ala/mgrps/divs/acrl/awards/excellenceacademic. cfm.

④　每个人都是编目员[EB/OL]. [2015 – 02 – 28]. http://blog. sina. com. cn/s/blog_53586 b810102vgnf. html.

行网络社交。在美国,已经有高校图书馆将 OPAC 业务流程成功重组,大大优化了图书馆服务。宾夕法尼亚大学图书馆灵活改进 OPAC 系统,使OPAC 的传统展示服务被重构①。用户为其添加标签后,OPAC 能提供个性化聚合内容,用户可选择 Tag 的内容甚至标注者等分别查阅,读者在网站中获得的综合信息资源增多,图书馆服务效率提高。嵌入教学方面,老师可以为课程所需书籍做出标注。馆员为不同主题聚合制作简介指导也更为方便。

依托于互联网环境,用户可以在线上找寻到讨论空间。美国图书馆协会就为用户提供了这样的平台②。在平台中,用户可以选择不同的板块交流,直接与美国图书馆协会的工作人员探讨,还能同相隔万里的图书馆共建讨论版块,美国图书馆协会的各项业务在平台中实时更新其进展。

全球联合目录在 OCLC 的帮助下聚合数据创建线上交流空间,在此线上社交空间中,图书馆和用户可以面对面交流,这使得读者不再被动。OCRL 还支持用户在标签下留言。越来越多的图书馆将各类网络社交平台同原本的业务流程相结合。

在韩国,已经出现供读者分享原创内容的图书馆平台,平台名为用户原创内容(User Created Contents,简称 UCC)工作室③,在此平台中,用户可以编写原创文字,介绍相关书籍,支持 jpg、mp3、rmvb 等文件格式的分享。且该图书馆平台充分考虑用户需求,平台内提供诸如视频制作等创作软件。在中国,清华大学图书馆也提供"推荐学术站点"项目,用户可以主动评价相关网站,为馆内信息筛选提供参考④。这两所高校图书馆的新型工作业务,都使得用户不同程度地参与到图书馆建设中,同图书馆业务流程紧密结合。

《2018—2019 年澳大利亚国家图书馆计划》(*The Australian National Library's Corporate Plan 2018 – 2019*)提到:在不断增加的馆藏量、不断增加

---

① 黄如花,徐军华. 图书馆业务流程重组(BPR)的动因[J]. 图书馆论坛,2009(6):180 – 183.

② ALA. American Library Association launches ALA connect[EB/OL]. [2017 – 07 – 27]. http://www. ala. org/ala/ewspresscenter/news/pressreleases2009/april2009/alaconnectlaunch. cfm.

③ 刘茸. 韩国最大规模的数字图书馆开馆[EB/OL]. [2017 – 07 – 27]. http://ip. people. com. cn/GB/9371799. html.

④ 清华大学图书馆. 清华大学图书馆主页"推荐学术站点"新版发布[EB/OL]. [2016 – 06 – 22]. http://www. lib. tsinghua. edu. cn/homepage/announce_view. jsp?id = 1910.

的用户需求、有限的资源和新的数字机会的环境中,澳大利亚的文化机构必须进行合作,以实现效率和创造价值,支持发现国家馆藏的基础设施日益共享,学术机构和收藏机构将需要协调研究基础设施规划和资助,并重塑战略合作伙伴关系①。

上述例子中,用户可以自行添加标签,对资源做出评价;也可以直接主动提出意见,为采集工作提供参考。总之,在愈发以用户需求为中心开展工作的高校图书馆,用户对图书馆工作的参与度将越来越高,用户直接参与到图书馆建设中,这已经改变了图书馆原有的业务流程。

3.3.4 社会服务的范围扩大

2011 年举办的第 32 届国际技术大学图书馆协会大会上,来自波兰华沙大学的博丹·加尔瓦斯(Bodan Galwas)强调在应对全球化挑战中重新定义现代大学的重要性,并认为高校图书馆应面向社会开放,在市民终身学习中发挥重要作用②。高校图书馆未来服务扩展的另一个领域可能是面向社区服务,实体和远程访问相结合的方式使图书馆品牌化、特色化,并致力于地方社区的馆藏服务,为广大公众以及学生、校友和机构研究人员提供有价值的服务③。

增强面向社会服务的能力是我国《国家中长期教育改革和发展规划纲要(2010—2020 年)》对高等教育提出的要求④。遵照此规划纲要的精神,2012 年,北京、武汉等分别有 34、35 所高校图书馆开门办馆,面向公众服务⑤。而中山大学、华南师范大学、广东商学院等高校图书馆则步子迈得更大,只需一张临时借阅证或"零门槛"允许社会公众入馆看书。四川大学等 11 所高校于 2014 年 12 月 1 日起允许成都市民凭借有效身份证明到相关高校无偿办理借阅证⑥。从 2015 年 1 月 1 日起正式实施的《江苏省人

① YELTO A. President's report ALA annual 2018[EB/OL]. [2019 – 07 – 06]. http://www. ala. org/lita/.

② MULLEN L B. Libraries for an open environment:strategies,technologies and partnerships[J]. Library hi tech news,2011,28(8):1 – 6.

③ HURST S. Current trends in UK university libraries[J]. New library world,2013,114(9/10): 398 – 407.

④ 国家中长期教育改革和发展规划纲要(2010—2020 年)[EB/OL]. [2018 – 05 – 28]. http://www. gov. cn/jrzg/2010-07/29/content_1667143. htm.

⑤ 樊丽萍,叶梦蝶. 大学的门:开也不是,不开也不是[N]. 文汇报,2012 – 05 – 03(A).

⑥ 成都 11 所高校图书馆开放首日,老校区挤新校区[EB/OL]. [2015 – 07 – 23]. http:// news. xinhuanet. com/edu/2014 – 12/02/c_127268754. htm.

民代表大会常务委员会关于促进全民阅读的决定》鼓励和引导高校图书馆等非公共阅读服务场所创造条件免费对外开放,还鼓励有条件的实体书店24 小时运营①。《湖北省全民阅读促进办法》于 2015 年 3 月实行支持高校、科研及其他专业图书馆面向大众开放。2015 年 4 月 10 日,在第六届"书香飘洪山"活动中,武汉市在"读书之城"建设中,希望发挥高校的资源优势。当天,5 所高校图书馆成为洪山区全民阅读示范基地,中国地质大学(武汉)图书馆宣布向武汉市洪山区居民开放,武汉大学图书馆为武昌区党政机关开展服务②。

从国外来看,美国高校图书馆协会 2005 年就要求大学图书馆要像对待本校师生一样,为社会人士提供服务。美国斯坦福大学、加州大学伯克利分校、田纳西大学、蒙大拿理工学院等高校图书馆均向所有居民提供无歧视的服务;另外免费面向社会开放的还有英、法、德等欧洲国家的高校图书馆③。英国剑桥大学图书馆每个分馆对校系、院外读者都是完全开放的④。西英格兰大学及其南格洛斯特郡分校的图书馆迫切希望配合本地和区域经济发展,推进该地区的健康、可持续发展和繁荣。西英格兰大学图书馆通过提供各种服务,致力于当地社区和企业建设,如为超过 16 岁的用户提供外部借书计划,这些用户通过电脑端使用专用通道资源,另外,该馆还与当地小学开展相关合作,如组织六年级学生参观大学图书馆,接受教育⑤。2019 年 6 月 22 日,ALA 主席洛伊达·加西亚－费博(Loida Garci-a-Febo)和来自全美各地的其他图书馆倡导者庆祝"图书馆＝强大社区"(Libraries＝Strong Communities)全美巡回宣传推广活动完美收官。"图书馆＝强大社区"旨在强调包括高校图书馆在内的图书馆面向社会提供教育和终身学习的服务,以此加强社区建设⑥。

① 江苏鼓励高校图书馆免费向市民开放[EB/OL].[2015 - 07 - 23].http://news.163.com/14/1128/15/AC58CKQ5000 14AED.html.

② 韩晓玲.高校图书馆逐步走向社会[N].湖北日报,2015 - 04 - 21(8).

③ 李晗,屈建成,章洁.高校图书馆门难进,无形围墙让大学变"小气"了[EB/OL].[2020 - 05 - 02].http://edu.people.com.cn/n/2013/1120/c1053-23596257-2.html.

④ 冯毅.国外大学图书馆的特色和理念[N].吉林日报,2014 - 02 - 17(8).

⑤ CHELIN J A. Open doors:library cross-sector co-operation in Bristol,UK[J].Interlending & document supply,2015,43(2):110 - 118.

⑥ 赵启玥.ALA 主席洛伊达·加西亚－费博的"图书馆＝强大社区"全美巡回宣传推广活动将在 2019 年 ALA 年会暨展览会期间收官[DB/OL].[2019 - 07 - 04].http://iras.lib.whu.edu.cn:8080/rwt/305/http/P75YPLUDNBVX6ZLMNFSHGLUPMW4A/ArticleInfo.as-px?id=457370.

高校图书馆面向社会开放服务,对以往只需对校内教师和学生等提供服务的图书馆带来新的、压力更大的业务。

3.4　高校图书馆馆员的新要求

3.4.1　国内调查情况

该书的调查对象之一是图书馆馆员对业务流程的具体看法。因调查对象单一、专指性强,所以采用了调查问卷的形式,调查问卷通过实地、QQ、专业会议等形式发放,总共下发问卷 800 份,回收问卷 618 份,其中有效问卷 525 份。

3.4.2　国外调查情况

本书通过文献检索的方法,获得关于以下国家高校图书馆馆员对当前高校图书馆管理系统、业务开展等的态度调研信息:

学者对英国 3 所高校图书馆馆员调查,调查他们对纸质和数字资源及空间的价值观念以及他们的需求在多大程度上能被满足。

多位学者对尼日利亚 124 所全国大学委员会认证大学中的 62 所高校图书馆的馆员开展调研,调研他们对于图书馆自动化管理系统软件的态度。

学者们对爱沙尼亚州立大学图书馆馆员开展在线问卷调查,问卷被发送到 195 个被选定的大学图书馆员,调研他们对于现有业务流程的满意度。

学者们对印度 20 所高校图书馆的馆员就自我业务熟练程度与赋权大小展开调研。

3.4.3　调查数据分析

3.4.3.1　国内调查数据分析

调查显示,虽然图书馆已经使用了自动化管理系统,但实际操作方式还是按照传统的采集、加工、存储上架、再利用模式循环。有八成的被访问馆员对图书馆自动化系统做出了相似评价,且他们中超过一半的人认为这种自动化操作并没有为实际工作带来突破性变革,图书馆仍然按照传统业务流程在运作,没有真正做到方便读者用户。这就导致虽然从图书馆员的角度看,该操作循环方便顺手,但不符合图书馆工作重心向用户转移的趋势。

馆员对于电子文献资源(主要指商业数据库等)的订购应由哪个部门负责较为合理,其选择结果见图3-1:

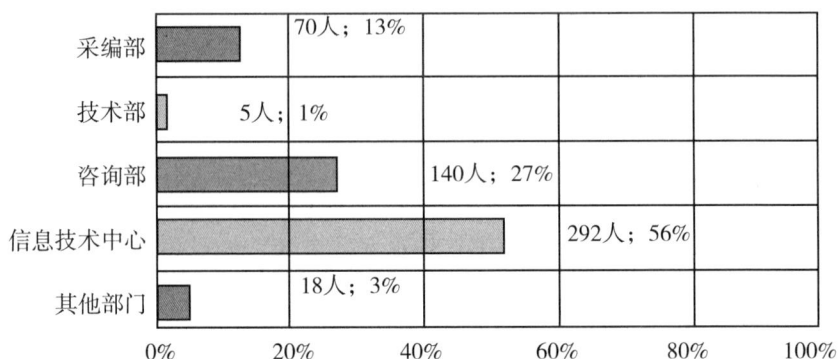

图3-1 馆员关于电子文献订购流程的态度

资料来源:笔者根据调研数据绘制。

大多数馆员认为由信息技术中心来负责电子文献的订购较为合理,占比56%,咨询部(27%)、采编部(13%)也被较多馆员选中认为适合开展电子文献的订购。

进一步获取馆员对电子文献的组织、利用和培训由哪个部门开展较为合理的看法(见图3-2),信息技术中心继续占据较高比例,占67.6%,其余依次为咨询部(25.2%)、技术部(3.3%)、采编部(2.4%)、其他部门(1.5%)。

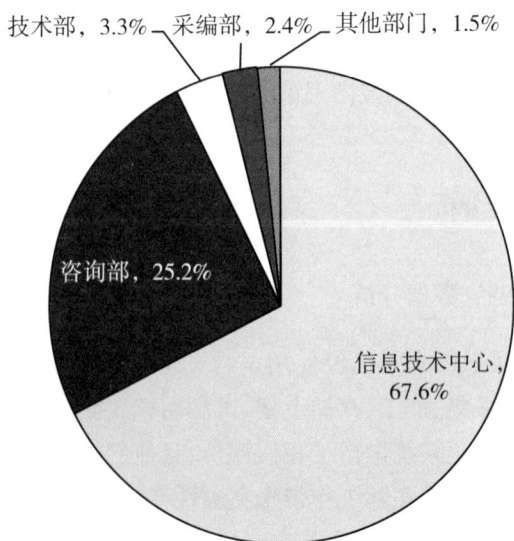

图3-2 馆员关于电子文献组织、利用及培训由哪个部门开展的态度

接下来,馆员们对于网络虚拟资源(主要指整合的免费开放的数字资源)的采集、组织等业务应由哪个部门开展的态度(见图3-3),依然是信息技术中心(72%)被寄予厚望,该部门继续被绝大多数馆员选中认为也最应该由它来开展网络虚拟资源的采集与组织等业务。

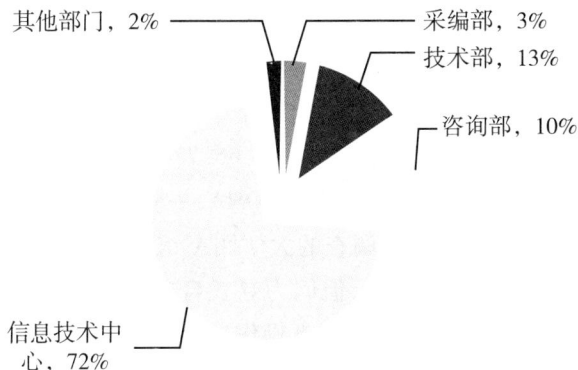

图3-3　馆员关于网络虚拟资源采集、组织流程的态度

资料来源:作者根据调研数据绘制。

受访馆员中,支持由信息技术中心负责电子文献资源、网络虚拟资源两项业务的人数最多。该部门本身掌握网络信息技能,还具备同用户交流的职能,这是其天然优势,能够一站式处理数字化资源相关工作,可以精简图书馆业务结构,提高图书馆资源数字化处理等工作效率。而将近七成的受访馆员认为数字化信息业务分别由相关部门各司其职即可,无须建立特定专职机构。

前述调研中,75所高校图书馆中,只有3所图书馆将数字资源采集工作交由信息技术中心负责,在调研样本中仅占4.0%。调研结果显示,采编部负责数字资源采集工作的高校图书馆最多,有32所;咨询部次之,有13所;然后是数字化部,为9所。且48.7%的图书馆由咨询部负责数字化资源的信息组织、用户培训等,只有18.7%的图书馆交由信息技术中心负责,还有13.4%的图书馆由数字化部负责该业务。

同样,实际调研中,由信息技术中心负责网络虚拟资源管理工作的图书馆仅占9.12%,现实中交由咨询部负责的图书馆占比最高,达32.43%,还有交给技术部和网络图书馆建设部负责的图书馆,占比分别为18.24%、10.13%。

由此对比受访馆员意愿与事实数据,高校图书馆进行电子资源业务流程重构实属必要。

实际调研数据中,66.7%的馆员认为没必要另设专门部门开展数字信息业务与服务,可将其业务与服务分散在各个部门里。96.7%的馆员认可组建临时任务小组。

3.4.3.2 国外调查数据分析

国外高校图书馆馆员对于图书馆自动化管理系统软件的态度调研与国内相似。尼日利亚的调查问卷从 2012 年 10 月起开始邮寄,被转发给 124 所全国大学委员会认证的大学图书馆员,截至 2013 年 4 月,36 所大学图书馆数据收集完成。调查显示,24 所(66.7%)尼日利亚大学图书馆使用了开放源代码的图书馆自动化系统 KOHA,一些大学的图书馆自动化项目有较高的软件失误率[①]。被调查的大学图书馆馆员提到,他们已经使用了多个图书馆软件。也就是说,他们为寻找合适的软件而不得不多次更换。馆员表示图书馆软件是用于以下操作,如编目、OPAC、连续出版物、采集,馆员们使用软件管理现有文献和大学研究成果,10 所被调研的尼日利亚高校图书馆表示其编目和采编等各项业务都是在 KOHA 的帮助下完成[②]。高校图书馆自动化的实质是提升图书馆的服务,以满足他们的用户,特别是提供图书馆储存信息的有效访问,并使访问变得便捷化、友好化、无障碍化,要做到这一点,必须注意实施能提供有效的图书馆自动化管理的信息通信技术结构和软件管理系统,以提供有效服务[③]。

馆员们认为现有高校图书馆业务流程中有冗余流程,应进行重组。2012 年 1 月,爱沙尼亚州塔林理工大学图书馆、塔林大学的学术图书馆、爱沙尼亚艺术学院图书馆、爱沙尼亚音乐和戏剧学院图书馆进行了一次在线问卷调查,问卷被发送到 195 个被选定的大学图书馆员,共有 111 份有效问卷收回,41%的受访者发现在整个图书馆中存在一些不必要的业务流程,受访者认为图书馆作为一个整体应该被重组[④]。

---

① UCHE L H. Challenges of software use in Nigerian university libraries:review of experiences from 1999 – 2009[EB/OL].[2015 – 05 – 26]. http://www. webpages. uidaho. edu/_mbolin/imo-igbo. pdf.

② KARI K H,BARO E E. The use of library software in Nigerian university libraries and challenges[J]. Library hi tech news,2014,31(3):15 – 20.

③ DAVID M. Reviewing libraries and librarianship:what has changed in 80 years? [J]. Library review,2007,56(1):8 – 10.

④ KONT K R,JANTSON S. Organization of work in Estonian university libraries:a review and survey[J]. New library world,2014,115(9/10):452 – 470.

馆员们认为高校图书馆的业务流程缺少整体化、团队化,嵌入教学科研业务较少。爱沙尼亚州立大学图书馆的调研中,24%的受访者认为自己的工作是日常的或相当日常的,30%的受访者没有感觉到工作给他们带来自我实现的机会,30%的受访者认为在他们当前的岗位上不能够充分发挥自己的能力,任务相互依存度在高校图书馆中是非常普遍的,33%的受访者肯定地认为自己或他人的工作取决于工作的进度。此外,很多人处在犹豫不决的状态,即他们不是很确定他们的工作进度是怎样影响他人的,反之亦然,相互依存的工作速度在编目工作中显得尤其重要,读者以怎样的速度获得图书馆的资源取决于每个与编目工作流程相关的人①。这些说明馆员们认为自身的业务流程缺乏整体化,现有业务流程中的每个环节间的制约非常明显。2012 年,学者对南安普敦大学、伯恩茅斯大学和伦敦大学皇后玛丽学院等 3 所大学的图书馆工作人员进行调研,被调研者给出的反应相当相似,都认为未来物理和虚拟空间之间会更加平衡,对物理空间而言主要问题是为不同形式的图书馆活动找到一个适当的"分区"。他们都认为应更多地将资源嵌入一个电子学习系统中,这样才能将教学资源跟图书馆联系在一起②。

馆员们认为自身技术不熟练,没有被赋权,业务工作更多的是单一任务的不断重复。2009 年 9 月,学者对印度 20 所高校图书馆开展调查,调查向 20 所高校图书馆员分发结构化的调查问卷,响应率为 100%。问卷中的一个题目为:让受访者陈述在实施基于网络的图书馆服务时他们所面临的问题或限制。调研(图 3 - 4)表明,65%(13 个调查对象)的受访者表示缺乏技术熟练的专业人员,其次是 55%(11 个调查对象)认为图书馆拥有的终端接入不足。前述爱沙尼亚州立大学图书馆的调研中,调查结果也证实了这一结论:高校图书馆馆员的工作内容变化性不大,深度与熟练性也较为欠缺。爱沙尼亚州立大学图书馆员认为馆里常有较为复杂的任务要处理,并非传统业务流程能解决的,受访者关于此的回答令人惊讶。一般来说,受访者都会面对艰巨的任务,10%的受访者表明他们经常被给予艰巨的任务,仅有 5%的受访者认为他们没有被给予艰巨的任务;在调研他们

① KONT K R,JANTSON S. Organization of work in Estonian university libraries:a review and survey[J]. New library world,2014,115(9/10):452 - 470.

② BEARD C,BAWDEN D. University libraries and the postgraduate student:physical and virtual spaces[J]. New library world,2012,113(9/10):439 - 447.

是否具有完成艰巨任务的信心时,52% 的受访者认为能完成,剩下有 48% 的受访者都对能完成艰巨任务缺乏信心[①]。为什么专家和管理者认为没有无法解决的复杂问题,因为他们对整个流程全盘了解,被赋予了较大的职权。工作在更高职位的员工,比如中层管理者和首席专家,认为他们的工作能够影响他人的工作。在较低岗位工作的员工,他们对整体的工作流程缺乏敏锐的观察力,他们在每一特定领域或许已经工作了十多年,可能已经成了该领域的专家,但是他们对自己在整个工作流程中的角色定位以及整体的工作全局意识是非常模糊的[②]。图书馆管理者可以通观图书馆整个业务流程全局,但对于一线馆员来说,现有流程可能会让他们仅仅看到自己这一块业务流程的情况。

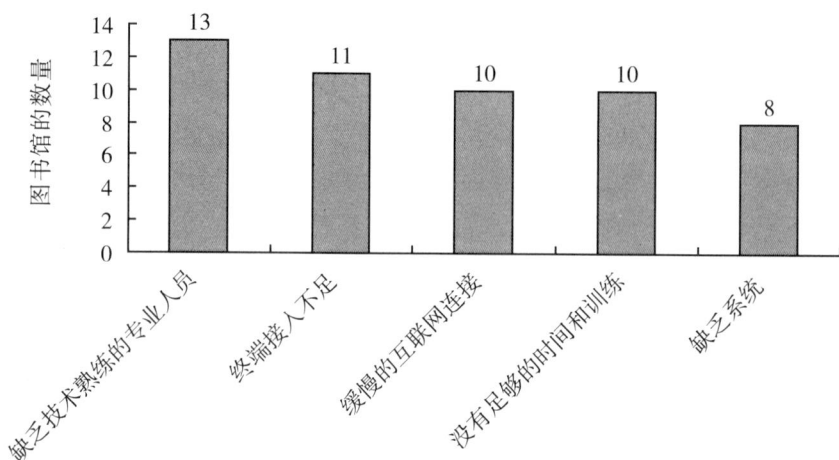

图 3-4 基于网络的图书馆服务面临的问题

资料来源:M. MADHUSUDHAN V. NADHUSUDHAN. Web-based library services in university librar-ies in India:an analysis of librarians' perspective[J]. The electronic library,2012,30(5):569-588.

注:受访者允许给出多个答案。

3.5 高校师生用户的低接受度

3.5.1 国内调查情况

高校图书馆业务流程重组的缘由还包括:用户是否适应目前的业务流

---

①② KONT K R,JANTSON S. Organization of work in Estonian university libraries:a review and survey[J]. New library world,2014,115(9/10):452-470.

程,对目前业务流程的评价是好是坏,怎样的业务流程能最大限度方便用户等。

本书的调查问卷发放结合实地访问和网络在线两种形式。调研对象限定为在校或已毕业的学生和在职的学校教职工。最终回收有效问卷,前者 1183 份,后者 560 份。

3.5.2 国外调查情况

通过文献检索的方法,获得关于以下国家高校师生用户对当前高校图书馆管理系统、业务开展等的态度调研信息:

美国霍普金斯大学以在线发放问卷的形式调研了本校教师;美国某州立大学于 2015 年在指定的本科大学对本科生进行为期两周的调查。

英国 3 所大学(南安普敦大学、伯恩茅斯大学和伦敦大学皇后玛丽学院)就研究生对图书馆的满意度开展调查;英国诺丁汉大学在线调查学者们对高校图书馆提供的十大现有服务的满意度;英国西英格兰大学对教职员工和学生关于图书馆满意度开展调研。

印度喀拉拉邦的 4 所科学和社会科学大学(喀拉拉邦大学、卡利卡特大学、圣雄甘地大学和科钦科技大学)就博士生对图书馆看法的相关信息进行调研;印度的昌迪加尔旁遮普大学、帕蒂亚拉旁遮普大学和阿姆利则古鲁纳纳克开发大学对 500 名受访者展开调研。

斯里兰卡科伦坡大学、斯里贾亚瓦德纳普拉大学和凯拉尼亚大学对258 名终身学者开展关于图书馆满意度的调研。

3.5.3 调查数据分析

3.5.3.1 国内调查数据分析

第一,高校图书馆对用户需求的重视程度还不够。49.9% 的学生在首次进入图书馆时感到不知所措,42.9 的教师也有不知所措的体验。图3－5 显示,只有 40% 的教师以及 30% 的学生认为检索系统好用。数据表明,大部分师生在图书馆中感到过不知所措,且超过半数的师生对检索系统评价为"一般"。

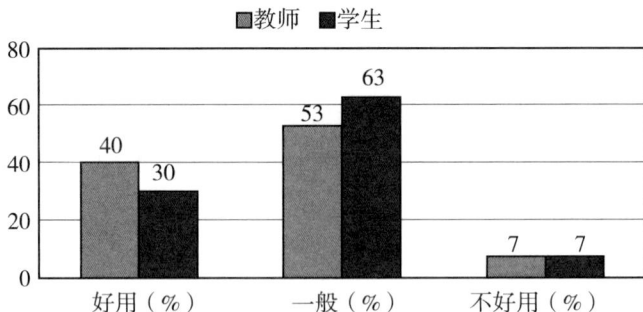

图3-5　用户关于高校图书馆目录检索系统好用性的感受

资料来源:作者绘制。

第二,图书馆提供服务的渠道还不够清晰便捷,繁多的流程反而将问题复杂化。如图3-6表明,在图书馆查阅文献遇到困难时,40%的师生感到茫然。所以图书馆应当简化服务流程,不仅在细分各项服务时让其简洁明了,还应整合图书馆咨询渠道,不论线上线下,只要用户提出问题,就能有工作人员或是通过在线平台或是线下于不同渠道接纳问题。这些问题将被集中回复,图书馆解决问题时要做到专业、统一、高效。

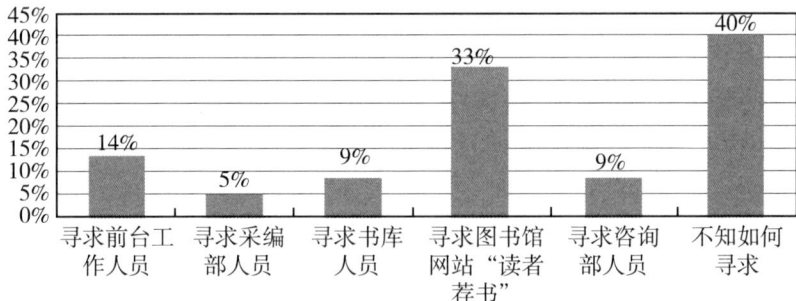

图3-6　用户寻求帮助时选择的途径

资料来源:作者绘制。

注:图中各选项可多选,故总的比例超出了100%。

第三,高校图书馆建设馆藏资源时,未能良好地汲取用户意愿,所购资源不能满足师生需求。数据表明,绝大部分师生没有被询问过书籍的订购意愿,教师群体尤为严重,比例高达81.9%。但同时,80.0%左右的师生有自己的购书偏好、表达欲强烈却找不到途径。图书馆购入的电子资源只满足了三成教师和一半学生,用户的需求远没有被满足,图书馆馆藏建设的提升空间大。

第四,高校图书馆的部门设置、书库分布等都不够人性化。超过八成的老师以及超过六成的学生难以分辨图书馆各部门的功能,超过七成的老

94

师和六成的学生感到查阅某类文献时非常麻烦,不能在同一个阅览室解决问题。有 452 名(占比 95.6%)被调查学生、197 名(占比 87.9%)被调查教师认为图书馆可通过组建临时任务小组这种部门设置来解决涉及跨部门业务处理的问题。

最后,高校图书馆在嵌入课堂、助力教育方面有所建树,但也还存在不足。成果在于图书馆在馆藏建设时注意涵盖了每一课程所需的多样书籍资料。而不足之处则是图书馆信息素养教育开展得不够,没能得到师生的重视;课程相关资源未能做到触类旁通,名师讲座、老师简介等互联网资源没能充分纳入图书馆资源建设等。

3.5.3.2 国外调查数据分析

首先,国外师生用户对高校图书馆的整体友好度较高,较享受其提供的环境与服务。2012 年,3 所英国大学(南安普敦大学、伯恩茅斯大学和伦敦大学皇后玛丽学院)调查研究生对于图书馆的印象与态度问题,学生被问到一个月内多久去一次图书馆,占比最高的是 10 次或者更多(34%),8% 的学生声称去了 8—9 次,6% 的学生声称去了 5—7 次,20% 的学生是 3—4 次,16% 的学生声称每月去 1 次或 2 次,16% 的学生声称从未去过。钻研教学的学生比钻研科研的学生去得更为频繁,而国际学生比欧盟学生多,英国国内学生去得最少。对物理图书馆空间多么重要这个问题的回答,38% 的学生认为它非常重要,28% 的学生认为它重要,2% 的学生认为其作用一般,32% 的学生认为不重要[1]。受访者被要求评价大多数图书馆建筑物的重要方面,这些项目是:安静的学习空间、群体学习的空间、人员的可用性、借阅的书籍、在网站上使用书籍、纸质期刊、电子期刊、咖啡店、Wi-Fi、计算机终端、目录访问、打印机、复印机和公共区域。大多数受访者(82%)认为安静的空间重要,其次重要的有群体空间和公共区域。

在所有的受访者中,96% 的学生表示图书的借阅重要或非常重要,其中 84% 的学生说在网站使用图书重要或非常重要。关于图书馆工作人员的重要性,四分之三的学生认为他们重要或非常重要。共有 54% 的学生认为图书馆的网络空间非常重要,21% 的学生认为重要[2]。绝大多数(超过 80%)不希望看到类似虚拟聊天咨询或其他具有社交媒体特性的功能。这些结果明显不同于对本科生的研究,受访的本科生们对图书馆的在线虚

---

①② BEARD C,BAWDEN D. University libraries and the postgraduate student:physical and virtual spaces[J]. New library world,2012,113(9/10):439－447.

拟服务与对图书馆线下的物理空间服务的认可度相差无几。当被问到哪个更重要时,42%的本科学生回应说,在线服务是最重要的,47%的学生认为两者一样重要,只有11%的学生认为物理空间是最重要的①。

受访的师生用户们对在图书馆遇到问题时的解决流程较为认可。一项调查从2014年5月6日持续到该月31日,问卷被发送到所有英国西英格兰大学的教职员工和学生手中,120名受访者的90份反馈中,有19份是学生给出的。以下是受访者的回答:与遇到困难寻求柜台的工作人员帮助一样,我曾从学科馆员那里收到一封非常有用的电子邮件;工作人员很可爱,气氛很友好;他确实帮助了我,对我的生活计划有很大的影响……大多评论虽然非常积极,但也有针对性地提出一些问题,如需要在图书馆部门之间进行一些协同的收集发展、管理工作②。但在前述3所英国大学(南安普顿大学、伯恩茅斯大学和伦敦大学皇后玛丽学院)研究生的案例中,85%的学生在图书馆不会向工作人员寻求学科建议的帮助,是否缘于学生不知道工作人员会帮助提供资源搜索和学科建议,还是他们相信学习上正处于研究生水平的自己知道如何去找到所需资源,这种情况需要引起重视③。

师生用户认为高校图书馆与教学科研联系较为紧密。2010年,有学者针对印度喀拉拉邦大学、卡利卡特大学、圣雄甘地大学和科钦科技大学等4所大学博士生的信息查找行为开展了调研,这些大学被认为是该国最具声誉的大学,其调研主要为了解理工科和社会科学学者们在从事科学研究时的信息获取行为。调研结果表明:学者们认为高校图书馆能根据实际情况为不同类型用户提供各种信息服务,有效地支持了他们的学习和研究的需要。美国霍普金斯大学图书馆调研表明,图书馆员实际是被高校教师青睐的,应当积极同教师沟通,嵌入课堂,提供在线工具与资源等服务内容④。美国某州立大学于2015年在指定的本科大学进行为期两周的调查,共收到332个有效答案。该项研究调查了网上图书馆资源的用户体验,只

① WICKRAMANAYAKE L. Information-seeking behavior of management and commerce faculty in SriLankan universities[J]. Library review,2010,59(8):624-636.

② CHELIN J A. Open doors:library cross-sector co-operation in Bristol,UK[J]. Interlending & document supply,2015,43(2):110-118.

③ BEARD C,BAWDEN D. University libraries and the postgraduate student:physical and virtual spaces[J]. New library world,2012,113(9/10):439-447.

④ Ithaka S+R 高校教师调查[EB/OL].[2016-06-22]. http://lib. heuu. edu. cn:88/tsgzc/list. asp? unid=1079http://www. sal. edu. cn/2012/Rc_check. asp? detail_id=159&id=.

有在调查中使用过的人才被允许参加调查。受访的大学生认可图书馆网络资源的有用性,他们从图书馆获取的网络资源对他们完成学习任务或相关的项目有很大帮助①。

另一方面,师生用户需要图书馆开展更多的信息素养教育。美国学院和大学协会(Association of American Colleges & Universities,简称 AAC&U)关于国家课程的调查表明,信息素养在高等教育教师教授的 26 个 21 世纪技能中排名第 6 和第 9 位之间②,ALA 认为信息素养是"民主实践的核心"。2013 年,在印度的昌迪加尔旁遮普大学(PUC)、帕蒂亚拉旁遮普大学(PUP)和阿姆利则古鲁纳纳克开发大学(GNDU)等 3 所大学中的 500 名受访者中分发问卷。有 384(76.8%)名受访者返回了填写后的问卷。一些受访者从未使用过 OPAC,这些受访者给出了他们不使用的原因。而大多数受访者(PUC 有 97.2%,PUP 有 83.3%,GNDU 有 68.7%)将"缺乏知识"作为理由,占主导地位的大多数(超过三分之二)的受访者认为当在 OPAC 上获取信息时需要图书馆工作人员帮助他们③。

2012 年,两个与图书馆教学和研究人员的价值有关的项目同时产生,英国拉夫堡大学信息科学系所属的国际知名图书馆学研究中心(LISU)提出了不断发展高校图书馆价值研究的协同工作项目,以及英国诺丁汉大学发起了旨在提高学术影响力的项目。项目为图书馆界连接学术部门提供了方便,并且发现在工作关系中良好实践的例子。8 个深入的案例研究先行开展(2 个在英国,4 个在美国,2 个在斯堪的那维亚半岛),之后是在 3 个地区做在线调查。调查结果表明学者还没有意识到高校图书馆提供的十大现有服务,包括通过网络(播客和在线教程)对学生信息素养技能的教学;一对一的对学者开展的支持及正式的培训(比如分类评价、文献管理软件培训)等。参与在线调查的学者们除了需要图书馆提供更多的信息素养技能培训之外,还欢迎图书馆提供教学所涉及的技术、如何对所检索的教学资源进行批判性评价以及如何避免知识产权纷争等内容的培训。学者们对图书馆研究支持方面的需求较强,当要求排出排名前十的附加服务时,学者们想受到图书馆员对研究活动的援助,如应用程序和

---

① JOO S,CHOI N. Factors affecting undergraduates' selection of online library resources in academic tasks[J]. Library hi tech,2015,33(2):272 – 291.

② Association of College and Research Libraries. Value of academic libraries:a comprehensive research review and report[EB/OL]. [2018 – 03 – 04]. http://www. acrl. ala. org/value.

③ KUMAR S,VOHRA R. User perception and use of OPAC:a comparison of three universities in the Punjab region of India[J]. The electronic library,2013,31(1):36 – 54.

数据管理①。

学生用户们喜欢集成的一站式的资源服务。前述美国州立大学在2015年本科生调研的结果显示,熟悉搜索技能与学生使用网上图书馆资源的意向紧密相关。来源的熟悉度是学生们决定是否使用资源的决定因素,用户很可能会继续使用那些他们很熟悉的资源,即使他们已经知道了更好的信息来源。为了使学生们对学术图书馆所提供的资源越来越熟悉,图书馆的界面需要通过类似于流行的网络系统界面来让其熟悉。这样的界面,加上资源实现了集成化的图书馆搜索系统,如此能提高熟悉度②。

前述印度喀拉拉邦的4所科学和社会科学大学的调研中,受访者被要求表明是否依赖于其他图书馆来搜索和收集有关研究信息,学者们对于这个问题的答复表明,40%的科学学者、38%的社会科学学者认为自己的信息搜集可能会有赖于其他图书馆。在实际的信息获取过程中,社会科学学者对其他图书馆的依赖程度也不低,总共有29%的社会科学受访者为收集信息经常使用其他图书馆③。这些说明高校图书馆之间建立联盟、实现业务整合的重要性。

总的来说,我国学生和教师认为高校图书馆未能充分做到以用户需求为根本,各工作流程过于繁复,对于实际的教学课堂黏合度也不高,高校图书馆重组目前的业务流程是必要的。而国外的师生满意度要高于国内,说明国外图书馆的很多做法值得我们学习借鉴。

3.6　高校师生用户的新需求性

如今,互联网的高度发达大大方便了人们对信息的获取。公众已经习惯在互联网上汲取和传递信息。R. M. 多尔蒂(R. M. Dougherty)认为,现今用户得益于互联网环境,对信息的及时性、便捷性要求很高④,对图书馆则

---

① CREASER C,CULLEN S,Curtis R,et al. Working together:library value at the University of Nottingham[J]. Performance measurement and metrics,2014,15(1/2):41-49.

② JOO S,CHOI N. Factors affecting undergraduates' selection of online library resources in academic tasks[J]. Library hi tech,2015,33(2):272-291.

③ SHEEJA N K. Science vs social science[J]. Library review,2010,59(7):522-531.

④ JOHN J L. Digital lives research project[EB/OL]. [2018-09-22]. http://www. bl. uk/digital-lives/index. html.

增添了空间舒适度的要求。更有专家表示,在大众能随时随地通过不同移动终端获取信息资源的今天,图书馆需要重新认识这个时代①。在互联网信息背景下出现了哪些新技术,又怎样改变了我们的生活;信息获取方便快捷,针对于此的法则约束又是什么。《新媒体联盟地平线报告:2017 图书馆版》就未来 5 年的发展趋势进行预测,认为高校图书馆未来工作的重心将持续向用户偏移,建设舒适阅读环境,提高空间利用率;充分融入教学和科研,掌握新技术,为学校教育工作提供精炼的资源和及时的服务;主动同各学术单位联系,争取合作等②。高校图书馆应在上述方向多加思索,制订新的战略规划。初景利认为:如果图书馆不能适应信息环境的变化,不能适应用户需求与行为的变化,那么图书馆必然被抛弃、被取代,必然走向消亡③。

用户对于信息需求的改变主要有以下三方面。

3.6.1　用户数字化信息需求

用户希望图书馆能提供深入且有针对性的数字信息资源。因为在互联网时代,用户很多时候能通过便利的途径自助解决问题。在国内,常见的问题可通过知乎、百度知道等平台解答困惑,国外有专门的搜索引擎如 Ask Jeeves 等④。专业性较高的问题在国内外也都有对应搜索引擎可供答疑解惑。

信息研究与咨询公司 Outsell 认为,图书馆提供信息的形式或许未能适应用户需求。图书馆呈现的信息组织性很高,但如今的用户可能并不需要过高的信息细分。信息渠道繁多,用户拥有了对各渠道的选择权,各类综合搜索引擎也让用户可以自主独立地获取信息⑤。信息只需要有其基础的结构组织,用户更看重信息获取的方便和效率。

数字环境下,用户更多地转向数字信息需求:本科学生代表新一代用

---

① DOUGHERTY R M. Being successful in the current turbulent environment[J]. Journal of academic librarianship,2001,27(4):263 – 267.

② 徐健晖.《新媒体联盟地平线报告:2017 年图书馆版》的解读与启示[J]. 大学图书馆学报,2018(1):27 – 33.

③ 王左利. 图书馆:信息时代的价值重构[EB/OL].[2015 – 07 – 25]. http://www.edu.cn/li_lun_yj_1652/20130806/t20130806_997906. shtml.

④ 黄如花,徐军华. 图书馆业务流程重组(BPR)的动因[J]. 图书馆论坛,2009(6):180 – 183.

⑤ HEALY L W. Outsell 公司 2020 年未来发展宣言书[J]. 孙敏杰,译. 图书情报工作动态,2009(2):27 – 28.

户成为"数字原生代"。他们是伴随着电脑一起长大的,因此非常乐意获取和使用在线信息资源。比起传统的印刷材料,当代大学生更喜欢使用在线资源。不同的在线资源中,大学生更倾向于通过搜索引擎而不是图书馆来利用便捷的网络资源。在过去的几十年里,本科生选择信息资源的方式发生了巨大的变化。现在的大学生,也被称为新千年的学生或数字一族(digital natives),他们从小就使用互联网,比前几代人更精通技术。互联网已经改变了大学生的资源选择行为,最主要的是,他们依赖于网络,可通过特定的搜索引擎如谷歌,找到他们所需要的信息①。对于便利性的偏好和对易用信息的选择促使本科生依赖于大众搜索引擎检索网络信息资源②。学者李(Lee)在2008年的研究表明,互联网是大学生群体中最受欢迎的获取信息的方式,学术图书馆的资源屈居第二③。

丹尼逊(Denison)和蒙哥马利(Montgomery)发现,大学生认为网络数据库是复杂和低效的,并不直观而且不是用户友好型,付出最小的努力即能获取信息最适用于大学生的资源选择行为④。李指出学生在进行学术搜索时倾向于选择阻力最小的路径和方法。她还提到,学生们很可能在紧要关头查找信息,因此他们必须立即使用可供直接访问的在线资源⑤。威廉·白克(William Badke)发现,学生们在做课题研究时喜欢寻找捷径,他们不愿意在其中花费太多的时间,即使是课堂上的搜索任务,学生们也更喜欢使用网络搜索引擎和网络资源⑥。杰森·马丁(Jason Martin)发现,72%的受访学生选择使用互联网进行课堂研究,尽管他们承认图书馆的资源会更可靠⑦。

作为"数字一族"的大学生,他们对包括谷歌等搜索引擎在内的数字

---

① JOO S,CHOI N. Factors affecting undergraduates' selection of online library resources in academic tasks[J]. Library hi tech,2015,33(2):272 – 291.

② HAGLUND L,OLSSON P. The impact on university libraries of changes in information behavior among academic researchers:a multiple case study[J]. The journal of academic librarianship,2008,34(1):52 – 59.

③⑤ LEE H L. Information structures and undergraduate students[J]. The journal of academic librarianship,2008,34(3):211 – 219.

④ DENISON D R,MONTGOMERY D. Annoyance or delight? College students' perspectives on looking for information[J]. The journal of academic librarianship,2012,38(6):380 – 390.

⑥ BADKE W. Infolit land:the path of least resistance[J]. Online searcher,2013,37(2):65 – 67.

⑦ MARTIN J. The information-seeking behavior of undergraduate education majors:does library instruction play a role? [J]. Evidence based library and information practice,2008,3(4):4 – 17.

网络平台、资源有严重的依赖性。林恩·西尔利皮格尼·康纳威（Lynn Sillipigni Connaway）等人认为，谷歌不仅是供学生使用的搜索工具，而且还被他们看作网络的代名词，便利性是大学生在完成课堂搜索任务时选择资源的重要因素。研究发现，大学生喜欢谷歌的主要原因是使用非常方便，几乎是直接的搜索结果就能够符合搜索查询的需要。由于谷歌检索没有障碍，为大学生所熟知并且使用的语言通俗易懂，大学生在进行文献调研任务时最先使用谷歌搜索[1]。

谷歌公司的电子书业务效益良好，其将大量纸质文献数字化为电子图书，为用户免费提供服务[2]，这项业务的推出是为了满足用户的数字阅读需求。在 2010 年，OCLC 有调查显示，研究人员在互联网上得到的信息服务质量很高，而图书馆信息服务同网络信息服务相比还有所差距[3]。英国学者德里克·劳（Derek Law）也提到，如今的研究者对数字资源的需求比重极大[4]，甚至不需要纸质资源，且需求图片信息，重视信息获取的速度。

针对用户信息需求数字化，对网络搜索引擎的严重依赖和倾向于易于获取的资源，课堂作业和研究需要各种可靠和准确的数字资源等特点，高校图书馆应为他们提供权威可靠的数字化资源，在网络上通过远程访问的数字格式提供馆藏和资料，如电子书、电子杂志文章、论文、课程资料等[5]，因此高校图书馆的业务及流程需有所改革。

3.6.2　用户移动化信息需求

剑桥大学的调研表明：超过半数的师生使用手机记录检索结果，用手

---

①　CONNAWAY L S. DICKEY T J, RADFORD M L. If it is too inconvenient I'm not going after it: convenience as a critical factor in information-seeking behaviors[J]. Library & information science research, 2011, 33(3):179 – 190.

②　e 线图情. e 线图情 2010 年度 10 大国际动态[EB/OL]. [2012 – 09 – 16]. http://www. chinalibs. net//ArtInfo. aspx? titleid =219074.

③　OCLC. New report:a slice of research life:information support for research in the United States [EB/OL]. [2018 – 09 – 22]. http://www. oclc. org/research/news/2010-06-16. htm.

④　LAW D. As for the future, your task is not to foresee it, but to enable it[EB/OL]. [2018 – 09 – 22]. http://conference. ifla. org/sites/default/files/files/papers/ifla77/122-law-en. pdf

⑤　JOO S, CHOI N. Factors affecting undergraduates' selection of online library resources in academic tasks[J]. Library hi tech, 2015, 33(2):272 – 291.

机登入查阅图书馆联机目录的意愿强烈①。2011 年,中国就有大学通过调研得到数据,喜欢以手机等移动终端登录图书馆进行相关查阅的师生比例高达93%②。对比中国互联网络信息中心发布的中国互联网报告,自 2012至 2019 年,使用手机上网的网民用户由 3.88 亿扩大至 8.17 亿,2018 年底使用手机上网的网民比例同比上一年增加 1.1%,达到了 98.6%③④,使用手机上网已经极为普遍。

高校师生需要在任何时间、任何地点均能使用图书馆资源,图书馆传统的阵地服务、非移动信息服务显然已经无法满足这些需求,要求其从适应用户新的信息需求的基础上,开拓新的移动信息服务领域。

学生们越来越期望更多内容比如讲座、学习资料和评估反馈等可以在任何地方通过在线获取,这要求学术人员和图书馆以及 IT 专家之间的密切合作,通过政府和图书馆机构对虚拟学习和虚拟学习空间的重视,满足他们的这些需求。与此同时,高校的导师也认为应鼓励移动网络环境下的学习,因为它提供一个随时随地学习、自我实现的机会⑤。

当今的用户习惯于网络的动态性和交互性以及社交网络工具。他们中的许多人使用移动网络工具来找寻所需信息,所以,更多的 RSS Feeds、维基百科、即时通信参考服务、虚拟图书馆之旅、在线图书馆和楼层示意图、讨论组、对区域和国际用户多语言支持的内容,为访问网络图书馆服务的新添服务增加了更多的终端⑥。《新媒体联盟地平线报告:2014 图书馆版》数据显示,通过移动终端方便及时地浏览图书馆信息更受研究者、师生的青睐,发展移动内容和传递的实践正在全球范围内进行,学术成果的动态化传播成为图书馆未来的发展趋势⑦。而《新媒体联盟地平线报告:

①② 张国栋,孙杨. 北京航空航天大学:随时随地畅享图书馆信息服务[EB/OL]. [2017 - 08 -
　　12]. http://www. edu. cn/tsg_6497/20120705/t20120705_804385. shtml.
③　中国互联网络信息中心. CNNIC 发布《第 30 次中国互联网络发展状况调查统计报告》
　　[EB/OL]. [2017 - 08 - 12]. http://www. isc. org. cn/zxzx/ywsd/listinfo-21627. html.
④　CNNIC 发布第 43 次《中国互联网络发展状况统计报告》[EB/OL]. [2019 - 05 - 20].
　　http://www. gov. cn/xinwen/2019-03/01/content_5369476. htm.
⑤　HURST S. Current trends in UK university libraries[J]. New library world,2013,114(9/10):
　　398 - 407.
⑥　MADHUSUDHAN M,NAGABHUSHANAM V. Web-based library services in university libraries
　　in India:an analysis of librarians' perspective[J]. The electronic library,2012,30(5):569 -
　　588.
⑦　张铁道,殷丙山,蒋明蓉,等. 新媒体联盟地平线报告(2014 图书馆版)[EB/OL]. [2015 -
　　07 - 25]. http://www. edu. cn/zong_he_news_465/20141211/t20141211_1212542_2. shtml.

2017 图书馆版》提到:调查发现,用户要求图书馆空间服务兼具多样性和灵活性,超过 70% 的建筑师以及一半的图书馆员喜欢灵活个性化的图书馆空间,超过 60% 的用户希望图书馆空间服务可以突破时间地点的限制①。

国内高校移动图书馆的建设自 21 世纪后逐渐兴起,移动图书馆业务一路快速发展。具有代表性的如清华大学图书馆移动数字图书馆系统,读者使用手机在线访问图书馆,不再受到时间空间的限制②。在国外同样有高校图书馆开展移动图书馆业务,如东京大学图书馆等。

3.6.3　用户一站式信息需求

图书馆提供一站式服务势在必行。图书馆重视用户需求,而用户渴望信息获取效率最大化。但在传统的业务流程中,不同类型的资源分别由不同的部门管理。受传统影响最深的纸质资源就分由三个部门为之开展业务处理,分别为采编部、典藏部、流通服务部,这就造成用户可能要到很多部门才能解决一个问题。信息咨询部包揽了数字和网络资源从订购、整理到最后被使用的全套流程,不同数据库之间也各自分离,用户为了获取完整的信息资源,需要在各数据库之间登录、辗转。在图书馆获取信息资源的时间成本太高,因而用户呼唤一站式服务。OCLC 报告称:图书馆要做到将种类繁多的服务统一到一个信息科研系统,这个过程或许漫长,是业务流程重组工作的重要部分③。ACRL 提出,今后的高校图书馆,数字资源重视程度将进一步提升,如何管理和应用数字信息资源是未来工作的重点④。日本的图书馆对未来做出要求,要更加便捷精准地服务于用户⑤。在中国,有两大具有代表性的一站式服务平台:其一为中国科学院图书馆实现的 OPAC 一站式检索平台,不同类型的资源都在

① ADAMS BECKER S,CUMMINS M,DAVIS A,et al. 新媒体联盟地平线报告:2017 图书馆版 [J].赵艳,魏蕊,高春玲,等,译.图书情报工作,2018(3):114 - 152.

② 华南理工大学图书馆[EB/OL].[2016 - 09 - 22].http://www.lib.scut.edu.cn/index.jsp.

③ PALMER C L,LAUREN C,TEFFEAU C M. Scholarly information practices in the online environment:themes from the literature and implications for library service development[EB/OL]. [2016 - 09 - 22].http://www.oclc.org/programs/publications/reports/2009-02.pdf.

④ ACRL. Environmental scan 2007[EB/OL].[2016 - 09 - 22].http://www.acrl.org/ala/acrl/ acrlpubs/whitepapers/Environmental_Scan_2.pdf.

⑤ National Diet Library. Vision for the NDL' 60 th anniversary:Nagao vision[EB/OL].[2016 - 09 - 22].http://www.ndl.go.jp/en/aboutus/vision_60th.html.

此得到了整合、可供检索,用户获取信息变得极为便捷①;其二是北大图书馆为落实一站式服务所建立的信息共享空间(Information Commons,简称IC)。

英国开展过针对网络一代的博士研究生信息检索获取资源具体做法的调研。调研结果表明,网络一代博士生在访问不了相关科研资源时面临困境,需要一个一站式全面开放的科研信息平台②。互联网带来了便捷的可能,许多用户不愿意在不同的资源网站间奔波,希望能在一个网页中检索、浏览及获取全部资源。

张樵辰(Chiao-Chen Chang)等通过从224个中国台湾本科生和研究生收集到的数据来评估态度、主观规范和感知行为控制对从学术数字图书馆搜寻信息的意图的影响,参与者被要求完成一个自我报告的问卷,该问卷涉及调研受访者对于学术数字图书馆在信息检索方面有何期待的内容,结果显示,受访者希望使用统一的一站式的方式在互联网上发现和寻找特定的信息、机会和资源,即要求图书馆员能够设计简单易用的网站,一个先进的检索工具可以为终端用户有效地提供一站式的图书馆资源,这将不仅有利于学生和研究人员,也可以提高图书馆员的管理效率③。

《Google一代研究报告》(*Google Generation Report*)显示,用户需求是图书馆工作的重心,图书馆要积极满足其需求、提供高效的服务④。未来,图书馆应该全面开展一站式服务,因为一站式服务已有理论和政策的准备、可供借鉴的成功经验以及强烈的用户需求。

用户对信息的需求随着时代的发展不断变换,高校图书馆也应该重组其业务流程,适应用户的新需求。

① 北京大学图书馆多媒体部.北京大学图书馆新型多媒体服务受到用户关注,服务效益显著[EB/OL].[2016-09-22].http://162.105.138.207/tongxun/tx2002/news20.htm#3.

② OCLC. New report:a slice of research life:information support for research in the United States[EB/OL].[2018-09-22].http://www.oclc.org/research/news/2010-06-16.htm.

③ CHANG C C,LIN C Y,CHEN Y C,et al. Predicting information-seeking intention in academic digital libraries[J].The Electronic Library,2009,27(3):448-460.

④ Google Generation[EB/OL].[2016-08-22].http://www.jisc.ac.uk/whatwedo/pro-grammes/resourcediscovery/googlegen.aspx.

4　高校图书馆业务流程重组的实证分析

本章选取武汉大学图书馆、HathiTrust 项目、斯坦福大学图书馆和学术信息资源(Stanford University Libraries & Academic Information Resources,简称 SULAIR)三个样本开展实证研究,分析每个样本开展业务流程重组的特点、重组内容、重组成效等,在此基础上总结出带有规律性、一般性的规律,为后续模式优化研究提供重要前提。

4.1　武汉大学图书馆业务流程重组实证分析

4.1.1　实证馆的特征及其选取缘由

武汉大学作为国内一流高校,不仅有一流的师资和科研团队,也有一流的图书馆。武汉大学图书馆于 1917 年建馆,建筑宏伟,环境优雅,历经多次扩建。现有总面积 9 万余平方米,文献资源总量达 1743 万余册①。随着时代发展及外部环境变化,武汉大学图书馆也在与时俱进。在其发展过程中,业务调整是重要一环。数字化业务得到飞跃式的发展,数字化文献与印刷型文献构成了全新的文献保障体系。各项服务手段不断更新换代,借阅、检索一站化,定题服务、读者教育、文献传递等服务集合成了一个层次丰富、类型多样的服务体系。该馆还建设了由 3 个中心和 3 个分馆构成的管理服务架构,以及 8 个部门团队,以求不断在服务创新上取得突破。2016 年 6 月,信息科学分馆新馆开放,进一步提高了该校图书馆的服务能力,也进一步蓄积着管理与服务创新的动力。

总之,该馆有着丰富的现代化图书馆业务流程管理的基本特征和创新取向,用户中心意识浓厚,是研究图书馆业务流程重组的典型性的实证

---

① 本馆简介[EB/OL].[2018－08－09]https://www.lib.whu.edu.cn.

样本。

4.1.2 拓展的职能及业务流程重组

4.1.2.1 基于内容主题进行流程重组

近年来,图书馆界出现了许多新的职能,例如数字化业务、移动化业务、学科服务等。在这样的背景下,武汉大学图书馆开始尝试融合不同的业务模块,其方式包括不同部门整合为一个部门、一个部门为主其他部门为辅或基于主题内容进行跨部门合作。以这样的创新性方式,武汉大学图书馆推进着自己的业务流程重组(见图4-1)。

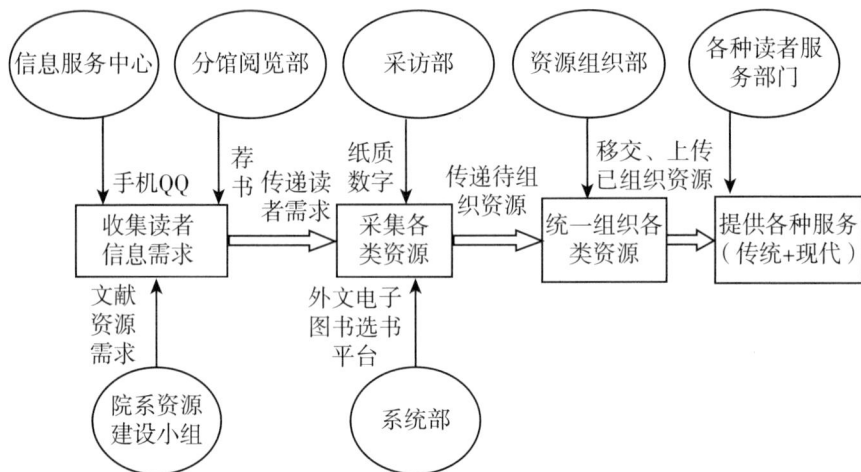

图4-1 武汉大学图书馆的业务流程重组

资料来源:作者绘制。

从图4-1可见阶段性重组后的一些业务流程特征:

第一,扩展信息需求采集渠道,建立多样化的需求信息收集路径。比如在不同院系建立由各种人员代表组成的文献信息资源建设小组,这些多元的成员包括学术带头人、教师骨干等,他们能够为学科馆员提供支持性工作。许多院系都建立了这种小组,例如新闻与传播学院、法学院等。学科馆员团队还直接向相应院系(所)的教学科研人员、本硕博学生采集纸质文献的需求信息,将需求传达给采访部门,采访部门的采访工作也会由学科馆员团队反馈给这些老师和学生。此外,采访和中国海外图书采选平台(PSDP)也在信息需求采集上发挥了巨大作用。

采访部除了扩展了上述信息来源,还与系统部、信息服务中心建立业务协同关系。系统部帮助搭建了外文电子书目选书平台,信息服务中心则

106

在数据库荐购、试用和评价上提供了协同支持。这些都为信息采集渠道拓展提供了诸多助力。

各分馆的阅览部在这方面也较为给力。工学分馆为了了解师生文献信息采购意见,曾发放"教师推荐图书征求意见表",协助采访部加深了与师生的沟通。

计算机网络、移动互联网也赋能于采访业务流程,使其通过智能手机短消息、QQ 群等方式直接在师生和馆员之间建立交流通道。

第二,整合采访流程,使其全部纳入采访部管理。高校图书馆文献信息资源一般由纸本资源、电子资源、网络资源等不同的类型组成。在过去,这些资源会分配给不同的业务部门负责采访,这不利于整个图书馆文献信息的资源整合。武汉大学图书馆 2010 年开始改变这种做法,该举措不同于多数部属高校图书馆(如本书前述),其将全部文献资源的采集都交给采访部。这些文献不仅限于数据库和中外文书刊,也包括电子类书刊、声音图像资料和各种文献的赠送与交换。这种状态下的业务管理,将有效解决传统业务流程中带来的采访低效、各自为政问题。

第三,整合资源组织和加工流程,纳入资源组织部。资源组织部是一个新部门。传统文献处理流程包括编目、加工、典藏等,这些步骤分散地交给了编目部、流通部和信息服务中心等。这种分散的做法不利于资源组织过程的标准一致性,流程管理上也多有麻烦。武汉大学图书馆在业务流程重组过程中直接新设了资源组织部,业务范围包括整个文献处理流程,解决了上述问题。

第四,基于主题的业务流程重组。围绕传统借还书服务推出一站式服务流程,武汉大学图书馆工学分馆一楼借还大厅集中了借还书、图书赔偿、检索咨询、密码修改、挂失解挂、离校手续等业务。

目录服务统一提供是指将全校资源的目录服务放在一个 OPAC 上提供用户使用。每个院系都有资料室,这些资料室中的文献资源也是图书馆服务的一部分,用户在使用的时候如果不能在统一的渠道查询,就会大大降低文献利用的效率和效果。武汉大学图书馆将全校 28 个院系资料室的资源全部整合进学校图书馆 OPAC。

基于毕业主题的业务重组。接近毕业的学生不仅面临着繁杂的毕业琐事要处理,更常常面对着即将踏上职业旅途的心理困惑。如何为其开展优化的主题服务成为图书馆思考的命题。武汉大学图书馆不仅在流程上简化毕业生离校手续,更策划了主题信息资源推荐。如何选择职业、如何面对职业道路上的生活、职场或家庭问题,图书馆通过内容策划与推荐、告知获取地点等方式积极为学生提供文献资源上的人生指引。类似的主题还有旅游、"暖春"等。

为了高效地处理文献、服务用户,该馆还调整了文献传递工作的管理方式,将其整合进流通阅览部,接入资源的查找和获取过程链条。

第五,建立新的 OPAC 系统。不同文献在传统流程上是分散提供查找的。2009 年武汉大学图书馆应用了新的 OPAC,一站式地提供所有形态文献(纸本、电子和网络等)的检索。10 多年来,该系统持续为用户便捷获取信息资源提供着功能强大、用户友好的服务。以下两大目标是重组带来的:①将多种载体、形态的资源重新组合管理,形成一站式服务。文献的多学科、多载体、多类型是现代文献信息资源的一个重要特征,通过新的 OPAC,武汉大学图书馆使用者可以在一个页面上查找、浏览各种不同类型资源,无论纸本图书还是多媒体、学位论文、电子期刊,用户都能够无障碍地查找和利用。该系统还链接了外网的多样化开放资源,例如图书评论、Google Scholar 等。②以用户为中心重组、创新多种服务,提高便捷、友好程度。新的 OPAC 超越了以往局限性的功能模块,不仅提供检索,还集成了全文获取、多重结果呈现等服务方式。首先,充分做到以用户为中心进行服务拓展。除了传统的图书、期刊的检索结果呈现外,该系统还可以做到按年份、作者等进行聚类处理,并给出链接信息、评级信息等以使用户自主对结果进行拓展搜索或判断。用户不仅可以查询、查看检索结果,还可以对结果进行保存。其次,操作界面也得到了改进。新的 OPAC 采用了简洁明了的方式,用户打开界面就可以看到正中央的输入框,条件限定可以在输入框附近设置,提高了用户友好度。

第六,重组服务流程,便捷化用户服务。流通阅览方面,首先是在新馆布局中,将用户使用频率高、人员来往频繁的服务区域放在低楼层,使用频率低、人员来往少的资源和服务向高处布局。其次在文理分馆创建新书阅览区,加快新书借阅服务流程。再次还将文献传递服务并入流通阅览部门,使用户可以基于需求获取更为丰富、载体多样、范围广阔的信息资源。

在参考咨询方面,新的服务方式也不断涌现。咨询小组在文理分馆为用户直接提供导读、检索等咨询服务。对于新的数据平台资源,例如 Web of Science,很多师生在利用过程中常常遇到问题,图书馆设置了 SCI 科技专员以帮助用户解决问题。用户遇到技术难题不仅可以通过电话和网络上与图书馆技术人员沟通,必要时还可以得到上门服务。

4.1.2.2　围绕教学科研重组的业务流程

武汉大学图书馆的业务流程重组积极将馆际互借、文献复制和传递、手机服务、学科服务、定题服务、查新服务、用户教育等不断深化,并将其融入学校的教育教学和科研日常当中。整个业务流程重组的深化与推进,都以用户需求关切为核心。

(1)围绕学科本身重组服务

武汉大学图书馆针对本校教学科研所包含的六大学科,进行学科服务流程的重组。2001年图书馆建立了与学院对应的学科馆员制度。2008年图书馆将学科馆员制度改为学科工作组模式,依照社会学科、人文学科、理科学科、工学学科、信息学科和医学学科六个大学科(六大学科的分类基于校区分布和学校的学科设置现状)建立团队型服务架构。资源建设和信息服务的业务流程也相应地基于学科分类进行重组,具体的服务流程如下:

其一,基于学科划分采集师生信息需求。学科团队与对应院系建立沟通渠道,采集的信息不仅涵括该学科的教学科研前沿信息、实践动态,也包括师生对该学科信息需求的基本情况,书刊、数据库的采购也基于这些信息去操作。

其二,基于学科分类采集教学科研资源。学科馆员基于上述信息收集的结果进行需求分析,有选择地订购文献信息资源,这不仅指纸质图书和纸质期刊,也包括电子文献。学科团队还需负责将订购动态向师生用户传达,与师生用户合作对这些资源进行评价和进一步推荐。

其三,多样化渠道提供咨询。多样化渠道包括面对面、电子邮箱、QQ、微信、微博、网页表单和电话等渠道。

其四,专业信息服务。这包括教辅材料的查找和利用,科研课题的定题咨询、前沿情报获取和传达等。

最后,所有的大学科服务都由多部门协同工作完成。采访部、流通阅览部、参考咨询部等部门都参与服务流程。在资源建设方面,采购预算安排和采购标准由学科馆员和采访馆员共同制定。学科馆员在资源建设中起着收集需求信息、传递需求信息的作用,采访部则依据这些信息进行资源购置,参考咨询部则又基于采访部的采购信息提供检索、查新和培训服务。

现在,大学科服务又在接下来的业务重组中有了新的调整,大学科服务设置在参考咨询部,分馆的咨询部调整为学科服务部。调整后的流程主要如下:首先是负责文献资源建设,这包括本学科文献信息资源的选定、补缺、续订、剔旧等,需要馆员与相应院系师生直接联系,获取用户的文献信息资源需求并加以分析处理,馆员调查了解学科的文献出版发行情况,参与满足用户需求、适合本校、本学科情况的文献信息资源建设。此外,信息服务也由学科馆员负责。相应学科相关的试用资源有哪些,需要馆员做好调查、宣传和培训,也需要馆员主动提供咨询,并评估资源现状与用户需求之间的差异和差距,为本馆持续性地提供优质服务建立坚实的资源基础和服务质量。

（2）针对教学科研,推进服务嵌入

高校教学科研活动离不开图书馆的支撑服务,武汉大学图书馆力求将图书馆服务嵌入师生日常的教学科研学习中。

第一,教学方面,武汉大学图书馆力求根据教学需求采购教辅资料。教学资源准备是教学过程的重要一环,武汉大学工学分馆专门针对授课需求走访师生,以用户直接圈选推荐的方式改善教材教参的资源建设。武汉大学文理分馆的外教中心不仅引进外国教参,还对这些文献资源进行评价之后推送给授课教师参考,其2010年就曾编译《外国教材评介》77篇。

第二,参与院系学科建设。在武汉大学新闻与传播学院申报重点学科过程中,图书馆发挥了重要作用。学科馆员调查了其他大学相应学科的建设历史和现状,形成新闻传播学发展态势分析报告,为该院学科建设和未来发展提供了重要参考。此外,学科馆员还对中国人民大学和复旦大学图书馆的该学科资源建设情况进行调查统计和分析,对比本校本院系的文献信息资源,进行针对性、发展性的资源建设建议,补全纳新,为学科发展和重点学科申报提供了文献资源的稳固保障。

第三,在课程体系中增加信息素养模块。武汉大学图书馆经过针对院系师生的调查研究,与相关教育教学人员沟通,在院系课程体系中加入了信息素养内容,以1—2课时的讲座形式开展,每门课程的相关信息检索技巧和方法得到较好嵌入。

许多学院学科馆员都在课程嵌入方面做出了努力。例如服务于商学院的学科馆员为该院开展了专题讲座,专业化地传授教学中相关学术和前沿信息检索方法。生命科学学院的学科馆员基于与教师的沟通探讨,决定在"信息学"课程中纳入专门讲授图书馆信息资源利用的内容,这一举措广受学生的好评。医学学科馆员深入对口院系,例如HOPE护理学院、公共卫生学院等,面对面指导师生的资源利用,基于学院例会的相关反馈情况,还开展小范围专项培训。

图书馆每年还会开设5门公共选修课、4门通识课,以此提高本科生的资源利用能力。这些课程项目在推动学生快速掌握资源利用方法上发挥了重要作用。

此外,图书馆还积极开展教参专架服务,提高教学服务质量。2013年以来已经完成了医学部 10 个专业的教参专架建设①。

第四，将图书馆环境嵌入教育教学过程。武汉大学图书馆新馆设置了充足的研究间、讨论间等教育教学空间，师生均可自由利用，将传统的教室教学大大拓展了范围、空间和深度。

在用户教育方面，图书馆在馆内安排了每学期 30 场左右的"90 分钟专题讲座"，内容涵盖各学科、各形式的资源利用方法、原理和技巧，并将传统的以数据库利用为主的内容升级为以学科为中心的专题资源利用讲座，内容和形式的实用性和趣味性都有所提升。针对新入学的学生，图书馆不仅采用讲座形式，还采用宣传资料、入馆参观、茶会等多种方式对其进行信息素养教育，力求将图书馆的资源宝库系统性地嵌入学生未来的学习生活中。

第五，深度服务各学科的课题研究。以新闻与传播学院为例，学科馆员曾将该院系的科研项目和科研成果整合重组为专门的机构馆，使院系师生和学院领导可以直观地、系统地把握本院学术研究的现状和发展以及优势与不足。生命科学学院的学科馆员为该学科的课题申报提供专项服务，面向的对象包括教师和硕博研究生，内容既有科技查新，也有信息资源利用和管理的相关专题。"科技查新及课题自我查新方法""文献管理软件 Note Express 使用方法"等都是收效很好的代表性专题。

第六，深入服务学术论文发表。为了方便用户在科研活动中的投稿发表，图书馆建设了社会科学、人文科学和自然科学三个投稿指南数据库，校内师生可以用检索的方式寻找目标期刊和相关投稿信息。工学分馆通过计量分析，不仅提供期刊投稿信息，还提供包括影响因子信息及其更新，大大便利了师生用户的学术论文发表。

第七，将服务信息和渠道嵌入院系网站。为了进一步使服务靠近用户，图书馆积极与院系合作，将资源和图书馆服务信息嵌入院系官网。水电学院、工学分馆都推进了这项工作②。数据库、学科资源最新信息、期刊和图书信息、学科馆员信息等都在嵌入内容之列。

4.1.2.3 围绕机构改革的业务流程重组

为了实现一体化、一站式的用户中心服务体系，配合人事改革，图书馆在对用户需求和业务流程的深入研究基础上进行了数次机构改革，不断合

---

① 武汉大学图书馆召开本科教育改革大讨论教学研讨会［EB/OL］.［2015 – 07 – 09］. http://gzw. lib. whu. edu. cn/pe/Article/ShowArticle. asp？ ArticleID = 2019.

② 武大图书馆员生活［EB/OL］.［2015 – 07 – 09］. http://www. lib. whu. edu. cn/gysh/8. asp.

理化机构设置和结构安排(见图4-2)。

从图4-2可以分析出武汉大学图书馆机构改革的几项原则:

(1)用户中心原则。所有业务和部门设置及其工作都围绕用户展开,充分践行用户中心原则。采访部的采访工作基于用户的资源荐购和相关部门收集的用户信息反馈,信息服务中心直接为用户提供各学科资源服务,流通和阅览部门面向用户提供文献借阅服务。各分馆的学科服务部则是采访部等部门的重要信息来源,不仅提供大学科服务,还将用户信息需求向相关部门反馈,再加上专项服务中心或书库,均是用户服务的重要部门。整个业务流程体系都基于用户中心整合,深度合作。

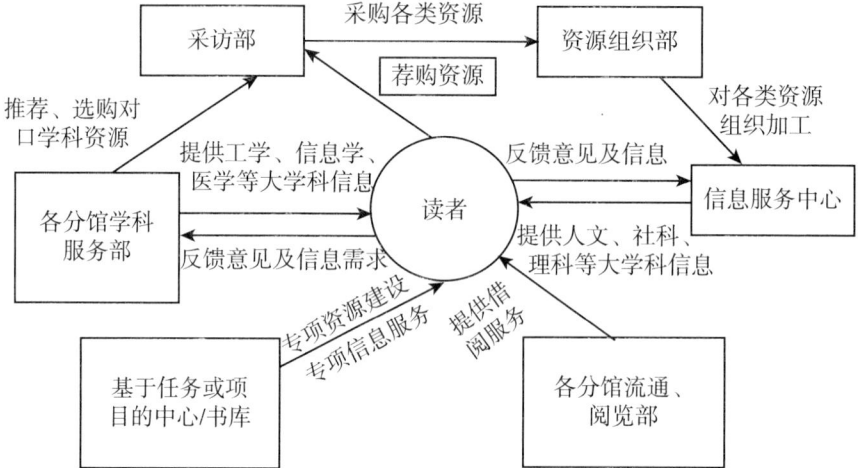

图4-2 武汉大学图书馆依托机构改革的业务流程重组

资料来源:作者绘制。

(2)业务整合原则。将采访工作的不同流程,包括纸本资源、电子资源和网络资源等,全部整合进入采访部;所有资源的加工组织流程并入资源组织部;用户信息服务则由信息服务中心和各分馆的流通阅览部、学科服务部以不同层次的系统性合作完成;等等。这样的重组提高了流程效率,达到了业务流程重组要求,更好地服务了师生用户。

(3)扁平化原则。尽量减少机构层级设置,以求信息传递和管理上的高效化。以这样的原则去设置机构架构,也常常能使用户服务实现时间的节约和效率的提升。

4.1.3 业务流程重组后的成效分析

总体来说,武汉大学图书馆积极跟随时代变迁和外部环境变化进行业务改革,以用户需求为中心进行业务流程重组,多年以来取得了显著成效。该馆不断创新业务职能,通过业务外包、业务整合和业务重组创造了更高效更便捷的用户服务体系,其外包的业务包括物业、网络、文献资源加工等,文献采编和加工流程也以重组的方式得到了优化,知识内容在业务流程中扮演着愈发重要的角色。整体性的、一站化的、用户友好的业务流程已较好地建立起来,并不断在业务创新中得到改进。其总体成效可以从以下几个方面得以体现。

4.1.3.1 线下业务逐渐减少

根据借还数据来看(见表4-1),各分馆借还书量逐年下降,这是图书馆业务向数字化、网络化方向改革的结果。相似的,各分馆阅览座位的利用率也呈现下降趋势(见图4-3)。这些数据的背后是图书馆多年来基于用户需求的发展、外部环境的变化不断推进业务流程重组的结果。通过业务流程重组,网络化、数字化图书馆服务不断深入师生学习生活。使用数字化的文献资源已经成为师生资源利用的常态,用户与馆员和图书馆资源之间的线上沟通和信息交互也已经重塑了图书馆用户服务流程。

表4-1 武汉大学图书馆各分馆2002—2011年借还书量(单位:册)

分馆	时间									
	2002 年	2003 年	2004 年	2005 年	2006 年	2007 年	2008 年	2009 年	2010 年	2011 年
文理分馆	1 285 102	1 438 826	1 594 778	1 626 400	1 543 049	1 577 635	1 213 113	998 399	961 815	773 195
工学分馆	670 683	607 738	547 025	490 236	461 305	498 569	390 999	343 097	386 818	386 924
信息分馆	682 235	514 767	505 804	469 932	514 714	550 387	510 901	434 104	458 299	435 697
医学分馆	171 146	280 175	265 143	220 013	193 320	212 419	165 234	132 634	149 166	150 062

资料来源:肖仁青.武汉大学图书馆十年用户服务工作回顾[EB/OL].[2015-06-10]. http://202.114.65.57/pe/Article/UploadFiles/201207/2012071619094972.ppt.

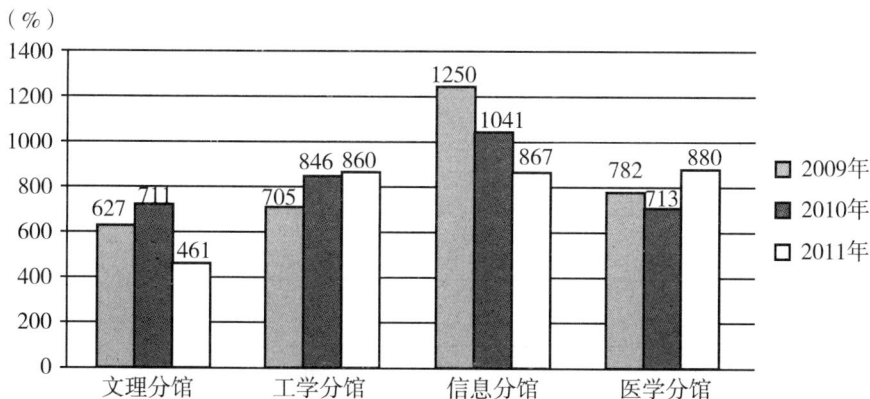

图4-3 武汉大学图书馆各分馆2009—2011年阅览座位利用率

资料来源:肖仁青.武汉大学图书馆十年用户服务工作回顾[EB/OL].[2015-06-10]. http://202.114.65.57/pe/Article/UploadFiles/201207/2012071619094972.ppt.

4.1.3.2 新的 OPAC 检索系统带来了用户服务的大发展

新的馆藏目录检索系统由艾利贝斯公司建设完成,2009 年 1 月投入使用。从图 4-4 可以看出,2009 年的馆藏书目检索系统的访问量相比于 2008 年出现了极大的增长,表明该系统受到了用户的广泛欢迎,在 2009 年之后,访问量虽有下降,但保持了高态势,表明检索系统持续为师生提供优质的服务。图 4-5 是 2009、2010 年的 OPAC 访问量月度折线图,可见除去暑期之外,OPAC 从上线开始,一直都受到用户的高度青睐。上文已述,新的 OPAC 对资源服务进行了重组整合,功能更强、便捷性更高,获得使用数据上的飞跃,反映了新 OPAC 为图书馆服务变革注入的强劲推动力。

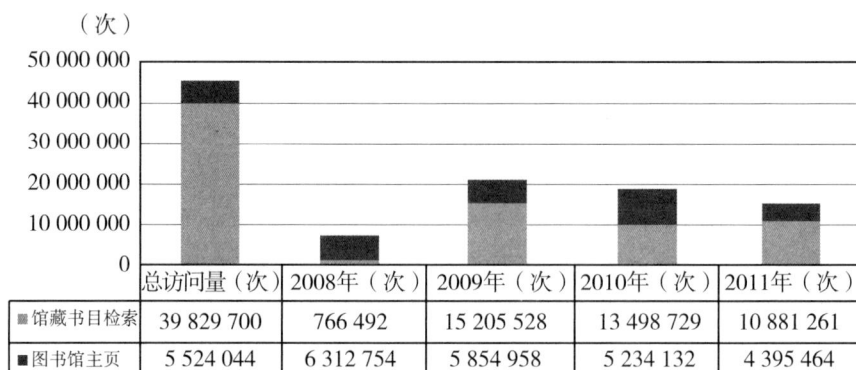

	总访问量(次)	2008年(次)	2009年(次)	2010年(次)	2011年(次)
馆藏书目检索	39 829 700	766 492	15 205 528	13 498 729	10 881 261
图书馆主页	5 524 044	6 312 754	5 854 958	5 234 132	4 395 464

图 4-4 武汉大学图书馆主页及 OPAC 访问量统计分析

资料来源:肖仁青. 武汉大学图书馆十年用户服务工作回顾[EB/OL]. [2015-06-10]. http://202.114.65.57/pe/Article/UploadFiles/201207/2012071619094972.ppt.

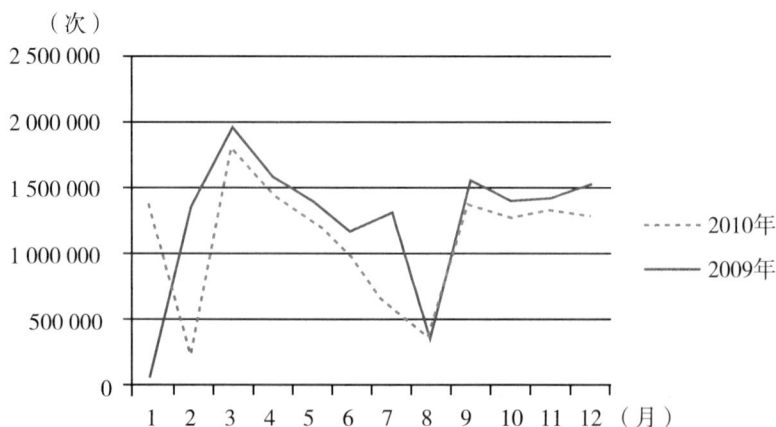

图 4-5 武汉大学图书馆 2009、2010 年 OPAC 访问量统计分析

资料来源:肖仁青. 武汉大学图书馆十年用户服务工作回顾[EB/OL]. [2015-06-10]. http://202.114.65.57/pe/Article/UploadFiles/201207/2012071619094972.ppt.

4.1.3.3　服务数字化、网络化取得明显成效

在武汉大学图书馆的业务流程重组中,以知识为中心重组文献资源服务流程是重要的方面。原本以纸本文献为主的服务流程发展为以知识本身为中心的、将纸本和数字资源形式打通的资源服务流程。从图4-4可以看到,图书馆主页访问量也一直保持较高的访问量,反映了图书馆资源建设与信息服务在数字化、移动化方面取得的显著成效。

4.2　HathiTrust 项目业务流程重组实证分析

4.2.1　实证项目选取缘由

高校图书馆通过协作、合作、共享的方式搭建资源共建共享平台,这一直是机构知识存储与馆际交流的重要方式,HathiTrust 项目就是在这样的宗旨下诞生的。2008 年开始,来自美国的十余所大型高校携手共建了HathiTrust,这些高校包括弗吉尼亚大学、由 10 所分校构成的加利福尼亚大学系统以及由芝加哥大学、印第安纳大学、伊利诺伊大学、伊利诺伊大学芝加哥分校、艾奥瓦大学、密歇根大学、密歇根州立大学、明尼苏达大学、西北大学、俄亥俄州立大学、宾夕法尼亚州立大学、普渡大学、威斯康星大学麦迪逊分校等构成的高校联盟委员会(The Committee on Institutional Coopera-tion,简称 CIC)[①],后来发展到包括美国、加拿大以及欧洲一些国家的 100多家成员馆。通过 HathiTrust 项目,高校之间互相分享独特的学术资源、课程项目、专家讲座、课题合作等,为校内师生提供了拓展的资源获取渠道,更高效地完成了教学科研任务。

HathiTrust 项目的命名也有着特别的意义,象征着高校图书馆之间彼此信任、彼此联通、形成含金量与共享度极高的机构知识集群,其中 Hathi意味着像大象一样具有庞大的知识与能量,Trust 则意味着信任与可靠[②]。该项目的成员资格对全球机构开放,这些机构都是世界范围内极负盛名的高校图书馆,所提供的资源、服务与举措在国际上广受赞誉,为校内外师生

---

① 　Our Partnership[EB/OL].[2017 - 06 - 28].HathiTrusttp://www. hathitrust. org/partner-ship.

② 　Help-Gencral[EB/OL].[2017 - 06 - 28].HathiTrusttp://www. hathitrust. org/help_general.

的教学与科研任务提供支撑性服务。HathiTrust项目已经取得了一定成效和广泛关注，该项目在许多重大国际会议、研讨、讲座中获得推广[1]，作为国际数字图书馆联盟协作共享的典型案例，本书以该项目作为实践样本进行重点剖析，从实践角度阐述图书馆业务流程重组的具体措施。

4.2.2 业务流程重组内容

（1）整合文献资源统一保存业务流程

HathiTrust项目在对不同图书馆的资源进行处理时，除了将各自馆藏数字化，还特别重视版权信息的部分，对图书馆拥有的图书、期刊、电子资源等进行统一标注与保存，同时收集来自互联网的公开资源，力求建立公开范围广、利用程度高、资源收集全的存储库，通过重新整合各种来源的资源形成统一保存的业务流程，合作处理存储库集成的信息[2]。进一步探究发现，存储库中的资源主要通过以下两个途径获得：

第一，项目成员馆的现有数字馆藏。由于HathiTrust项目的性质与宗旨，需要各成员馆彼此共享优质资源和专家，打破信息孤岛，联合提供资源与服务。HathiTrust项目对成员馆现有数字馆藏的整合得到执行主席约翰·威尔金（John Wilkin）的认可[3]，曾任麻省理工学院图书馆馆长的安·沃尔珀特（Ann Wolpert）对该项目高度评价，认为通过世界知名高校图书馆的鼎力合作，能够更有效地发挥资源的力量，更好地满足图书馆用户的各项需求[4]。值得一提的是，HathiTrust项目在整体上降低了纸质资源的流通和印刷成本，跳出馆际互借的桎梏，主张将各个高校图书馆的特色馆藏统一标注，经过电子化处理后提供给各校师生用户使用。

第二，高校图书馆机构联盟委员会与谷歌公司达成合作协议，CIC和加利福尼亚大学系统通过参与 Google Book Search 计划，让 Google Book Search 计划为 CIC 和加利福尼亚大学系统数字化扫描纸质馆藏。协议

① HathiTrusttp[EB/OL].[2017－06－28].http://libseeker.bokee.com/viewdiary.58543665. HathiTrustml.

② Our Partnership[EB/OL].[2017－06－28].HathiTrusttp://www.hathitrust.org/partnership.

③ Allegheny College joins HathiTrust in Digital Library Initiative to preserve and provide access [EB/OL].[2017－06－28].https://sites.allegheny.edu/news/2013/08/30/allegheny-college-joins-hathitrust-in-digital-library-initiative-to-preserve-and-provide-access/.

④ Digital library partnership gives MIT access to additional online resources[EB/OL].[2017－06－28].HathiTrusttp://02.120.96.123/news/2011-06-15/qb11061566.HathiTrustm.

规定,谷歌扫描的每一本书籍都将同时把电子版和纸质版反馈给图书馆机构联盟委员会,HathiTrust 进而也可以拥有这些电子书籍的保存版。HathiTrust 刚建立时的 200 多万册资源就来自这种方式①。HathiTrust 大约一半内容是以参与 Google Book Search 计划的会员藏书为基础的②。

（2）重组信息保存与服务两条业务流程

HathiTrust 项目不仅是对数字资源的简单保存,而且是一个非常有效的访问渠道,以数字化的方式不断更迭新的资源③,将人类知识更好的传承与记录,通过拓展更便捷的多种检索路径,对用户个性化需求分层解决,更有针对性地对资源进行整合④,更贴合数字环境的生存法则,完成图书馆的历史使命与现实意义。

该项目所提供的主要群体是教师、学生等高校图书馆用户,对于开放获取的资源则同时面向社会提供使用,提供的主要服务包括个性化关键词检索、科研辅助以及资源访问路径。项目提供的数字资源除了扫描得到的途径,还包含了原本就以电子形式存储的各图书馆特色馆藏,例如通过出版和允许用户获得孤儿作品将图书馆资源转化为数字共享的形式,以科研为目标来浏览这些书籍,为高校师生的教学和科研提供良好的支持。

（3）重组建立统一的检索界面

OCLC 与 HathiTrust 合作,允许后者将前者的全文索引整合到前者中去,使 OCLC 成员图书馆和用户可以通过 WorldCat 检索该项目所拥有的资源,通过这种合作形式,重组统一的检索界面,避免用户多次跳转重复检索。WorldCat 在 2011 年已经开通了本地用户使用的新接口,以方便HathiTrust 数字图书馆的资源搜索,通过创建描述内容和馆藏链接的WorldCat 记录,提高数字馆藏的可视性和易用性⑤。

---

① University information technology service［EB/OL］.［2017－06－28］. http://uits. iu. edu/page/awac.

② HathiTrust and the Google deal.［EB/OL］.［2017－06－28］. HathiTrusttp://a62113. s11. to-net. cn/news. php? new_id=2571.

③ HathiTrust. HathiTrust advances its mission and goals through services and programs［EB/OL］.［2017－06－28］. HathiTrusttp://www. hathitrust. org/mission_goals.

④ HathiTrust and OCLC to work together to enhance discovery of digital collections［EB/OL］.［2017－06－28］. HathiTrusttp://www. oclc. org/us/cn/news/releases/20097. HathiTrustm.

⑤ OCLC 服务将增加 HathiTrust 全文索引功能,以方便检索 HathiTrust 这一重要馆藏的内容［EB/OL］.［2017－06－28］. https://cdm15003. contentdm. oclc. org/digital/collection/p15003coll6/id/3070.

（4）重组建立用户参与的流程

HathiTrust 创建了一个资源生成器应用程序，允许用户创建私人链接。它使用 Shibboleth 认证图书馆用户的身份，并允许这些用户通过密歇根大学的"友好"系统创建和维护自己拥有的私人珍藏①，并自主选择是否公开共享。

工作小组同步研发 HathiTrust 研究中心，该小组的成员分别来自加利福尼亚大学欧文分校、密西根大学、印第安纳大学等的不同职能部门，这是一种跨校合作。最后，HathiTrust 负责总控，允许用户进行资源的计算和分析。在这些工作的前提下，2010 年 1 月该项目提出了建立和维护 HathiTrust 研究中心的倡议②。

除此之外，HathiTrust 还创建了一个由参与该计划的大学教师、学生、普通用户和其他人员组成的代表团，他们既是 HathiTrust 的用户，又能给 HathiTrust 提出意见建议，参与流程的运转。

4.2.3 机构重组的新要求

（1）建立统一的管理机构

HathiTrust 项目建立管理委员会和执行委员会，前者的 12 名成员中有 6 名通过选举的方式产生，另外 6 名由资助机构直接委派③；后者与战略咨询委员会进行协商处理各项事宜。整个业务工作由这个委员会统一负责。

（2）成立专门工作组

HathiTrust 创建了许多委员会和工作组，其中部分是长期委员会，部分是临时委员会。总而言之，在有些临时项目需联合攻关时，则由执行主任与委员会合作安排这些临时委员会的成员们；而带有战略性、方向性、创新性的项目，则由战略咨询委员会来布置。协同开发环境工作组需要支撑 HathiTrust 使用工具和应用程序，以满足不同高校的特定需求，最大限度地增强自身存储性能与展示能力④。

4.2.4 业务流程重组成效

美国著名的非营利性组织 Ithaka S + R 科研支持服务项目组（Research

① HathiTrust. HathiTrust advances its mission and goals through services and programs[EB/OL]. [2017 – 06 – 28]. HathiTrusttp：//www. hathitrust. org/mission_goals.

②④ HathiTrust. Working groups and committees[EB/OL]. [2017 – 06 – 28]. HathiTrusttp：// www. hathitrust. org/working_groups.

③ Governance[EB/OL]. [2017 – 06 – 28]. HathiTrusttp：//www. hathitrust. org/governance.

Support Services Program,简称 RSS)开展调研,对于 HathiTrust 项目实施以来的成效进行访问与量化研究[①]。调研对象包括参与该项目的图书馆,也包括了并未参与该项目的高校图书馆,主要进行态度对比与需求调研。Ithaka S + R 科研支持服务项目组主要采取网络调研与邮件调研的方法,共向 52 所机构发放调查表,得到 46 所机构的积极回应,应答率较高,另外收到各高校图书馆馆员对该项目提出的建议。

(1)成员馆的认可

开展调查期间,参与 HathiTrust 项目的高校图书馆对该项目表示高度认可,项目开展情况十分满意,认为该项目对馆藏资源的保存与利用使资源最大限度发挥应有的效果,也一定程度上反对了谷歌公司对部分资源的独占。Ithaka S + R 调查采用的量表是 1—10 打分制,从 1—10 代表了从低到高的认可程度,这是图书馆馆员对 HathiTrust 项目功能目标的满意度评价。通过这种方式,分析得到的结果发现,HathiTrust 项目的满意度基本接近中位数 5,得到 4.74 的分数。

(2)图书馆用户的认可

表 4 - 2 具体呈现了图书馆用户对 HathiTrust 项目的认知,不同用户对其理解和界定有所差异,有些用户认为它是数字资源的保存平台,有些用户则认为它是一种资源检索途径。同样采用 1—10 的分段标识不同的认知,从 1—10 意味着资源保存到资源检索的功能过渡。结果显示,更多的用户选择了中间值,这也表明 HathiTrust 项目同时在保存和检索两大功能中取得了不错的成绩。

表 4 - 2　HathiTrust 的保存与检索平台接受度调查

分值段	得分
1—2	1
3—4	8
5—6	26
7—8	7
9—10	4
总得分	46

① Ithaka S + R. Briefing paper on progress and opportunities for HathiTrust[EB/OL]. [2016 - 06 - 22]. http://www.hathitrust.org/documents/hathitrust-3year-review-2011.pdf.

续表

分值段	得分
平均得分	5.52
中位值	5

资料来源:Ithaka S + R. Briefing paper on progress and opportunities for HathiTrust［EB/OL］. ［2015 - 06 - 10］. http://www. hathitrust. org/documents/hathitrust-3year-review-2011. pdf.

（3）更多图书馆部门的加入申请

Ithaka S + R 在调查中除了对加入 HathiTrust 项目的图书馆部门进行调查,同时也对未加入的图书馆和部门进行了调查。表 4 - 3 显示图书馆部门愿意加入 HathiTrust 项目的意愿人数,其中图书馆馆长对该项目表现了最大的兴趣,其次是采访部和信息技术部,各部门都有意愿或者准备申请加入 HathiTrust 项目,由项目组对其馆藏资源进行保存与管理。调查结果显示图书馆对于该项目的认可与反馈较高。

表 4 - 3　最积极要求加入 HathiTrust 的部门(人员)

部门	数量
档案部	2
采访部	27
馆长	41
信息技术部	24
办公室	1
文献存储部	10
技术服务部	6
其他部	6

资料来源:Ithaka S + R. Briefing paper on progress and opportunities for HathiTrust［EB/OL］. ［2016 - 06 - 22］. http://www. hathitrust. org/documents/hathitrust-3year-review-2011. pdf.

表 4 - 4　被调查馆对于 HathiTrust 的态度

	对 HathiTrust 集中密歇根大学图书馆员工响应用户需求表示满意	对 HathiTrust 通过中心职员和成员馆馆员分工体制表示满意	对 HathiTrust 充分信任因为高校图书馆具有创新精神	如果 HathiTrust 包含非图书馆机构的代表就对其丧失信任
1—2	0	0	0	2
3—4	0	0	1	9

续表

	对 HathiTrust 集中密歇根大学图书馆员工响应应用户需求表示满意	对 HathiTrust 通过中心职员和成员馆馆员分工体制表示满意	对 HathiTrust 充分信任因为高校图书馆具有创新精神	如果 HathiTrust 包含非图书馆机构的代表就对其丧失信任
5—6	5	14	6	10
7—8	21	11	21	17
9—10	18	16	18	7
总得分	44	41	46	45
平均得分	8.09	7.54	7.93	6.27
中位值	8	8	8	7

资料来源:Ithaka S + R. Briefing paper on progress and opportunities for HathiTrust [EB/OL]. [2016 - 06 - 22]. http://www.hathitrust.org/documents/hathitrust-3year-review-2011.pdf.

综上,在业务流程重组前,每所成员馆的馆藏文献和信息服务都只针对各自的用户群体,不提供外校访问。HathiTrust 项目的重组,沟通了不同高校图书馆的用户,实现了资源整合,共享利用①,并对业务流程进行重组。经过调查发现,图书馆馆员、用户都对该项目给予高度评价与认可,未加入的高校图书馆部门也提出加入意愿,表明该项目的业务流程重组取得了预期效果。

4.3 斯坦福大学图书馆业务流程重组实证分析

4.3.1 实证馆选取的缘由

2012 年 6 月,斯坦福大学图书馆时任馆长迈克尔·A. 凯勒(Michael A. Kelle)在中国苏州举办的大学图书馆发展论坛和数字图书馆前沿问题高级研讨会上做了一个报告,报告提到高校图书馆与出版社合并,能让两

---

① 李书宁.美国主要图书馆联盟启动 HathiTrust 项目共享数字机构库资源[J]. 现代图书情报技术,2008(12):104.

个储备着丰富学术资源的"粮仓"式的机构彼此间互通有无[①]。其实,斯坦福大学图书馆与出版社早于 1999 年就已合并在一起了。

斯坦福大学图书馆合并了斯坦福大学出版社、HighWire 出版社、学术计算中心等,其全称为斯坦福大学图书馆和学术信息资源(SULAIR),这种机制整合了学术交流的上中游业务[②],有利于学术交流整合化的发展方向。

因此,本书选择这个具有典型代表性的图书馆作为样本进行实证分析。

4.3.2　业务流程重组内容

SULAIR 为了更好地开展重组,除了邀请专门开展重组的 Still Water 咨询公司入馆指导之外,还组建一个由技术服务图书管理员、财务人员和 IT 经理等组成的专业重组团队与前者配合开展工作。主要开展了以下重组工作:①对现有流程进行了从文献采访到信息服务的全部梳理;②考察了 SULAIR 的各个部门,包括技术人员、管理人员,了解其战略规划、制度文化,以便掌握要重组的目标、理念;③了解该馆的用户信息特别是其需求信息,通过接触师生群体,参观用户使用站点,收集他们对于图书馆的需求;④重组团队的最终报告认为,重组应侧重于在最灵活的地点开展工作,使用消除冗余业务和提高用户效率所需的技术和服务。

(1)基于学科服务重组各合并机构的流程

SULAIR 总的来说涵盖了学术生产机构、文献收藏与保存、利用机构、技术服务机构,相当于集成整合了全校的出版社、图书馆、计算中心部、人文数字信息服务部、社会科学数据与软件部等来提供学术信息与技术[③]。

SULAIR 在合并了这些机构之后,建立了一批学科分馆,然后将合并进来的各个机构的资源分门别类重组归入各个学科分馆,以大学科资源的形式为师生提供服务。重组后这样的学科分馆有 16 个,如以收藏社会科学、人文科学等为主的塞西尔格林学科分馆,还有教育学科分馆、音乐学科分馆、东亚研究分馆。同时,重组后还设计了 5 个协调图书馆(Coordinate Libraries),这是基于将专业极强的资源与研究分别整合到一起,如胡佛机构

---

①　KELLER M A. Linked data:the next frontier for discovery and navigation[EB/OL].[2017 – 07 – 27]. http://www. sal. edu. cn/2012/xcbd-Info. asp?id = 1970.

②　初景利,许平,钟永恒,等. 在变革的环境中寻求图书馆的创新变革——美国七大图书情报机构考察调研报告[J]. 图书情报工作,2011(1):10 – 16,69.

③　徐军华. 美国大型学术图书馆业务流程重组的实证分析[J]. 新世纪图书馆,2011(12):84 – 86.

文库与档案馆、罗伯特王冠法学图书馆、斯坦福直线加速器中心国家加速实验室图书馆,均因其研究的专深性、文献资源的专业性,故将其单列入这样的协调图书馆,便于少部分开展这方面研究的人员开展他们的研究。

而且,SULAIR 不但在实体图书馆开展学科资源与服务的重组,在网上也有重组的创新之举。同样也将数字化的各类资源以学科为基准分类整合进入学科专业分馆的网站中,整合了数字化的学科资源与服务,如无机化学学科专业分馆网站上整合了该学科的纸质馆藏线索信息、学科出版物、学科数据库、图书馆学科服务等。

(2)基于支持教学科研重组学术交流一体化流程

首先,专门开辟课程储存项目等为教学提供支撑服务,并将这些业务细分为浏览、续借与更新服务、复印服务、打印服务、馆际互借服务、为残疾人服务、为参观者服务,这样的处理较大地方便了用户,做到了以用户为中心的原则。

为深化学校研究人员提供服务,SULAIR 根据主题将专家名单列出,设定立即启动学习指南。重组在线目录成"目录和搜索工具"。根据用户搜索的各种内容,可以分成多种板块,如搜索、查找工作、苏格拉底目录(Socrates Catalog)等。苏格拉底目录模块搜索等高级搜索允许用户选择搜索是在斯坦福大学图书馆进行,还是在具体的某一个或几个学科专业分馆进行,因为后一种行为能大大提高检索的精准性。斯坦福大学工程图书馆结合其自身服务于理工科的特点,宣布它将创建纯数字化的图书馆来为用户提供快捷服务。从图4-6也可看出,其纸质文献下降得很明显,而另一方面,数字馆藏上升的比例也很明显。

SULAIR 还基于其网站为教师和学生的网络化存储课程服务。此外,SULAIR 通过设置4个二级收集点集中存储低流通率的书籍,为教师和学生之间的学术讨论和协作提供空间,分别有个人、小组的不同空间。

其次,它还整合了学术生产业务。SULAIR 除了合并了斯坦福大学出版社参与其学术出版业务之外,电子期刊 High Wire 出版社也被其合并,合并之后,两者共同制作学术信息。High Wire 出版社可借助图书馆信息搜集的强大功能,获得研究者们的学生信息需求,而 SULAIR 也可利用跨数据库搜索系统 X-Search 搜索 High Wire 出版社的信息为师生用户使用。

它还整合了学术生产与学术利用两条业务流程。大学里的研究者既是学术文献的生产者,又是利用者,在 SULAIR 合并了出版社和图书馆之后,正好打通了这两条流程的通道:它能为斯坦福大学的教师等研究者提供从论文撰写指导、出版政策解读到论文规范化处理、论文投稿指导、资源服务等一整套服务。

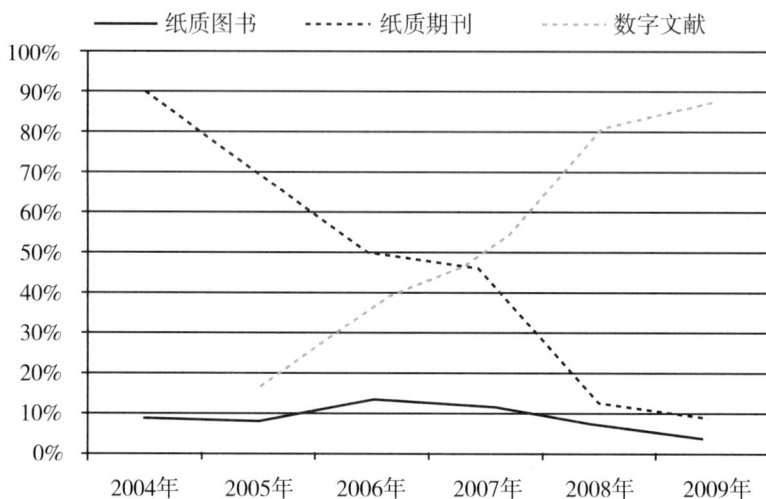

图 4 – 6　斯坦福大学图书馆和学术信息资源(SULAIR)工程分馆馆藏经费比例

资料来源:薛慧彬,秦津昌.分报告四:斯坦福大学图书馆考察报告[J].数学图书馆论坛,2011(1):31 – 44.

(3)基于提供便捷的技术支撑服务重组相关流程

第一,SULAIR 与学术计算系统合并后,正好可借助后者的信息技术优势,将自身原有的技术设备与力量跟后者进行整合,为全校师生提供重组了的技术支撑服务。图书馆如配备这种服务,则到处可见随手能用的各种技术设施设备如笔记本、打印复印机、扫描仪、iPad 等移动设备。还有一种形式即利用学术计算系统的技术力量,在图书馆里打造专门的数字化空间,整合两者的优势力量,为师生用户的数字化需求提供技术性、专深度的支撑服务。

第二,SULAIR 与学术计算系统、学术计算部等合并后,重组新的信息技术部门来管理所有的技术支撑服务。通过将合并后的技术力量重组,建立新的能支撑全校性的学术生产、学术作品流通、保存、检索、利用等的技术支撑流程服务。通过将图书馆与合并后的学术计算部重组,统一为学校的数字化课程管理系统提供技术咨询服务。

4.3.3　业务流程重组成效

SULAIR 的业务流程重组,通过重组整合所有合并机构的资源、设备、空间及服务,大大提高了效率,改善了服务,师生评价较高,效果明显。

(1)更好地支持学校的教学和研究

SULAIR 通过重组,将非核心业务外包给公司,这样既节省了图书馆的时间成本,让其能腾出更多的时间在师生的教学科研方面提供服务,同时也因外包公司在采访、编目、新书上架方面效率更高,大大缩短了新书从订购到上架的时间。同时,通过重组学科化的数字资源,基于学科整合来自各个不同机构的不同资源,再经过学科馆员深度挖掘、建立知识链接式的服务,极大方便师生用户的信息获取。图书馆与出版社合并后,两者的力量都得到增强,具体说来,即后者可通过前者获得作者、读者等学术出版信息以及文献续期信息,而图书馆更是在与出版社合并后,通过将校内的讲座数字化、图书馆员担任学科编辑等角色,增强其学术资源生产者的角色。而这样能为师生提供更多的学术资源,且让他们更便捷地获得这些资源。

(2)用户满意度高

SULAIR 通过业务流程重组之后,到底用户对此有何评价,满意度高与否,安东尼·M.安吉丽塔(Anthony M. Angiletta)等人通过对 17 295 名斯坦福大学的教师、本科生、研究生等的调研,获得了他们对此的评价信息①。

关于 17 295 名师生对 SULAIR 的馆藏资源的满意度,我们可从图4 - 7到图 4 - 9 观察得出,从中可以反映出师生对多机构合并的 SULAIR 在重

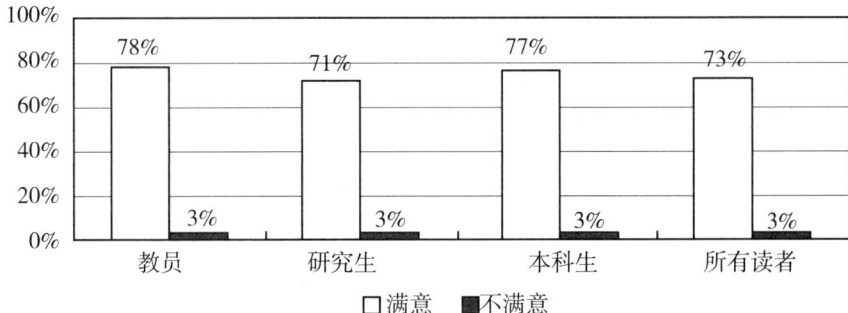

图 4 - 7 SULAIR 馆藏满意度调查

资料来源:ANGILETTA A M,BOURG C,NAKAO R. Report on results of library use and user satisfaction survey at Stanford[EB/OL].[2015 - 07 - 27]. http://www-sul. stanford. edu/about_sulair/survey/Web_version_Survey_April2004. ppt.

---

① ANGILETTA A M,BOURG C,NAKAO R. Report on results of library use and user satisfaction survey at Stanford[EB/OL].[2015 - 07 - 27]. http://www-sul. stanford. edu/about_sulair/survey/Web_version_Survey_April2004. ppt.

组各建设合并机构资源后的效果。从图4-7可以看出,约70%的师生对
SULAIR的纸质馆藏表示满意,总体评价较高。而图4-8体现的则是师生
对 SULAIR 在线资源的评价,总体评价非常高,因为91%的师生认为其非
常重要和比较重要。单就教师而言(见图4-9),他们中的89%、96%分别
表达了对 SULAIR 纸质和在线资源的认可度,而被问到非 SULAIR 的资源
是否也很重要时,却只有34%的教师回答了"是",这更进一步说明了 SU-
LAIR 的各类资源广受用户好评。

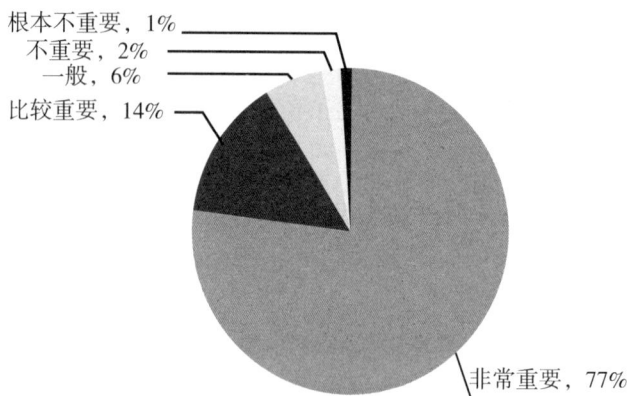

图4-8 SULAIR 在线资源的重要性调查

资料来源:ANGILETTA A M,BOURG C,NAKAO R. Report on results of library use and user
satisfaction survey at Stanford[EB/OL].[2015-07-27]. http://www-sul. stanford. edu/about_sulair/
survey/Web_version_Survey_April2004. ppt.

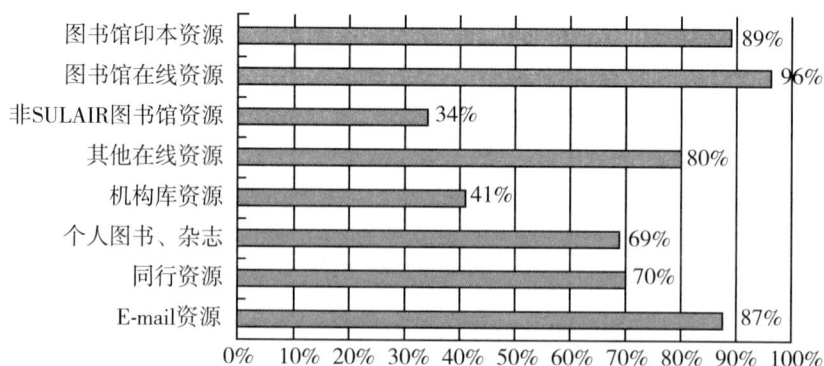

图4-9 SULAIR 资源对于教员的重要性调查

资料来源:ANGILETTA A M,BOURG C,NAKAO R. Report on results of library use and user satis-
faction survey at Stanford[EB/OL].[2015-07-27]. http://www-sul. stanford. edu/about_sulair/sur-
vey/Web_version_Survey_April2004. ppt.

注:图中的比例表示重要或非常重要。

而关于 SULAIR 重组服务后师生对此的满意度则可从图 4 - 10 到图 4 - 12 看出。图 4 - 10 显示,68% 的师生每周至少访问 SULAIR 的 OPAC 达一次以上,说明新版的 Search Work 系统基于原有的苏格拉氏目录重组改革后,受到了师生的青睐。图 4 - 11 和图 4 - 12 反映的是师生对 SU-LAIR 的总体评价及满意度,可以看出师生无论是对 SULAIR 总体服务,还是对馆员群体,都给出了较高的满意度,说明 SULAIR 基于合并机构的业务流程重组成效较明显。

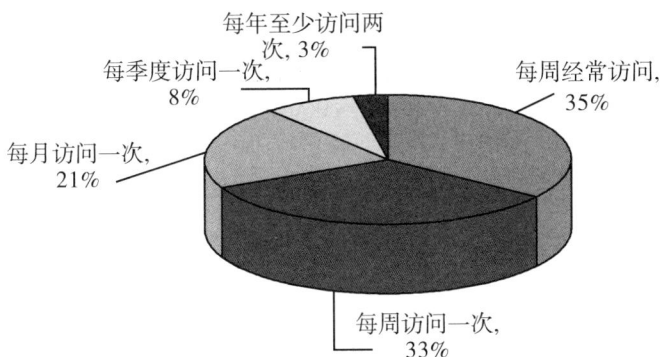

图 4 - 10　SULAIR 用户访问 OPAC 的频率

资料来源:ANGILETTA A M,BOURG C,NAKAO R. Report on results of library use and user satisfaction survey at Stanford[EB/OL].[2015 - 07 - 27]. http://www-sul. stanford. edu/about_sulair/ survey/Web_version_Survey_April2004. ppt.

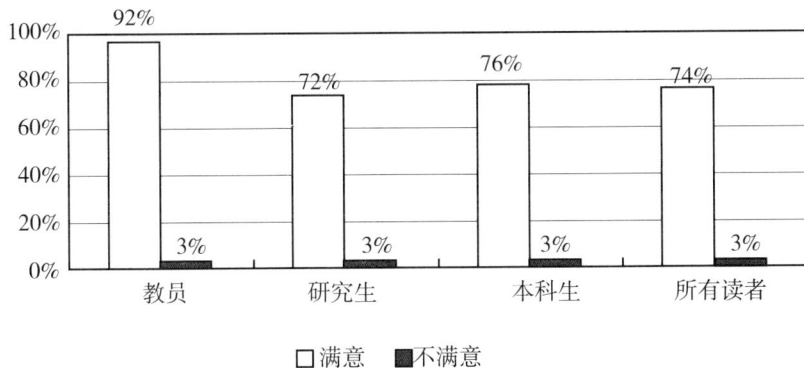

□ 满意　■ 不满意

图 4 - 11　用户对 SULAIR 馆员满意度调查

资料来源:ANGILETTA A M,BOURG C,NAKAO R. Report on results of library use and user satisfaction survey at Stanford[EB/OL].[2015 - 07 - 27]. http://www-sul. stanford. edu/about_sulair/ survey/Web_version_Survey_April2004. ppt.

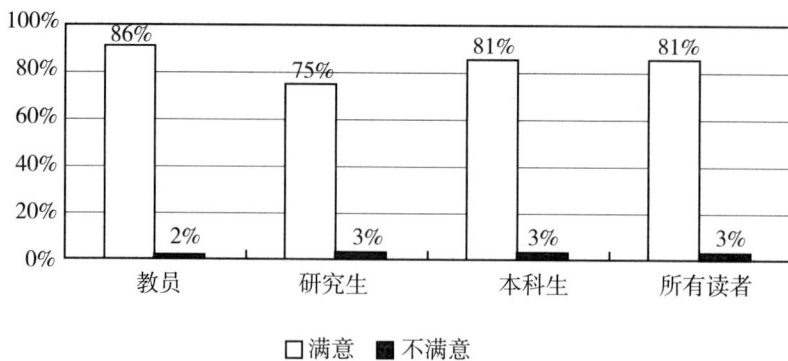

图 4 - 12　SULAIR 服务满意度调查

资料来源：ANGILETTA A M，BOURG C，NAKAO R. Report on results of library use and user satisfaction survey at Stanford［EB/OL］．［2015 - 07 - 27］．http：//www-sul. stanford. edu/about_sulair/ survey/Web_version_Survey_April2004. ppt.

5 基于职能拓展的高校图书馆业务流程重组优化模式

随着数字信息社会的到来和各种信息技术被应用到高校图书馆,其职能得以拓展,工作重心发生转移,因此,本书提出的第一种模式主要基于武汉大学图书馆业务流程重组的实证分析,探讨高校图书馆内部职能拓展后的业务流程重组优化模式。

5.1 特点

5.1.1 着眼高校图书馆内部的业务流程重组

如今,图书馆进入了新的发展时代。伴随着信息的产出和应用、网络时代的兴起与普及、数字环境的驱动等,图书馆迎来了机遇与挑战。英国国家图书馆在其 2008—2011 年发展战略中指出:由于不断变化的环境及技术的影响,研究人员的学术资源主体由利用图书馆转变为利用快速便捷的网络①。该馆在《应对知识增长:英国国家图书馆 2015—2023 战略》中指出,目前大数据时代为我们提供种类繁多、数据量大的资源,我们可以足不出户地在线进行阅览和访问出版物和学术信息②。《国际图联战略规划 2010—2015》也提到:为了适应网络化和数字化的影响,图书馆的作用和地位也随之改变③。《国际图联趋势报告 2018》也提出:在

---

① The British Library. The British Library's strategy 2008 – 2011 [EB/OL]. [2017 – 07 – 06]. http://www. bl. uk/abouts/stratpolprog/strategy0811/strategy2008-2011. pdf.

② 不断生长的知识:不列颠图书馆 2015—2023 战略[N]. 曲蕴,马春,编译. 新华书目报,2015 – 03 – 20(A07).

③ IFLA. IFLA strategic plan 2010 – 2015 [EB/OL]. [2017 – 08 – 20]. http://www. ifla. org/files/hq/gb/strategic-plan/2010-2015. pdf.

全社会向数字化转型过程中,图书馆的资源建设与服务等活动备受质疑①。本章探讨的模式主要针对高校图书馆内部新增职能、旧职能的拓展带来的业务流程重组。

5.1.2 侧重于新旧职能之间的业务流程重组

高校图书馆需要通过拓展新职能以应对新的信息环境和技术带来的巨大影响力。Web 2.0 工具(包括标签)和"革命性技术产品"智能手机等要求图书馆开展新业务,允许用户参与图书馆资源的产出和利用的流程。图书馆的宗旨是为读者服务,故图书馆需要提供移动信息服务以满足读者需求。ACRL 和 ALA 于 2010 年 1 月 12 日向美国白宫科技政策办公室提交了评论,呼吁公众更多地接触联邦科技机构资助的研究②。美国博物馆和图书馆协会(Institute of Museum and Library Services,简称 IMLS)创建了网站"博物馆、图书馆和 21 世纪技能"(Museums,Libraries and 21st Century Skills),该网站展示了快速在线评估图书馆和博物馆为公众开发 21 世纪技能的准备情况,并向图书馆员、博物馆工作人员和决策者提供报告结果和 PDF 格式的深入评估矩阵,让他们可以下载使用③。一些高校图书馆还扩大业务,帮助学生完善他们的论文观点或通过文献传递等方式寻找学术资源④。本章主要研究数字环境下高校图书馆三大职能拓展后对原有业务流程的影响,及其如何基于新旧交叉的两种职能开展高校图书馆内部的业务流程重组。

5.1.3 限定在旧职能拓展后的业务流程重组

该模式主要研究和探讨了高校图书馆拓展的新职能及其带来的业务流程重组。因此,高校图书馆的旧职能和新职能是该模式研究的两个主要

① IFLA. IFLA trend report 2018 [EB/OL]. [2019 – 05 – 28]. https://trends. ifla. org/files/trends/assets/documents/ifla_trend_report_2018. pdf.
② ACRL. ACRL and ALA call for increased public access to federally funded research[EB/OL]. [2017 – 06 – 26]. http://www. ala. org/ala/newspresscenter/news/pressreleases2010/january2010/publicaccess_wo. cfm.
③ IMLS. IMLS 倡导图书馆服务要适应 21 世纪终身学习需求[EB/OL]. [2017 – 06 – 26]. http://www. chinalibs. net2009-8-31http://59. 172. 208. 23:8080/rewriter/E_TUQING/http/vvv9bghm-khar9mds/ArtInfo. aspx? titleid = 145241.
④ HEAD A J,EISENBERG M B. Finding context:what today's college students say about conducting research in the digital age[EB/OL]. [2017 – 06 – 26]. http://www. projectinfolit. org/pdfs/PIL_Progress Report_2_2009. pdf.

界限。此外,非高校图书馆的旧职能和新职能带来的业务流程重组不属于该模型的范围。例如,高校图书馆旧职能、与其他外部机构的沟通交流合作带来的业务流程重组都超出了该模式的范围。从国内外的现状来看,该模式的内容引起了国内外专家学者的广泛关注。例如,2011 年国际图联大会的第九个主题是:在数字化环境中创新信息服务①。同年中国图书馆学会年会第五个分主题"图书馆服务再造与馆员职业生涯规划"②。我国的香港理工大学图书馆未来发展战略的九个关键因素和特点,大多围绕图书馆服务的深化改革③。新加坡学者在《2000 年的图书馆》中总结了图书馆范式演变的七个方面,其中有四个涉及图书馆职能拓展的主题:从图书的保管者到服务本体的信息提供者;从我们到图书馆去到图书馆来到我们中间;从按时提供到及时提供;从区域服务到国际服务④。新加坡南洋理工大学图书馆馆长蔡发祥指出,应重新建立图书馆的角色,向加强沟通交流、识别和核实信息、发现和研究、促进深入学习、提供适当的学习环境方向转变⑤。

在新的环境和模式下,高校图书馆的服务内容、服务模式和服务水平将相应发生变化。这需要图书业务流程重组,以适应新环境和新形势下高校图书馆发展的战略要求。

5.2　适用性分析

本业务流程重组模式基于高校图书馆职能扩展,以下重点论述适用于该模式职能扩展的三种情况。

---

① IFLA. World library and information congress:77th IFLA general conference and assembly[EB/OL]. [2018 – 07 – 06]. http://conference. ifla. org/ifla77/calls-for-papers/innovative-information-services-in-the-digital-environment.

② 中国图书馆学会. 2011 中国图书馆学会年会征文通知[EB/OL]. [2012 – 05 – 30]. http://www. lsc. org. cn/CN/News/2011-02/EnableSite_ReadNews11 29951551296489 600. html.

③ 香港理工大学图书馆. 香港理工大学图书馆未来战略发展[EB/OL]. [2017 – 06 – 26]. http://www. lib. polyu. edu. hk/rescu/.

④ 吴建中. 图书馆发展十大热门话题[M]. 上海:上海科学技术文献出版社,2002:2.

⑤ 蔡发翔. 图书馆的作用是什么[EB/OL]. [2017 – 06 – 26]. http://cflms. lib. sjtu. edu. cn/Archive/2011/.

5.2.1 数字化业务

目前,网络和数字信息资源正处于快速发展的阶段。多种信息资源、组织工具和传输工具也都聚集其中,集信息资源、信息服务和用户信息于一体的系统连接到同一网络空间,形成一个新的虚拟化用户研究和学习环境[①]。

高校图书馆开始利用数字化技术、网络技术和 Web 2.0 技术等扩展其功能,变革高校图书馆业务流程,以适应日益发展的信息技术。同时,高校图书馆意识到数字环境的到来会改变用户的需求,故对各种形式的数字化业务进行了相应的扩展。

目前数字环境下,国外图书馆资源体系中数字文献的比例持续升高,因此增加数字资源的收集、整理和处理等是不可或缺的。ACRL 的报告对高校图书馆的未来发展形势进行预测,其中指明馆藏存储方式和资源建设趋于数字化[②]。《2019 年美国图书馆状况报告》显示:自 2014 年到 2019 年,美国高校图书馆的数字文献数量增长了 50%[③]。美国教育部报告《电子图书:21 世纪新技术在图书馆领域里的应用》(*E-books:21st Century Technologies in Libraries*)表明,到 2020 年,在高校图书馆的资金业务中,数字化业务的资金将占据高达 80% 的比例[④]。

而通过 ALA 调研发现,93% 的图书馆提供一般网络应用培训,91% 的图书馆开展计算机应用相关课程,71% 的图书馆设立程序设计课程[⑤]。

在 ARL 成员馆中,2002 年其图书馆电子期刊(E-only)的比例为 2%,而 2006 年上升至 37%[⑥]。首要研究组(Primary Research Group)通过对美

① MURRAYR R. Library systems:synthetise, specialize, mobilize[EB/OL].[2015 – 01 – 11]. http://www. ariadne. ac. uk/is-sue48/murray/.

② 代根兴. 当代高校图书馆的功能定位与发展趋势[EB/OL].[2017 – 06 – 21]. http://bjgx-tgw. ruc. edu. cn/gzyj/ddgxtsgdw. ppt.

③ State of America's libraries 2019[EB/OL].[2019 – 06 – 18]. http://www. ala. org/news/state-americas-libraries-report-2019.

④ POLANKA S. E-books:21st century technologies in libraries[EB/OL].[2019 – 06 – 18]. http://photos. state. gov/libraries/malaysia/99931/lrc/slides_Ebooks_21Century-feb2012. pdf.

⑤ ALA. ALA urges FCC to consider role of libraries in economic development[EB/OL].[2017 – 05 – 28]. http://www. ala. org/ala/newspresscenter/news/pressreleases2009/december2009/fcc_wo. cfm.

⑥ PRABHA C. Shifting from print to electronic journals in ARL university libraries[J]. Serials review,2007,33(1):4 – 13.

国和加拿大的 75 个高校图书馆抽样调查发现:在 2008—2009 年,受访图书馆在电子图书与电子期刊等数字资源方面的平均支出约为 456 238 美元,而其中主要的研究型大学在此方面的年平均支出更多超过了 340 万美元;学生人数超过 4400 人的大学,其图书馆的电子图书与电子期刊等数字资源人均支出费大约为 115 美元;而学生人数小于 1100 人的大学,其图书馆的数字资源人均支出费在 190 美元左右①。

向用户提供适合其需要的数字资源是杜克大学图书馆 2010—2012 年战略计划的第二个战略方向②。根据研究信息网络(Research Information Network,简称 RIN)发表的《研究人员使用大学图书馆及服务》(*Researchers' Use of Academic Libraries and Their Services*)的技术报告,90% 以上的图书馆员和研究人员认为,图书馆未来改革的驱动力是数字学术信息需求的增长③。2008 年 11 月 20 日,欧洲数字图书馆项目的研发网站正式启动,为期两年,其中包括欧洲数字图书馆、博物馆、档案馆,供欧洲人民在线获取约 200 万份数字文化遗产,该项目的网站在开放之时,立即受到来自世界各地人士的欢迎,全世界点击频率每小时超过 10 万次④。在英国,英国国家图书馆对电子传递的需求增加到 70%⑤。德国政府鼓励德国数字图书馆项目,该项目将涉及 30 000 多个图书馆和博物馆,将数百万图书、电影、录像和在线录像带数字化并进行搜索⑥。2010 年 6 月,新西兰国家图书馆公布了《2010—2015 年数字战略计划》,旨在通过数字化复制现有馆藏来扩大数字化收藏,以满足用户获取数字资源的需求⑦。

另一方面,随着数字文献的迅速发展和用户需求的增加,我国的高校

① Primary Research Group. The survey of academic libraries, 2008 – 09 edition [EB/OL]. [2017 – 05 – 28]. http://www. researchandmarkets. com/reportinfo. asp? cat_id = 0& report_id = 607750&q = academic%20libraries&p = 1.

② Sharpening our vision: Duke University libraries' strategic plan for 2010 – 2012 [EB/OL]. [2017 – 05 – 28]. http://library. duke. edu/about/planning/2010-2012/.

③ RIN. Researchers' use of academic libraries and their services [EB/OL]. [2017 – 07 – 06]. http://rin. ac. uk/files/libraries-report-2007. pdf.

④ Europeana[EB/OL]. [2017 – 07 – 06]. http://dev. europeana. eu/home. php.

⑤ The British Library. The British Library improves electronic access with new DRM platform from leading provider, file open systems [EB/OL]. [2017 – 07 – 06]. http://www. bl. uk/news/2009/pressrelease20091126. html.

⑥ 搜狐 IT. 德国政府联合近 3 万家图书馆建数字图书馆[EB/OL]. [2016 – 06 – 10]. http://www. chinalibs. net/ArtInfo. aspx? titleid = 175068.

⑦ National Library digitisation strategy 2010 – 2015[EB/OL]. [2015 – 12 – 28]. http://www. natlib. govt. nz/about-us/policies-strategy/national-library-digitisation-strategy.

图书馆越来越重视数字资源的建设,这也符合 2015 年 12 月修订的《普通高等学校图书馆规程》第二十三条的规定:图书馆在文献信息资源建设中应统筹纸质资源、数字资源和其他载体资源①。本书对部属的 75 所高校图书馆进行调查发现,所有被调查的图书馆都有各种各样的数字资源:电子图书、数据库、电子全文期刊等。此外,与纸质资源建设相比,数字资源建设近年来有了显著的增长,例如,有 30 个(占总数的 40%)图书馆拥有超过 100 万本电子图书。近年来,武汉大学图书馆大力加强网络和数字文献资源建设,及时调整文献资源建设类型,逐年增加数字文献的收藏量②。在被调查的图书馆中,所有图书馆平均拥有 93 个数据库。这样的数据库基本上可以覆盖所有学科,满足用户的需求。而特色资源建设是数字资源建设的重要研究内容。

如今,数字化已经深入各行各业,特色资源也在信息资源共享的广泛应用影响下成为图书馆生存和发展的重要资源之一。《普通高等学校图书馆规程》第二十三条也规定:保持重要文献、特色资源的完整性与连续性③。在本书调查的 75 所部属高校图书馆中,有 60 家(占比 80%)开展了特色资源建设,这表明特色资源建设深受读者需求。

由于书刊价格上涨带来的图书馆相对购买力下降、用户对信息资源需求的数量与种类不断增加、科研人员对学术研究成果及时获取的要求,因此用户对信息资源开放存取的呼声日益高涨,开放存取运动在国内外蓬勃发展,许多图书馆不断加入其中。在被调查的 75 所部属高校图书馆中,有 24 所(占总数的 32%)图书馆收集开放存取或预印本资源④。尽管已经开展了这项业务,但其收集的开放存取或预印本资源相对简单,且数量较少。

用户对数字业务的偏好在新环境下已成为一种趋势。清华大学图书馆数据显示,2009 年,信息台接收到 18 500 名用户和 75 000 名虚拟登录访客,是到馆读者的 4 倍⑤。根据 OCLC 的报告《图书馆和信息资源意识:向

---

① 教育部.教育部关于印发《普通高等学校图书馆规程》的通知[EB/OL].[2018 - 12 - 18]. http://www.moe.gov.cn/srcsite/A08/moe_736/s3886/201601/t20160120_228487.html.

② 武汉大学图书馆.武汉大学图书馆简介[EB/OL].[2018 - 12 - 28].http://www.lib.whu. edu.cn/gk/tsgjj.asp.

③ 教育部.教育部关于印发《普通高等学校图书馆规程》的通知[EB/OL].[2019 - 06 - 28]. http://www.moe.gov.cn/srcsite/A08/moe_736/s3886/201601/t20160120_228487.html.

④ 徐军华.高校图书馆业务流程重组的模式研究[D].武汉:武汉大学,2012:69.

⑤ 未来的大学图书馆是啥样?——"数字出版与图书馆发展学术研讨会"侧记[EB/OL]. [2016 - 05 - 18].http://kbs.cnki.net/forums/88058/showThread.aspx.

OCLC 成员提交的报告》(*Perceptions of Libraries and Information Resources*),1994 年,美国高校图书馆借阅并归还了 1.83 亿本书;10 年后,2004 年仅偿还了 15 510 万本书,下降了 15.3%;1956 至 1978 年间,美国人平均每年借15 本书,但 1978 至 2004 年间,这一数字下降了约 50%[①]。明尼苏达大学图书馆于 2007 年 6 月发布了一份关于大学研究人员和研究生的研究行为、信息资源和服务需求的研究报告[②]。报告表明:研究人员将数字信息作为研究主体,同时数字信息的创造、管理和传播成为研究工作的重中之重。在数字环境下,图书馆与用户需求呈对应关系,相应做出变化,从而提供符合用户需求的多样的数字化业务。

此外,新的数字服务也随着 Web 2.0 技术在图书馆的应用中如期而至。Web 2.0 是互联网上许多新技术和应用程序的总称,包括博客、Wiki、RSS、SNS、Podcasts、Ajax、标签等。这些应用具有共同点,可写 Web、用户参与和协作、社交网络、开放格式和协议等。近几年来,社交网站(SNS)的使用有了很大的增长。根据美国皮尤互联网研究中心(Pew Internet Research Center)2011 年的调查,每天使用社交网站的网络名称数量从 2009 年的38% 增加到 2010 年的 43%[③],大多数受访者对这些网站持正面评价。ARL于 2008 年 8 月 19 日发布了一份关于 SNS 在图书馆应用的调查报告,旨在调查 ARL 成员图书馆及其馆员使用 SNS 的目的。有 10 种类型的 SNS 软件:社交网站、媒体共享网站、社交书签或标签网站、维基百科、博客、使用RSS 销售或传播内容的网站、互联网聊天或即时消息服务、互联网音频协议服务(Voice Over Internet Protocol)、虚拟世界、小工具。据调查,95% 的被调查图书馆声称他们的图书馆员最早使用的是最广泛的 SNS[④]。

OCLC 的 Open World Cat 是采用开源软件开发的 Wikid,其书目记录允许用户评论。Web 2.0 战略是新网站 www. bl. uk/bipc 不可或缺的一部分,该网站由英国国家图书馆商业和知识产权中心研究开发,旨在激励新一代创新型企业家。随着该中心不断扩大其支持网络,这个具备创新性和互动

---

① 刘峥.对图书馆与信息资源的认知:给 OCLC 成员的报告[EB/OL].[2015 - 12 - 28]. http://www. las. ac. cn/las/research/doc/oversea/8. pdf.

② 赵继海.信息环境的动态分析与图书馆发展战略[EB/OL].[2015 - 12 - 28]. http:// www. lib. stu. edu. cn/accessory/zhaojihai. pdf.

③ MADDEN M,ZICKUHR K. 65% of online adults use social networking sites[EB/OL].[2015 - 12 - 28]. http://www. pewinternet. org/Reports/2011/Social-Networking-Sites. aspx.

④ ARL. Social software in libraries[EB/OL].[2016 - 12 - 20]. http://www. arl. org/news/pr/ spec304-19aug08. shtml.

性的新网站向用户展示了图书馆的服务如何帮助企业进行市场研究、开发业务解决方案和保护有价值的想法①。

图书馆应用 Web 2.0 技术,可以变革图书馆业务流程和服务。例如,由于图书馆外成员的建议,资源构建改变了传统的业务处理;信息咨询服务不同于传统的咨询馆员回复,特点在于大家讨论和解决方案,这也改变了图书馆的服务流程。

5.2.2 移动化业务

美国皮尤研究中心因特网计划研究组(Pew Rearch Center Internet Project)于 2011 年发布《移动设备如何改变社区信息环境》(*How Mobile Devices Are Changing Community Information Environments*),该研究报告指出 47% 的美国人通过移动设备获取新闻信息,42% 的人通过移动设备获取气象信息,37% 的美国人通过移动设备了解商业信息②。《新媒体联盟地平线报告:2011 高等教育版》重点调查影响高等教育环境的新兴技术,其咨询委员会认为,随着包括教科书和参考书等在内的各种资源日益可通过电子途径获取,移动技术会成为 2011—2015 年教育技术中心驱动力之一③。

由于移动技术的加入,图书馆的业务也经历变革。最主要的就是读者的阅读习惯改变。全球著名的技术研究和咨询公司顾能(Gartner)发布的报告指出,其在 2013 年全球范围最广泛的网络接入设备由电脑转变为手机④。中国公布了由中国出版科学研究所发布的"第七次全国国民阅读调查"结果:目前核心的数字化阅读方式是网络阅读和手机阅读,使用手机阅读的读者占比 14.9% ,其他便携式阅读器的读者占比 1.3% ,我国国民每日平均使用手机阅读时长为 6.06 分钟⑤。2019 年公布的第 16 次全国国民阅读调查结果显示,我国成年公民人均每日使用移动通信时间为 84.87

---

① The British Library. Business & Ip Centre[EB/OL]. [2017 – 12 – 20]. http://www. bl. uk/bi-pc/aboutus/index. html.

② PURCELL K,RAINIE L,ROSENSTIEL T,et al. How mobile devices are changing community information environments [EB/OL]. [2017 – 12 – 20]. http://www. pewinternet. org/ ~ / media//Files/Reports/2011/PIP-Local% 20mobile% 20survey. pdf.

③ LEVINE A. Horizon report:2011 higher education edition[EB/OL]. [2017 – 12 – 20]. http:// www. nmc. org/publications/2011-horizon-report.

④ 未来的大学图书馆是啥样? ——"数字出版与图书馆发展学术研讨会"侧记[EB/OL]. [2016 – 05 – 18]. http://kbs. cnki. net/forums/88058/showThread. aspx.

⑤ 中国出版科学研究所. 2009 年国民阅读总体呈增长态势[EB/OL]. [2017 – 12 – 20]. http://www. xhsmb. com/html/Article/SCBW/2010/04/22/1531465519. html.

分钟,相比 2017 年的 80.43 分钟,增加了 4.44 分钟①。英国图书馆与情报专家学会(Charted Institute of Library and Information Professionals,简称 CLIP)也指出,面临 iPad 等移动设备的普及和移动阅读将迅速发展的情况,图书馆和出版商必须为自身发展努力②。

其次是移动技术成为图书馆不可或缺的一部分。在于 2009 年举办的第 75 届国际图联世界图书馆与信息大会上,克劳斯·赛诺瓦(Klaus Ceynowa)表明未来图书馆将与移动设备、电子图书阅读器相结合,从而提供更加便捷的服务③。2011 年国际图联大会的征文主题之一即向大量的信息获取敞开大门:以多感官、多媒体与移动介质为渠道④。

移动业务已经深入高校图书馆中,且高校图书馆提供的服务也离不开移动设备。高校图书馆在应用方面面对远程用户时,其应用程序可提供用户异地查看图书馆目录、数据库和图书馆指南的服务。用户还可以查找图书馆的位置、借还书信息、图书馆新闻、图书馆简介、图书清单、在线公共目录、研究指南等。此外,在移动图书馆应用程序中提供基于位置的服务,用户能够在自己自由的时间内进入高校图书馆网站下载和搜索相关资料⑤。

2009 年 7 月 6 日,OCLC 在欧洲启动了一个通过移动设备访问图书馆馆藏的程序 WorldCAT Mobile,荷兰、德国、英国和法国的用户可以通过手机体验和测试该程序,用户也可以通过掌上电脑或智能手机网络搜索图书馆资源⑥。《美国图书馆协会 2015 年关键目标与未来目标的战略规划大纲》(*ALA 2015 Strategic Plan Outlines Key Goals*,*Objectives for the Future*)和《建设可持续的未来:华盛顿大学图书馆 2011—2013 年战略计划》

① 成年国民手机接触时间最长,人均每天 84.87 分钟[N].中国青年报,2019 – 04 – 18(8).

② BOSCH S,HENDERSON K,KLUSENDORF H. Periodicals price survey 2011:under pressure, times are changing[EB/OL].[2017 – 12 – 20].http://www. libraryjournal. com/lj/home/890009-264/periodicals_price_survey_2011_under. html. csp.

③ 艾歇尔. 图书馆的未来[EB/OL].[2017 – 04 – 23].http://ssaion. cn/yjfw/wenjian/ifla/xpress6_zh_final. pdf.

④ IFLA. World library and information congress:77th IFLA general conference and assembly[EB/OL].[2018 – 07 – 06].http://conference. ifla. org/ifla77/calls-for-papers/opening-doors-to-spectacular-collections-access-to-multi-sensory-multimedia.

⑤ CHAGNG C C. Library mobile applications in university libraries[J]. Library hi tech,2013,31(3):478 – 492.

⑥ OCLC. OCLC 发布 WorldCat Mobile 测试版[EB/OL].[2019 – 03 – 20].http://www. oclc. org/asiapacific/zhcn/news/releases/20095. htm.

(*Building Sustainable Futures*:*Libraries Strategic Plan*:*2011 – 2013*)中均指明其优先发展目标之一是创造一个环境,使用户能够在任何时候和任何地方参与图书馆的活动并从中受益①②。《迈向 2015:康奈尔大学图书馆2011—2015 年战略规划》(*Toward 2015*:*Cornell University Library Strategic Plan*,*2011 – 2015*)提出利用移动技术帮助用户不受时空阻碍地获得图书馆资源③。北京大学图书馆建立了一个真正意义的移动图书馆,其本身的含义是利用各类便携式设备统一搜索和查阅各种数据库资源④。《2009—2010 年中国电子图书发展趋势报告》指出:随着网络的发展和智能电话在高校中的传播,移动数字图书馆成为发展数字图书馆市场的重要方向和内容。北京科技大学和香港大学图书馆为移动图书馆开设了短信服务平台⑤。

移动技术的使用推动图书馆相关服务的发展,同时用户获得图书馆资源和服务的机会不再受到物理空间的限制,距离也不再是问题;高校图书馆的教师和学生可以在任何时候和任何地点工作和学习;用户对图书馆的期望值因而有所增加,从而对传统业务流程提出新的要求,图书馆需要更迅速地做出反应,并更多地满足各地用户的需要。

5.2.3　学科化职能

图书馆应成为其所服务的学科的信息门户,并成为共享信息资源的公共服务平台⑥。因此,高校图书馆通常提供以学科建设为重点的信息服务,包括教学和科研服务。

服务教学的典型案例有斯坦福大学图书馆。该馆对服务进行细化,如查阅、借阅服务、课程存储服务、馆际互借服务、印刷服务、教学服务、为参

---

① ALA. ALA 2015 strategic plan outlines key goals,objectives for the future[EB/OL].[2019 – 03 – 20]. http://ala. org/ala/newspresscenter/news/pr. cfm?id = 5932.

② Building sustainable futures:libraries strategic plan:2011 – 2013[EB/OL].[2012 – 03 – 05]. http://www. lib. washington. edu/about/strategicplan/.

③ Toward 2015:Cornell University Library strategic plan,2011 – 2015[EB/OL].[2016 – 06 – 22]. http://www. library. cornell. edu/sites/default/files/CUL_Strategic_Plan_2011-2015(re-numbered)_1. pdf.

④ 刘宛露. 北大全球首测"移动图书馆"[EB/OL].[2016 – 03 – 20]. http://www. stardaily. com. cn/ylxb/html/2010-08/31/content_159119. htm.

⑤ 汪建根. 把"国图"揣进口袋:一座移动图书馆的成长史[N]. 中国文化报,2010 – 09 – 13(1).

⑥ DAVID M L. The place of libraries in a digital age[J]. Journal of information processing and management,2002,45(1):1.

观者服务等,极大地便利了用户对相关服务的搜索,这些服务是以用户为中心的①。日本的高校图书馆提供帮助高校教育服务,即执行高校教育方案的服务:主要是积极收集课程中的教学参考资料和满足读者需求的书籍和出版物;支持和协助教师的课程活动:为教师提供参考咨询服务,帮助他们进行教学革新,在图书馆为他们提供咨询服务;以研究小组为单位进行文献检索,与教师合作开设课程②。服务科研的案例有格鲁吉亚大学人权数字图书馆,该馆综合了图书馆、档案馆和博物馆的文献资料,广播、电影和电视公司的视听材料,以及故事、评论、人物陈述、多媒体等在线开放获取资源,从而提供针对具体研究领域和专题的综合信息服务③。网络学术资源虚拟图书馆 INFOMINE 是由加利福尼亚大学、威克福斯特大学、加利福尼亚州立大学、底特律梅西大学及其他大学和学院的图书馆共同建立的一个专门为大学师生和研究者提供服务的网络学术资源库,拥有覆盖多学科的 12 个数据库④。首都师范大学图书馆为向高校研究提供深层服务的渠道和方法,建立了音乐治疗实验室。

同时,电子报纸由于出版时间短,而且可以实际查阅,比纸质期刊更具优势,推动了学者进行学术研究,故众多高校购买电子资源以更好地为学者提供支持。2002 年 ARL 成员馆购买了电子期刊的比例为 2%,而 2006 年达到了 37%⑤。与国外一样,我国的高校图书馆数字化进程也在前进:清华大学图书馆的外文纸质期刊数量现少于 200 种,同时为电子杂志订单的安全以及相关的资源搜索工具和研究服务提供了资金。香港大学图书馆已经于 2007 年宣布不再订购 3200 种纸质期刊。香港中文大学图书馆在 2002 至 2010 年的几年里,馆藏期刊中纸质型数量几乎没变化,而数字期刊从 2 万份增加到了 11 万份⑥,2019 年,香港中文大学图书馆有接近 270 万册纸本藏书,但电子资源现在已成为主导,电子书约 430 万册、电子

① Stanford Libraries. Research services[EB/OL]. [2016 - 03 - 20]. http://library. stanford. edu/about_sulair/survey/.

② 沈丽云. 日本图书馆概论[M]. 上海:上海科学技术文献出版社,2010:7.

③ Georgia University human rights digital library[EB/OL]. [2016 - 03 - 20]. http://www. civil-rights. uga. edu/index. html.

④ Infomine[EB/OL]. [2016 - 03 - 20]. http://infomine. ucr. edu.

⑤ PRABHA C. Shifting from print to electronic journals in ARL university libraries[J]. Serials review,2007,33(1):4 - 13.

⑥ 香港中文大学图书馆. 香港中文大学图书馆信息技术服务概述[EB/OL]. [2017 - 07 - 16]. http://202. 114. 34. 8/UserFile/llz. ppt.

期刊 21 万多种及各类数据库约 900 多种[1]。

5.3　业务流程重组的内容

5.3.1　构建基于知识的业务流程

随着信息技术在高校图书馆的普遍应用,分类、编目等流程式的原有业务逐渐减少,联合编目、文献传递等合作业务日渐增多,文献推送、数字咨询等新兴业务不断涌来。高校图书馆馆藏资源形成了由传统纸质文献发展到多种载体文献并存的结构形态,尤其是数字文献资源已经呈现出立体、多维的网状结构形态,产生由节点、链、网络组成的数字资源体系。在数字资源、信息技术与网络环境的冲击下,高校图书馆必须进行业务流程重组。匹兹堡大学图书馆馆长鲁什·G.米勒(Rush G. Miller)曾经造访我国国家科学图书馆,提到了图书馆转型的八大推手,其中四大推手涉及图书馆重组——重新思考图书馆的使命,重组图书馆的业务、服务、资源、人员和预算,重新思考空间的利用,变革组织文化[2]。可见,数字环境下高校图书馆业务变革与流程重组极其迫切。

一般来说,高校图书馆既有大量的纸质文献又有海量的数字文献,因而其业务流程往往划分为纸质文献业务流程与数字文献业务流程,并通过设置不同部门由不同馆员来承担这些业务工作。然而,数字文献海量剧增,数字业务快速增长,导致高校图书馆仅靠简单的修修补补难以满足新时代的要求。因此,如何改变传统文献管理的方式方法,进而设置全新的有效处理数字馆藏资源的机构并改造其业务流程就极其重要。当面对有别于传统文献资源的那些新兴的教学学习学术资源时,高校图书馆应寻求处理这些数字资源的能力,特别是架构起与支撑教学科研有关的业务流程。

特色馆藏是图书馆独特的文献资源,能够满足师生某个方面的信息需求,或者在教学科研中具有难得的参考价值。特色馆藏资源建设需要付出持续而艰辛的努力,需要利用各种方式加强对新型和已知馆藏进行采集、

①　香港中文大学图书馆馆藏概览[EB/OL].[2019 – 05 – 02]. http://www. lib. cuhk. edu. hk/sc/collections.

②　陈晔. 图书馆的变革与发展[EB/OL].[2017 – 07 – 16]. http://www. zjedu. org/upload/201006/201006241408523 478. ppt.

描述、保存,加大对外文文献及全球性资源采集的经费投入,拓展对网络资源尤其是那些价值较大的网络站点资源的"收割"。通过制订综合战略计划,提升高校图书馆特色馆藏资源建设水平,保障未来一代资源获取文化结晶和智力成果。自 2008 年以来,武汉大学图书馆大力改进学科馆员的工作模式和积极调整其运行机制,组建了 6 个大学科工作组,走树性结构、集团作战的路线①。

我们可以以知识内容为基准重组一条完整的业务流程,而不管其介质是纸质的文献还是数字型的文献。如以图书情报学科为例,我们在处理该学科的文献业务时,主要基于"图书情报学"这个学科的内容而非人为地将该学科的纸质文献与数字文献割裂为两条业务流程。同时,按照业务流程重组的理论要求"设计整体化,每一位员工负责某一流程的所有步骤",文献资源建设部负责采集该学科下所有类型的文献,用户服务部以专门学科阅览室形式提供该学科的所有信息资源服务,数字化技术部、参考咨询部均围绕专门学科阅览室开展学科性服务,包括提供数字化技术支持与维护,提供信息化咨询服务。这样的业务流程,以图书情报学学科内容为基准将纸质文献与数字文献业务处理流程融为一体,复杂的操作在后台,呈现给师生用户的是整合化、一站式、无缝链接的信息服务。《剑桥大学图书馆 2010—2013 年战略框架》认为图书馆员应为教学、科研提供经过整合的、基于知识内容的信息资源②。《康奈尔大学图书馆战略规划(2011—2015)》也有类似表述③。加州大学伯克利分校图书馆"发现信息"服务为用户提供整合了图书馆的印本资源、电子资源和网络资源的信息服务④。普林斯顿大学图书馆以知识为中心,构建了选择、获取、描述、发现和完成相统一的智能化业务流程,实现各类型资源的统一检索⑤。

---

① 王梅.武汉大学图书馆学科馆员的结构变革[EB/OL].[2015 – 12 – 28].http://www.lib. whu.edu.cn/gysh/3.asp#xueke.

② Cambridge University Library. Cambridge University Library working together:a strategic frame-work 2010 – 2013 [EB/OL].[2012 – 02 – 18].http://www.lib.cam.ac.uk/strategic_frame-work.pdf.

③ Toward 2015:Cornell University Library Strategic Plan,2011 – 2015 [EB/OL].[2012 – 03 – 02].http://www.library.cornell.edu/sites/default/files/CUL_Strategic_Plan_2011-2015(re-numbered)_1.pdf.

④ 徐军华.美国大型学术图书馆业务流程重组的实证分析[J].新世纪图书馆,2011(12):84 – 86.

⑤ 张春红,廖三三,巩梅,等.变革与走向:共同探索图书馆的未来——北京大学图书馆建馆 110 周年国际研讨会暨 PRDL 2012 年年会综述[J].大学图书馆学报,2013(1):5 – 14.

同时要将大量的纸质书籍数字化,图书馆通过建立知识点的关联度使其成为高效、高质量的数据库,便于用户准确获取书籍中所需的知识内容和元数据。要考虑对各类文献进行注释、汇集、拆分,打通数字文献间、数字文献与纸质文献间的关联,将复杂软件用于文献挖掘,扫描数以万计的论文以发现它们之间的关联,将有关知识点进行标引、关联、分析和过滤,并将研究论文、数据集、维基百科、博客等链接到一起①,以为教学研究人员提供新的科研发现点。

最终,将各类型信息资源的采集系统、加工系统、检索系统和服务系统整合在一起,为师生用户提供关于纸本、电子、网络等各类资源的一站式检索服务,让馆员在开展业务时做到标准统一、协调合作,避免重复建设。

另外,利用新技术如多重触控演示屏、电子报栏、手持阅读器、自助设施、现代物流、云计算、Web 2.0 等进行业务流程处理。如匹兹堡大学图书馆通过以下方式进行数字化咨询业务流程操作:利用即时通信(Instant Messaging)工具,用户可将想咨询的问题通过手机以文本形式发送到图书馆,图书馆提供相应服务;在自助技术的帮助下,图书馆通过创建指南帮助用户自我查找资料,开展研究②。

5.3.2　增加用户体验的业务流程

随着数字化业务和移动业务等新拓展职能的开展,用户在享受这些新业务带来的便捷性、新颖性的同时,也借助新技术参与到相关的业务流程中,在数字信息环境下,用户已由原来的管理对象变为图书馆的组成因素。

上海图书馆原馆长吴建中认为:"过去我们总是自己来为读者选择。我们有缺陷的选择限制了用户的视野和需求。假如我们倒过来,创造一种特定的环境让用户利用,然后再选择性地保存呢? 关键就在这里,我们必须改变强加给读者的'选择'方式了。"③清华大学图书馆原副馆长姜爱蓉也认为:"以前图书馆的发展由馆长和馆员做主,现在正在向读者行为驱动过渡。"④

2009 年 8 月 25 日,IFLA 专业委员会召开全天会议,主题为数字图书

---

①　PROSSER D C. 欧洲学术出版与学术资源联盟 2020 年未来发展宣言书[J]. 苏娜,编译图书情报工作动态,2009(2):20 - 21.

②　Instruction Services[EB/OL].[2012 - 05 - 12]. http://www. library. pitt. edu/reference/index. html.

③④　王左利. 图书馆:信息时代的价值重构[EB/OL].[2015 - 07 - 25]. http://www. edu. cn/li_lun_yj_1652/20130806/t20130806_997906. shtml.

馆的未来——用户视角与机构战略,会上,专业委员会制定了一份愿景声明,声明的主要内容是:只有技术是不够的,我们需要与用户合作①。《国际图联战略规划2010—2015》鼓励用户利用电子技术参与图书馆的业务流程,以获取开放的、无缝的服务②。《奔向2015:康奈尔大学图书馆战略规划(2011—2015)》提出用户将参与图书馆的发展、评估及新工具的测试等方面③。英国国家图书馆的发展远景目标之一是:提供具有代表性的,有利于研究方法创新,并且能够满足21世纪内容交互需求的用户体验,支持其他人对图书馆的内容进行解释评论,以便为后来者提供帮助④。伦敦大学学院图书馆2011—2014年服务战略提出了五大关键行动领域,其一即扩大用户参与流程⑤。

具体来说,以下几大业务流程可增加用户的参与:

(1)用户参与信息组织的业务流程

通过社会性编目网站(social cataloging sites),用户可向图书馆提供编目记录添加服务,用户也可以通过Web 2.0、博客、虚拟社区等参与图书馆的资源建设和信息服务。图书馆在业务重组中增加用户参与的流程,以达到"集思广益"的效果,这样也能激起用户更强的参与性、积极性,由"向馆员咨询"实现"自我学习"的目的。如匹兹堡大学图书馆大学教员、各学术单位及项目组等与图书馆一起共同合作建设描述性数字出版资源⑥。厦门大学开展了基于汇文系统的Tag工作,允许登录用户对OPAC进行Tagging,并可管理自己的Tag。用户参与信息组织,能较大地丰富图书馆馆藏,如上海大学图书馆利用开源软件制作RSS新闻聚合。图书馆传统的参考咨询以有限的人力难以应对大量用户的信息咨询与请求,而通过利用

①　英厄堡·沃霍尔.数字图书的未来:用户视角与机构战略[EB/OL].[2012 – 03 – 03].　http://www.nlc.gov.cn/yjfw/wenjian/ifla/xpress8-zh-2009.pdf.

②　IFLA. IFLA Strategic Plan 2010 – 2015[EB/OL].[2012 – 03 – 03]. http://www.ifla.org/files/hq/gb/strategic-plan/2010-2015.pdf.

③　Toward 2015:Cornell University Library Strategic Plan,2011 – 2015[EB/OL].[2012 – 05 – 02].http://www.library.cornell.edu/sites/default/files/CUL_Strategic_Plan_2011-2015(re-numbered)_1.pdf.

④　The British Library. Digitisation Strategy 2008 – 2011[EB/OL].[2012 – 05 – 08]. http://www.bl.uk/aboutus/stratpolprog/digi/digitisation/digistrategy/index.html.

⑤　AYRIS P. UCL Library Services Strategy 2011 – 2014[EB/OL].[2012 – 05 – 22]. http://www.ucl.ac.uk/library/strategy.shtml.

⑥　The University Library System of Pittsburgh. University of Pittsburgh D-scribe digital publishing[EB/OL].[2012 – 02 – 26].http://www.library.pitt.edu/dscribe/.

WIKI、Blog、RSS 等技术,鼓励用户共同回答、探讨相关的咨询问题,既能将咨询馆员从繁杂的事务性咨询中解脱出来,又能将大众的隐性知识一起共享而让咨询问题较好地得到解决。如中国科学院国家科学数字图书馆以"资源到所、服务到人"为宗旨建立维基百科①。网上资源数量大、增长快,仅靠图书馆员编目远远不能跟上网页发展的速度,用户参与开发目录的推荐、提交、组织和管理可在一定程度上弥补这个不足。如著名的开放式目录(Open Directory Project,简称 ODP,又称 Dmoz),该目录由全世界各地的义务编辑人员来审核挑选网页,并依照网页的性质及内容来分门别类,是网景公司主持的一项大型公共网页目录②,这是世界上规模最大的网页目录,比通过雅虎员工自己建立的目录收录的资源多,Google 用这分类架构来建设 Google 的网页目录。开放目录摈弃了仅仅依靠少部分的专家来构建一个完善的分类目录的方式,而是动员广大的志愿者参与网页资源的编目,任何用户都可申请维护一个较小类目的编辑。但目前,仅依靠用户自发给出一个完善的分类体系是不可能的,还是要由图书馆的分类专家参与,不断地修订和完善其分类体系,或者由图书馆分类专家给出一个大致的分类体系结构,然后采用开放的形式由用户不断地丰富和完善其中的内容,或提出修改建议。

在 ODP 影响下,旨在为搜索引擎和网友提供优秀网站参考的中国开放式分类目录面世,其是为门户网站提供目录服务的专业平台③。

(2)用户参与信息服务业务流程

Web 2.0 技术改变了高校师生用户、应用开发者及网络交互的方式,培育基于网络的社区有利于交流、创新、合作及共享,学生是主要的推动者,他们的信息消费行为和工作习惯将引导图书馆对此做出反应,图书馆如不对这个综合的、有重大作用的、进化的、有吸引力的虚拟环境做出应对反应,将导致用户的疏远。

Web 2.0 技术给高校图书馆带来大量用户参与的业务,这样势必要求图书馆增加用户参与的业务流程,并将其有效地嵌入图书馆原本业务流程中。正如美国图书馆和信息资源管理委员会的报告所说:"图书馆要保持活力,它所存在的空间和所提供的服务就必须持续性地激发用户创造资料

---

① 陶静.从 lib2.0 在图书馆中的应用议新环境下图书馆员应具备的素质[J].农业图书情报学刊,2008(4):183-186.

②③ 黄如花,徐军华.图书馆业务流程重组(BPR)的动因[J].图书馆论坛,2009(6):180-183.

的检索及综合的新的方式。"①南京大学图书馆基于对各类用户所做的用户调查,纳入用户的意见建议,从而推出并上线五大创新应用。香港理工大学提出设想中的图书馆未来战略发展9个关键因素和特征,其中5个因素与用户参与业务流程有关,如:使图书馆资源与服务无处不在;在大学社区以外提供有深度和广度的馆外服务;建立能引导用户学习、交流的社交空间;创建数字生活;建立和维护机构知识库,参与学校科研人员的研究②。英国国家图书馆2008—2011年的战略重点之二为:通过建立全新的资源发现系统,改革馆藏目录,嵌入Web 2.0技术,以使用户能生产内容,使得资源与用户相连接③。

在传统咨询服务上,各馆咨询服务只面向本馆用户,用户只限于本地区或本单位的人,而且只能在参考馆员的正式上班时间才能得到服务;而网络参考中心(Reference Center)的服务通过Internet突破了时空的局限,服务对象不再限于某一地区或某一单位的人,而是遍及全球,服务时间也不再限于某一特定时间段,而是全天候④。

5.3.3　组建大学科服务流程

高校图书馆传统的服务流程围绕文献的采访、编目、加工、流通、检索利用等展开,这样的流程强调以文献为中心,而非以用户为中心。而图书馆是一个发展着的机构,它应实行以不同主题为根据的知识流操作,各个知识点、各项目间互相联系、互相依赖,这种以人为中心、满足人们信息需求的动态机制推动图书馆持续往前发展⑤。

学科化服务,就是按照科学研究(如学科、专业、项目)而不再是按照文献工作流程来组织科技信息工作,使信息服务学科化而不是阵地化,使服务内容知识化而不是简单的文献检索与传递,从而提高信息服务对用户

① Council on Library and Information Resources. Library as place:rethinking roles, rethinking space[EB/OL].[2012-04-26]. http://www.clir.org/pubs/reports/pub129/pub129.pdf.
② 香港理工大学图书馆.香港理工大学图书馆未来战略发展[EB/OL].[2012-04-16]. http://www.lib.polyu.edu.hk/rescu/.
③ The British Library. The British Library's Strategy 2008-2011[EB/OL].[2012-04-16]. http://www.bl.uk/aboutus/stratpolprog/strategy0811/strategy2008-2011.pdf.
④ 赵媛,王远均.网上第一家参考咨询机构——因特网公共图书馆参考中心[J].图书馆建设,2000(3):20-21.
⑤ A transition to hybrid library:practice in Shanghai Library[EB/OL].[2012-05-10]. http://www.wujianzhong.name/? m=201010.

需求和用户任务的支持力度①。组建一个个灵活的学科单元,将资源采集、加工、重组、开发、利用等工作融于每个学科单元之中,将自己组织的资源与服务发布到公共信息平台上,提供共享服务②。

重组后的图书馆应以用户为中心,基于高校用户的特点,具体来说就是以学科服务为主线重组相关流程,因为学科服务贯通图书馆资源建设与用户服务全过程,所以图书馆可以其为主干,组织图书馆管理与服务模式。

大学科指文、史、哲、理、工、农、医等学科,按照这些大学科组建相应的学科服务团队,各个团队负责该学科的所有服务流程,包括纸质与电子、虚拟资源的评价、选择、采购、宣传、培训、科技查新、查收查引、学科导航的建设、参考咨询、反馈意见的收集等,并与其他团队做好衔接、合作工作。

在每个学科团队里,每位馆员应自成一个完整的服务流程,每位馆员都能完整地为用户提供系统的服务、每位馆员都有自己的用户、每位馆员都与用户零距离、每位馆员的业绩都由用户来评价,如文学学科服务团队又可细分为中国文学服务小组与外国文学服务小组,馆员应为师生用户提供关于中外文学的纸质文献、订购的电子期刊全文资源、订购的数据库资源、电子图书资源、仓储系统资源、未订购的外部资源等一系列资源的购买、整合、整理加工、提供利用等的服务流程。

组建大学科分馆。哈佛大学图书馆以分馆形式组织资源与开展业务③,它由70多个图书馆组成一个统一的系统,按院系设置众多分馆。艺术与科学系下面按主题设有31个分馆,如美国非洲裔研究室、阿诺德植物园研究图书馆、蓝山气象观测所图书馆、希腊研究图书馆、化学与化生学研究图书馆、儿童记忆图书馆、敦巴顿植物园研究图书馆等;商学院下设有贝克图书馆,负责知识与图书服务;哈佛学院图书馆下设有卡波特科学图书馆、美术图书馆、冯氏图书馆、政府文献和缩微胶卷图书馆等14个分馆④。麻省理工学院图书馆有近10个不同学科分馆,涵盖工程、人文、管理、艺术设计、音乐等不同领域。美国伊利诺伊大学图书馆设有51个不同类别的图书馆,专门为建筑艺术、生物、化学、商业等学科开展服务;牛津大学图书

---

① 李春旺. 学科化服务模式研究[J]. 图书情报工作,2006(10):14 – 18.

② 张会田,黄玉花. 基于用户的数字图书馆服务创新体系建设[J]. 情报理论与实践,2005, 28(5):491 – 494.

③ Services and tools[EB/OL]. [2012 – 05 – 10]. http://lib. harvard. edu/libraries/listings_affil. html#affil.

④ 徐军华. 美国大型学术图书馆业务流程重组的实证分析[J]. 新世图书馆,2011(12): 84 – 86.

馆拥有 100 多个规模不等、馆藏不一和服务多样、根据学科命名的专业分馆,为不同的学院、学部和大学的某些研究机构提供专业化服务,如牛津大学法律图书馆、拉德克利夫科学图书馆、萨克勒图书馆、社会研究图书馆、泰勒图书馆等,它们都有自己的服务类型、电子资源、开放时间、管理人员[①]。伦敦大学图书馆分别为 9 个学部、40 个学院和研究所提供专业化、学科化服务。

芬兰图尔库大学图书馆有 17 个不同的分馆。通过合并先前的学科图书馆,3 个负责为学科专家服务的专门用户学科图书馆得以建立,它们是:人类学学科图书馆,它由之前的法学、经济学、社会科学和教育学学科图书馆合并;典型学科图书馆,它由之前的医学、数学和自然科学学科图书馆合并;主题特定的图书馆标识,它由之前的 4 个小的和 1 个大的人文图书馆合并而成;还有一个主图书馆,它将物理改造与工作流程修订、人员配置等同时进行。这个计划是使主图书馆成为学科专业图书馆的服务中心,提供背景服务,如物流服务、元数据描述、收购服务、金融服务和资讯科技服务[②]。

新西兰奥克兰大学图书馆专设学科信息服务部,其下又设有商业与经济信息服务部、科学信息服务部、工程馆等 11 个学科分馆[③],各分馆专门处理该学科下的所有服务流程。

我国香港中文大学图书馆则设置有 3 个书院分馆、3 个学科分馆[④]。香港中文大学图书馆通过收集关于华侨方面的专门资源,并对此进行深加工、组织,有效开发利用,建立华侨资源图书馆[⑤]。北京大学图书馆自 2008 年 12 月起,试行以学科服务为主线,整合课题咨询、科技查新、查收查引、专业电子资源宣传、推广与培训等各项相关服务,优化服务流程,按学科划分咨询馆员的职责,每个咨询馆员负责与一个大学科相关的科技查新、查

① 英国第二大馆:牛津大学图书馆[EB/OL].[2012 - 05 - 10]. http://news. idoican. com. cn/xhsmb/html/2010-09/17/content_1592781. htm? div =-1.

② JUNTUNEN A,MUHONEN A,NYGRÉN T,et al. Reinventing the academic library and its mission:service design in three merged Finnish libraries in mergers and alliances[J]. The wider view,2015,3(9):225 - 246.

③ Li Wang. Librarians—New roles in a new era,learning services manager the University of Auckland[EB/OL].[2012 - 05 - 28]. http://cflms. lib. sjtu. edu. cn/Archive/2011/.

④ 香港中文大学图书馆信息技术服务概述[EB/OL].[2012 - 05 - 10]. http://itlib. cqu. edu. cn/InfoMor. jsp? index_id =212.

⑤ 张晓林. 于细微处见改革,于特别处见发展——香港考察观感[EB/OL].[2012 - 06 - 05]. http://ir. las. ac. cn/handle/12502/216.

收查引、用户培训、学科数据库的建设、日常咨询等业务工作①。北京大学图书馆还专门组建学科分馆,主要面向教师用户,分馆主要职责是用户需求联络、参与文献建设到服务全过程、个性化服务等,在学科化资源组织与服务方面收到了良好效果②。上海交通大学图书馆也推行以"学科服务"为主线的服务机制,读者服务部下设工科、人文社科以及生、医、农科等若干学科服务分部,由学科馆员、参考咨询馆员以及辅助馆员组成学科服务梯队,面向各类用户,提供个性化、全方位服务③。武汉大学图书馆于2009年上半年成立学科服务部以开展全方位、深层次的学科信息服务,该部的各学科服务组集该学科的纸本资源购买、电子资源购买和聚集、了解用户需求、为教学科研提供个性化学科服务、用户培训等多种业务于一体。武汉大学图书馆新馆布局方案二按文理科分别集中摆放图书期刊,形成文科区和理科区,便于用户按学科查找各种类型的书刊资料,同时也方便图书馆按学科配备服务团队④。

5.3.4 嵌入教学科研的业务流程

2009年2月初,ARL发展环境扫描报告《转型时代:美国研究图书馆协会战略计划环境扫描》(*Transformational Times*: *An Environmental Scan Prepared for the ARL Strategic PlanReview Task Force*)中提到,为应对未来5年由学术沟通、公共政策影响及图书馆研究活动的角色带来的危机和挑战,图书馆应该创新用户关系,以支撑迅速发展的学术科研活动⑤。学术图书馆团体合作研究信息管理蓝图工作组(RLG Partnership Research Information Management Roadmap Working Group)在其报告《支持研究流程:学术图书馆宣言》(*Support for the Research Process*: *An Academic Library Mani-*

---

① 北京大学图书馆. 北京大学图书馆信息咨询部试行学科化咨询服务新模式[EB/OL]. [2012 – 06 – 05]. http://162.105.138.207/tongxun/tx2002/news23(61). htm#1.

② 曾建勋,丹英. 国家工程技术图书馆服务策略研究[J]. 情报理论与实践,2009(9):56 – 59.

③ 陈进. 人生无处不创新[EB/OL]. [2012 – 05 – 01]. http://www. chinalibs. net2008-6- 30http://59.172.208.23:8080/rewriter/E_TUQING/http/vvv9bghm-khar9mds/ArtInfo. as- px? titleid =109196.

④ 武汉大学图书馆. 武汉大学图书馆新馆布局[EB/OL]. [2012 – 03 – 15]. http://www. lib. whu. edu. cn/xgjs/tk. asp#3.

⑤ ARL. Transformational times:an environmental scan prepared for the ARL strategic plan review task force[EB/OL]. [2017 – 03 – 16]. http://www. arl. org/bm ~ doc/transformational-times. pdf.

festo)中指出,科研人员常规工作流程应内嵌大学图书馆资源、服务和职员,图书馆通过对学术研究变换情况分析,与学校内部、各兄弟学校或商业企业等共同合作,并确定接近科研过程核心的若干条例以满足科研人员需求①。

图书馆供应一站式链接服务是用户所希冀的②,此结论在 OCLC 报告《联机目录:用户和图书馆员需要什么》(*Online Catalogs:What Users and Librarians Want*)中得以体现。美国圣迈克尔学院图书馆通过调查研究教师的信息需求,总结出以下特点:①期待图书馆提供科研教育服务;②信息资源开放存储;③界面统一且能方便获取专门学科知识;④图书馆员个性化、独立化③。

2010 年美国大学图书馆馆长调查报告提出图书馆重要目标是结合研究与教育,其首要任务是将学术研究支持服务与教学紧密联系④。

2010 年 5 月,CALIS 与 ProQuest 共同对博士研究生群体信息需要和获取行为进行调研,60% 左右的被调研者表示,图书馆重要功能是其能帮助科研与教学⑤。《微软研究院 2020 年未来发展宣言书》中,图书馆应以树立专业形象并培养科研能力、建立积极向上的生态体制且疏通存在于研究组织和图书馆之间的业务途径两种身份存在⑥。

朱强在北京大学图书馆建馆 110 周年大会上指出,变化是图书馆发展的主题,并进一步认为图书馆未来发展的 7 点展望,其中第二点和第五点分别为:服务前移,学科馆员变身教师助理⑦,这两点均表明高校图书馆应围绕教学与科研开展业务活动。北京大学图书馆肖珑也曾指出,我们应该

① OCLC. New report,support for the research process:an academic library manifesto[EB/OL]. [2019 - 03 - 20]. http://www.oclc.org/research/publications/library/2009/2009-07.pdf.

② OCLC. Online catalogs:what users and librarians want[EB/OL].[2019 - 03 - 20]. http://www.oclc.org/reports/onlinecatalogs/default.htm.

③ ISaint Michael's College. Library and information services strategic plan[EB/OL].[2017 - 07 - 16]. http://www2.smcvt.edu/library/about/reports/TaskforcFaculty.doc,2012-03-23.

④ LONG M P,SCHONFELD R C. Ithaka S + R survey 2010:insights from U.S.academic library directors [EB/OL].[2016 - 06 - 22]. http://www.ithaka.org/ithaka-s-r/research/ithaka-s-r-library-survey-2010.

⑤ SCHONFELD R C,WRIGHT R H. Faculty survey 2009:key strategic insights for libraries,publishers and societies[EB/OL].[2017 - 07 - 16]. http://www.ithaka.org/ithaka-s-r.

⑥ MILIC-FRAYLING N. 微软研究院 2020 年未来发展宣言书[J]. 鲁超,尚玮娇,编译. 图书情报工作动态,2009(2):11 - 12.

⑦ 张春红,廖三三,巩梅,等. 变革与走向:共同探索图书馆的未来——北京大学图书馆建馆 110 周年国际研讨会暨 PRDLA 2012 年年会综述[J]. 大学图书馆学报,2013(1):5 - 14.

从用户而非图书馆的角度提供服务①。因此图书馆应该自觉进入用户的认知、教育、科研流程中,提供针对学科服务的同时让全校师生能以图书馆环境为基本点进行教育与学习。

图书馆要通过及时重新组配业务流程、结合教学流程找到带来蓬勃生机的新的发展点,以应对中国高校图书馆与教育教学环节脱节的现状。

5.3.4.1 嵌入教学系统

从以下几方面入手,将图书馆服务逐一内嵌教学流程。

(1)高校招生时即嵌入图书馆流程

高校都希望招收到最强的本科生和研究生。根据美国高等教育设施协会的研究,图书馆是学生选择大学或学院时的一个重要考虑因素,因此,学术图书馆可以帮助机构招生,提高入学率,吸引最好的潜在学生。华盛顿大学将刚入学的学生分配给图书馆员,由后者作为前者的"研究顾问"②,图书馆员创新方法,根据学生的入学记录或个人特征提供及时和有效的帮助,图书馆员主动向学生发送与教授新分配项目相关的教学内容,同时提供优质的信息素养教育,而不是被动地等待,这种服务可以针对具有巨大需求和潜力的学生,并可增加招收学生的力量。

(2)图书馆要积极解决教师在教育教学资料购买及其过程中遇到的问题

教师根据自身教学规划,列出教材和课后阅读书目,图书馆与教师积极联系,并在查询馆藏后确定购买计划,通过学科馆员将其公布至图书馆网页上,便于师生进行参考。2011—2014年伦敦大学学院图书馆的服务战略规划中明确要求图书馆应与各院系教师共同建立书目清单,学生能利用此清单准备学习资源③。图书馆应优先考虑数字教学资源的数量。例如英国伦敦《帝国理工学院图书馆战略规划2010—2014》(*Library Strategic Plan 2010 – 2014*)明确要求图书馆扩大数字化教育书籍和其他数字化教育资源④。

---

① "图书馆学科化、个性化服务的发展"国际学术研讨会10月14日隆重召开[EB/OL]. [2015 – 10 – 21]. http://www. chinalibs. net2008-10-14http://59. 172. 208. 23:8080/rewriter/E_TUQING/http/vvv9bghm-khar9mds/ArtInfo. aspx? titleid = 113315.

② Association of College and Research Libraries. Value of academic libraries:a comprehensive research review and report[EB/OL]. [2018 – 03 – 04]. http://www. acrl. ala. org/value.

③ AYRIS P. UCL library services strategy 2011 – 2014[EB/OL]. [2017 – 07 – 21]. http:www. ucl. ac. uk/library/strategy. shtml.

④ Library Strategic Plan 2010 – 2014[EB/OL]. [2017 – 05 – 26]. http://workspace. imperial. ac. uk/library/Public/Strategic_Plan_2010-2014. pdf.

（3）开放课程资源存取

图书馆不仅要考虑存取纸质教育资源，还应考虑存取课程资源，其类型既包括印刷型等资源，也包括各类课程 PPT、教参教辅、博客、视频等课程辅助资源，还包括提供课程大纲、讲座、实验资料、文本、预备读物、课外活动、合作课程、作业、项目或评估设计、教学奖学金和资源、教师、学生与图书馆员教学合作的记录等。

哈佛大学图书馆的学科馆员已和各院系教职工建立日趋紧密的合作关系以应对实体知识与虚拟知识的快速增多带来的影响，以此引导各院系教职工利用图书馆的资源与服务和课程网页及学术门户进行整合处理[1]。宾夕法尼亚大学图书馆搜集馆藏教学资源为教职工教育提供有质量的服务[2]。加州大学伯克利分校图书馆、斯坦福大学图书馆都提供数字教学资源存取服务。首都师范大学图书馆建立的音乐治疗实验室开发了音乐教学方面的多媒体课程资源，为音乐学院教学提供嵌入服务[3]。

（4）图书馆教学服务嵌入教务部门的教学软件中

波兰罗兹科技大学图书馆成为大学电子教学平台的协调者，"WIKA-MP"是基于 Moodle 的一个综合的远程教育平台，图书馆与它的联合阐释了一个重要的战略：在大学事务和工作中保持图书馆的中心地位[4]。

复旦大学图书馆借助校园 E-learning 教学平台与教参系统的整合，实现图书数字资源嵌入式服务，提供服务包括：OPAC，Metalib 嵌入课程；在 E-learning 平台增加学科馆员服务模块[5]。

河海大学图书馆与教务处共建"本科教学资源信息管理系统与服务系统"，此系统充分利用了河海大学图书馆数字馆藏文献优势。

日本政府在 2004 年 4 月后，对国立大学进行独立法人化改革，其中一

---

① 徐军华.美国大型学术图书馆业务流程重组的实证分析[J].新世纪图书馆,2011(12)：84-86.

② Penn Libraries issue new strategic plan[EB/OL].[2018-03-15]. http://www.library.upenn.edu/docs/publications/ivyleaves/IvyLeavesFall2010.pdf.

③ 胡越.面对挑战积极探索,把握机遇共谋发展——写在"图书馆学科化、个性化服务的发展"国际学术研讨会召开之前[EB/OL].[2015-10-21]. http://59.172.208.23:8080/rewriter/E_TUQING/http/vvv9bghm-khar9mds/ArtInfo.aspx? titleid=112963.

④ MULLEN L B. Libraries for an open environment:strategies,technologies and partnerships[J]. Library hi tech news,2011,28(8):1-6.

⑤ 张计龙.智慧校园,感知图书馆——校园信息化环境中的数字图书馆建设探索与实践[EB/OL].[2016-05-28]. http://202.114.34.8/UserFile/zjl.pptx.

半以上的图书馆由学校教务部等管理①。但新西兰奥克兰大学图书馆却在自己本身就是整个学校的教学委员会和教学技术委员会成员的条件下，还管理着多媒体录制及电子化的电视系统，而这两种系统均属于教学所用②，由图书馆管理用于教学的数字化电视系统和多媒体录制系统，可见其对教学的深度介入。

（5）将图书馆的信息素养课程与院系相关课程更紧密结合

为什么需将信息素养课程嵌入课堂？因为根据李柯里（Lea Currie）等学者的研究，图书馆的一次性或独立的培训课程不能满足使用在线图书馆资源所需的必要技能，即较少的培训内容不能对学生的信息搜索行为产生积极的影响③。因此，金善京（Kyung Sun Kim）和西青乔安娜仙（Sei Ching Joanna Sin）两位学者建议，图书馆应重复使用自己的系统，直到用户满意为止，为此他们建议将教学内容嵌入课程、融入课堂，整合图书馆教学的课程，在授课过程中加强对网上图书馆资源的使用。研究表明，各二级学院跟图书馆合作，可以增加学生有效利用图书馆的在线数据库的能力④。要做到这一点，学科馆员需要与教师合作，把信息素养教育融入课堂。

课程成功推进离不开信息道德、意识、技能等与课程的结合。《美国ARL高校图书馆定性研究报告2010》（ARL Profile：Research Libraries 2010）提到：86所受访图书馆中，92%的图书馆认为可通过信息素养培训支持教学⑤。

从前述印度旁遮普地区的昌迪加尔旁遮普大学、帕蒂亚拉旁遮普大学和阿姆利则古鲁纳纳克开发大学等3所高校图书馆的调研数据来看，只有大约四分之一的受访者拥有足够（优秀和高于平均水平的）知识来有效利用OPAC，而多数（约66%）仅具有平均到低于平均水平的知识，表明为方便用户更有效利用图书馆资源，高校图书馆应为用户提供专门的信息素养

① 沈丽云. 日本图书馆概论［M］. 上海：上海科学技术文献出版社，2010：120.

② MOUNTIFIELD H. 大学图书馆的角色变化——奥克兰大学的经验［EB/OL］.［2016 – 05 – 28］. http://cflms. lib. sjtu. edu. cn/Archive/2011/.

③ CURRIE L，DEVLIN F，EMDE J，et al. Undergraduate search strategies and evaluation criteria：searching for credible sources［J］. New library world，2010，111（3/4）：113 – 124.

④ KIM K S，SIN S C J. Selecting quality sources：bridging the gap between the perception and use of information sources［J］. Journal of information science，2011，37（2）：178 – 188.

⑤ POTTER W G，COOK C，KYRILLIDOU M. ARL profile：research libraries 2010［EB/OL］.［2017 – 07 – 21］. http://www. arl. org/bm ~ doc/arl-profiles-report-2010. pdf.

教育,在每一个学年中至少组织 4 次类似的教育培训,以增加用户的专业知识。此外,应开发更多创新性的培训模式,在与学术界的合作中并结合用户的需要传授高质量的培训内容①。另一针对印度 20 所高校图书馆的调研也表明,高校图书馆必须不断开发有效的网络信息素养课程并保持高度的交互性和灵活性,来增强其提供的基于 Web 的图书馆服务的质量②。《2018 年美国图书馆状况报告》显示:全年高校图书馆馆员共面向 620 多万大学生提供了面对面和网络形式的信息素养教学课程,其中 43% 的课程都是数字化的③。《2019 年美国图书馆状况报告》显示:到了 2019 年,两组数据分别增长为:共面向 700 多万大学生提供了面对面和网络形式的信息素养教学课程,几乎 44% 的教学是数字化的④。

在 Tomorrow 项目调查中,图书馆员既要适应课堂教育广泛使用数字化资源的趋势,也要给教师提供数字化资源如何在课堂教育中使用的方法⑤。

查先进等通过一个具有提供设计调查问卷方便功能的在线调查网站进行大规模调查数据收集,共有 378 个来自中国高校图书馆用户的有效数据被用于数据分析。研究发现:中国的大多数用户认为中文电子资源既有用又实用,而英文电子资源既不易于使用也不实用。此外,更多的用户频繁地使用中文电子资源而较少使用英文电子资源。为了缩小中国用户对英文电子资源的数字鸿沟,根据不同级别用户的需求,高校图书馆可以提供各种各样的信息素质教育;将图书管理员的功能和服务整合到课程中,高校图书馆可以提供关于主要英文数据库和基本信息检索理论的搜索技能的培训课程;学科馆员应被分配到每个特定的学术部门并提供专业的技术培训;教师或学生可以在任何时候向学科馆员寻求帮助以找到他们需要的英文电子资源;图书馆员应将重要的英文电子资源翻译成汉语。他们可

①　KUMAR S,VOHRA R. User perception and use of OPAC:a comparison of three universities in the Punjab region of India[J]. The electronic library,2013,31(1):36 – 54.

②　MADHUSUDHAN M,NAGABHUSHANAM V. Web-based library services in university libraries in India:an analysis of librarians' perspective[J]. The electronic library,2012,30(5):569 – 588.

③　ALA. The state of America's libraries 2018[EB/OL].[2019 – 03 – 18]. https://americanlibrariesmagazine. org/blogs/the-scoop/state-of-americas-libraries-2018/.

④　State of America's libraries 2019[EB/OL].[2019 – 06 – 18]. http://www. ala. org/news/state-americas-libraries-report-2019.

⑤　HABLEY J. School librarian sidentified as "Go-to" person for digital content[EB/OL].[2019 – 03 – 20]. http://ala. org/ala/news press center/news/pr. cfm?id = 7381.

以为教员和学生提供翻译过的中文摘要和其他元数据,以减少语言障碍,提高英语电子资源的易用性①。

康奈尔大学图书馆 2011—2015 年的战略计划中,为在课程中内嵌数据素养技能,图书馆应从以下方式入手:馆员介入院系教育课堂;与科研机构一起创新数据素养方法进而应用至教学中②。英国伦敦《帝国理工学院图书馆战略规划 2010—2014》认为,要想在课程中内嵌数据素养技巧,有必要研发 E-learning 技术③。英国纽卡斯尔大学图书馆 2011—2016 年的战略规划提出,图书馆要进行更多数据素养技能培训,从而配合教学发展④。新西兰奥克兰大学图书馆和教师共同研究出一系列融合数据素养的课程,例如法律馆负责法律系法律研究课等,为保障员工能保持可持续发展状态,图书馆统计分析数据素养培训活动的成果,调整并提出新的方法⑤。

伯恩茅斯大学图书馆学科服务团队在信息素养课程中设计了较为完善的一对一或小群体见面会,为用户提供面对面培训如何获取如求职就业资源等各种信息的机会,从对学生事后的电子邮件访谈来看,他们认可这种方式,认为所获得的信息资源会很有用⑥。

英国诺丁汉大学图书馆采用协同教学的方法,将信息素养课程嵌入院系课程中。图书馆不再仅仅是在教师提出特别请求的给予反馈,现在他们主动走进教学部门,嵌入教学课程,重要的是,图书馆员在课程设计方面的参与能够带来显著性的变化从而被大家感知。由于国家护理教育的变化,诺丁汉大学因此开发了一门新的高水平的混合学习的课程,在 18 个月的开发周期中,健康科学的图书管理员从一开始就是直接参与其设计的,他们主要是识别相关的资源和发展信息技术元素。图书馆能协助教学人员

① ZHA X J,LI J,YAN Y L. Comparison between Chinese and English electronic resources[J]. Library hi tech,2013,31(1):109 – 122.

② Toward 2015:Cornell University library strategic plan,2011 – 2015 [EB/OL]. [2016 – 06 – 22]. http://www. library. cornell. edu/sites/default/files/CUL_Strategic_Plan_2011-2015(re-numbered)_1. pdf.

③ Library strategic plan 2010 – 2014[EB/OL]. [2017 – 05 – 26]. http://workspace. imperial. ac. uk/library/Public/Strategic_Plan_2010-2014. pdf.

④ University library strategic plan 2011 – 2016[EB/OL]. [2017 – 05 – 26]. http://www. ncl. ac. uk/library/about/strategic_plan/.

⑤ MOUNTIFIELD H. 大学图书馆的角色变化——奥克兰大学的经验[EB/OL]. [2016 – 05 – 28]. http://cflms. lib. sjtu. edu. cn/Archive/2011/.

⑥ DAVEY A,TUCKER L K. Enhancing higher education students' employ ability and career management[J]. Library review,2010,59(6):445 – 454.

完成以下工作:向教学人员提供课程相关的教研、教学成果,向教学人员传授信息教学技术,向学生传授信息素养技能①。

上海交通大学图书馆在国家级教学名师课堂上加入数据素养专业培训,他们通过观察课堂并与学生沟通交流设计出适合此课堂的专题资源检索技巧培训,且和教师共同申报的教学改革项目取得积极成效。

(6)在图书馆的环境中教与学

吸引教师将课堂搬到图书馆,让师生在充满浓郁书香氛围的图书馆里教与学。这种方式首先在气氛营造上就比教室等其他地方更胜一筹;其次可由授课教师在来图书馆授课之前与馆员提前联系,由后者事先准备好课上需要的相关教学参考资料(可从图书馆现有馆藏中收集),以及其他相关的空间准备、设备准备等;再次,在授课过程中,由图书馆员配合将授课过程做好相应的记录,甚或拍摄工作,因为到图书馆来授课的一般都是师生讨论课居多,这种授课形式更多强调的是头脑风暴法,没有提前的脚本,没有预设好的详细的规划设计,因此,如果有相应的录像、文字记录,很多当时的"金点子""灵光一闪的灵感"就被记录保存了下来,所以,图书馆员如果在获得授权的情况下,做好录像以及课堂文字记录等工作,既能为该门课的师生在课后提供利用,也能作为资料保存在图书馆,为以后学习该课程的师生提供参考借鉴。

ACRL 在《高校图书馆价值:全面的研究综述报告》(*Value of Academic Libraries:A Comprehensive Research Review and Report*)中提到高校图书馆嵌入教学的高影响力的做法包括:高校图书馆与院系数学人员基于一年的共同的研讨会、共同的知识体验、学习社区、写作密集课程、协作作业和项目、本科研究、全球学习、服务学习、社区学习、实习、顶点课程和项目②。

基于图书馆环境教育和学习是美国内华达大学拉斯维加斯校区总馆利德图书馆的核心价值之一。他们认为若图书馆利用各类型教学活动并为师生提供一种温暖、舒服、方便的教育环境,那么教学效果将得到最优化。哈佛大学图书馆提供教学引导教室以便于教学研究、创建具体的课程资源,实施深度教研咨询③。宾夕法尼亚大学图书馆2010—2015年战略规划中要求为学生提供线上线下学习环境。华盛顿大学图书馆设立本科生

① CREASER C,CULLEN S,CURTIS R,et al. Working together:library value at the University of Nottingham[J]. Performance measurement and metrics,2014,15(1/2):41-49.

② Association of College and Research Libraries. Value of academic libraries:a comprehensive research review and report[EB/OL]. [2018-03-04]. http://www.acrl.ala.org/value.

③ 徐军华.美国大型学术图书馆业务流程重组的实证分析[J].新世纪图书馆,2011(12):84-86.

研究奖从而直接参加教学活动①。为用户营造良好的学习氛围是曼彻斯特大学图书馆战略规划的要求②。

《华盛顿州立大学图书馆 2014—2019 年战略规划》(*Washington State University Libraries Strategic Plan*,*2014 – 2019*)里第二个目标为:与合作伙伴合作,支持教学及学术。具体策略有:使图书馆项目和展览与大学的教学和研究计划保持一致;鼓励教师整合图书馆服务及资源,以加强教与学③。

合作、交流与革新是服务新模型三要素,其由注重对外联系的华盛顿大学图书馆提出,华盛顿大学图书馆同样认为要增强教与学并增多教育和科研方面的服务次数。图书馆本身应设计为满足各类用户需要的区域,包括讨论区、教学研讨区等,从用户调查的结果来看,图书馆应创新服务功能产生新的设计从而达到不同目的④。

加州大学洛杉矶分校图书馆构建了一个科研共享空间,这个空间是利用先进计算机技术建立而成的。师生通过远程接入可以在此空间利用馆藏资源并与其他人进行沟通互动,该馆同样将智能小模板应用至此空间,例如"Course Q/A"的小应用,此应用可以与师生进行交互,实现检索、问答的功能,帮助师生在此共享空间进行教育与学习⑤。

英国谢菲尔德大学通过图书馆空间的再设计和再利用形成了图书馆"学习空间"或"信息共享空间",其主要特色在于学生可在这些空间里对各种资源、设备等自由重组,反映图书馆及其用户不断变化的关系。由图书馆操作和维持的较小的学习空间地理位置上有利于社交活动和讲座,并且处在图书馆建筑的中心,改变了学生们对图书馆的形象认识,让他们意识到图书馆是创新技术和学习空间的主要提供者而不仅仅是书籍的提供者。这些新的空间和新的图书馆服务之间的相互作用以一种显著的方式影响了学生的学习体验。比如,笔记本电脑的借阅,有助于满足非传统学习空间的供给,确保图书馆在线学习资源获取的平等性,同时,这些新的空

① Penn libraries issue new strategic plan[EB/OL].[2018 – 03 – 15]. http://www. library. up-enn. edu/docs/publications/ivyleaves/IvyLeavesFall2010. pdf.

② Revised strategy 2010[EB/OL].[2016 – 06 – 08]. http://www. library. manchester. ac. uk/aboutus/strategy/.

③ Washington State University libraries strategic plan,2014 –2019[EB/OL].[2019 – 05 – 08]. https://strategicplan. wsu. edu/#.

④⑤ 张春红、廖三三、巩梅、等. 变革与走向:共同探索图书馆的未来——北京大学图书馆建馆110周年国际研讨会暨 PRDLA 2012 年年会综述[J]. 大学图书馆学报,2013(1):5 –14.

间能满足个人或小组的工作需求,允许学生在该空间里灵活地选择自己独特的学习方式。而且,这些新的空间还能具有伴随有教学技术的变化特征、学习技术的发展特点:三分之一的空间是可以由用户自己灵活选择的、带有无线网络连接电源的学习空间①。

(7)嵌入师生网络社区

图书馆员与教师一起研究专门学科研究热点,并以研究成果指导学生。通过嵌入师生们所在的各种网络社区,对其各种互动信息进行分析,图书馆员获取他们对教与学资料的需要,从而及时满足需要,促进教学。

OCLC 的报告《网络世界中的分享、隐私及信任》(*Sharing, Privacy and Trust in Our Networked World: A Report to the OCLC Membership*)调查表明:参与调研的 6 个国家(加拿大、法国、德国、日本、英国和美国)的 13% 的受访者和 9% 的美国受访者认为图书馆的责任应包括为所服务社区创建社交网络站点,14% 的美国图书馆管理者也赞同该观点②。英国国家图书馆在其 2008—2011 年的战略计划中也认为:用户越来越希望图书馆通过维基、博客、社交网络等开展信息服务③。华盛顿大学信息学院哈里·布鲁斯(Harry Bruce)院长在《华盛顿大学 2020 年未来发展宣言书》中提出:高校图书馆必须与数字时代的用户联系在一起④。芬兰赫尔辛基大学作为该国最大的大学,其图书馆通过了未来发展的四大目标,其中第一大目标为:对学生承诺为最好的教育学习提供技术娴熟的支持,提供国际标准的教学基础设施、国际标准的信息环境、高标准的学位和教学⑤。

高校图书馆员可与教师合作开展教学技术研究。2015 年,美国高等教育机构面临十个方面的挑战,其中第二大挑战为:技术的适当利用对科研能力的提升和教学能力的提高都存在影响,伴随现有技术的持续升级和

①　HURST S. Current trends in UK university libraries[J]. New library world,2013,114(9/10):398 – 407.

②　OCLC. Sharing, privacy and trust in our networked world: a report to the OCLC membership[EB/OL]. [2016 – 06 – 08]. http://www. educause. edu/Resources/SharingPrivacyandTrustinOurNet/162191.

③　The British Library. The British's Strategy 2008 – 2011[EB/OL]. [2017 – 07 – 06]. http://www. bl. uk/abouts/stratpolprog/strategy0811/strategy/2008-2011. pdf.

④　BRUCE H. 华盛顿大学 2020 年未来发展宣言书[J]. 鲁超,尚玮娇,编译. 图书情报工作动态,2009(2):1 – 3.

⑤　JUNTUNEN A,MUHONEN A,NYGRÉN T,et al. Reinventing the academic library and its mission: service design in three merged Finnish libraries in mergers and alliances[J]. The wider view,2015,3(9):225 – 246.

新技术概念的不断革新,教师们很难有时间研究如何把新技术和教学结合起来①。

图书馆馆员可与教师合作,研究如何在教学过程中引入技术资源。

作为虚拟图书馆中间人的图书馆员,在教研人员输入授课主题后,图书馆员能够助力教研人员查询到相应学科领域专家,并使教研人员与专家之间构建关系。同样,社区中的图书馆学科服务团队根据讨论主题或科目鼓励用户积极参与,从而在教师间、学生间和师生间进行资源共享和科研学习互动、讨论等活动。美国宾夕法尼亚州立大学机构知识库(ScholarSphere)数据资料库服务平台即具有这样的功能,可为师生与教研人员提供长久且可引用的论文、数据、视频等成果的服务②。

参考咨询、学术社区、RSS 推送等实时通信功能同样可内嵌其中。除此之外,一些像 Webcast、Podcast、Videos 等内容传输软件均可使用,也可以利用类似 RSS 信息推送、浏览器工具条等及时互动技术进行在线交流。例如加拿大阿尔伯塔大学利用脸书上的 U of A Libraries、Library Catalogue 等应用,同时运用众多社会化类似网摘、书评等工具链接对近 30 000 用户进行服务。

2009 年 4 月,ALA 开通实时网络社区 ALA Connect③,用户能在认证身份后共建 ALA 各类活动,并能将自身问题与他人一同研究讨论。ALA Connect 供应公告、文档、日历等社区交流工具,群组内的用户可以阅读或搜寻以往内容,并且可以就其中的信息内容发表自己的观点。

(8)协助学生求职就业

图书馆员可以通过与校园内的职业资源单位和直接与学生共享资源如公司简介、市场分析等来帮助学生准备面试。该服务还包括协助学生毕业实习,搜集有关求职工作安排、工作薪水、专业接受度以及岗位所需技能等。

5.3.4.2 嵌入科研流程

2012 年,诺丁汉大学就学术人员对图书馆服务的感知开展调查,研究显示,图书馆对于学术人员科研的支撑力度弱于对教学支持的力度。事实

---

① EDUCAUSE 发布最新报告:2015 年美国高等教育十大 IT 问题[EB/OL].[2015 - 07 - 11].http://www.edu.cn/xxh/xy/xytp/201503/t20150325_1240751.shtml.

② 张铁道,殷丙山,蒋明蓉,等.新媒体联盟地平线报告(2014 图书馆版)[EB/OL].[2015 - 07 - 25].http://www.edu.cn/zong_he_news_465/20141211/t20141211_1212542_2.shtml.

③ ALA. American Library Association launches ALA Connect[EB/OL].[2017 - 07 - 27].http://www.ala.org/ala/newspresscenter/news/pressreleases2009/april2009/alaconnectlaunch.cfm.

上,受访的图书馆员认为,虽然他们承认在支持学术研究和支持教学之间找到合适的平衡点是比较困难的,但是在这方面绝对可以做更多的工作。这种现状影响了图书馆对学术研究的支持作用。图书馆员缺乏给学者提供帮助的信心,也难以想象他们在研究人员的研究过程中到底可以提供什么帮助,因为他们经常不确定提供的帮助是否被需要。研究支持非常依赖于图书馆员已经建立的与学术部门和他们个人之间的明确的关系①。

高校图书馆要构建以教师与研究人员课题为中心的服务程序,需要参与研究项目,深入学术研究生活,并为各个阶段提供支持服务②。研究咨询专家、项目管理者、专业技术人员等都是高校图书馆员应该担任的角色。

高校图书馆若想与课题组形成共建共享的工作关系,必须要试图关注并参与专家的研究③,例如 UCL 图书馆 2011—2014 年服务战略规划中提到,图书馆要提供研究发展、成果产出、成果利用等方面的支持服务④,从而支撑研究战略的实现。

总体而言,高校图书馆可以通过以下几个方面嵌入科研:

第一,在研究项目开始时进行基本咨询服务。图书馆学科服务团队应从国家政策、研究战略等方面为对某一方面进行课题申报研究的科研人员进行服务,同时应及时收集相关资料如文献数据、媒体数据等反馈给科研人员。哈佛大学图书馆主页能完全以对象需求进行业务设置,例如它能根据对象的研究主题调整图书馆的人员配置和馆藏资源,进而帮助科研人员完成研究⑤。

第二,专门的主题跟踪推送服务。图书馆学科服务团队与研究人员共同面对课题研究,并在每一个研究团队中配备学科服务馆员,及时推送课题有关的专题资料。例如杜克大学图书馆 2010—2012 年战略计划便要求图书馆员应该深入研究团队,在研究过程中结合图书馆馆藏为研究提供帮助⑥,

① CREASER C,CULLEN S,CURTIS R,et al. Working together:library value at the University of Nottingham[J]. Performance measurement and metrics,2014,15(1/2):41 –49.

② Association of College and Research Libraries. Value of academic libraries:a comprehensive research review and report[EB/OL]. [2018 –03 –04]. http://www. acrl. ala. org/value.

③ GREEN D. ARL partners in grant to study value of academic libraries[EB/OL]. [2017 –07 –21]. http://www. arl. org/news/pr/ROI-grant-12jan10. shtml.

④ AYRIS P. UCL library services strategy 2011 –2014[EB/OL]. [2017 –07 –21]. http:www. ucl. ac. uk/library/strategy. shtml.

⑤ 徐军华. 美国大型学术图书馆业务流程重组的实证分析[J]. 新世纪图书馆,2011(12):84 –86.

⑥ Sharpening our vision:Duke University libraries' strategic plan for 2010 –2012[EB/OL]. [2017 –05 –28]. http://library. duke. edu/about/planning/2010-2012/.

同时对图书馆资源进行更新,图书馆员可为研究人员提供数据库检索技巧、数据统计分析等方面培训,给高校的科研团体提供更多更高附加值的服务。

当前高校图书馆面临的最大挑战之一是满足研究人员的需求。研究人员较少踏入实体图书馆,因此,图书馆员必须通过线上线下结合的方式走出去主动服务。芬兰赫尔辛基大学图书馆采用结点工作的方式来开展科研支持服务,图书馆员和研究小组在一起工作,他们之间基于科研课题而连接起来,或由于某次学术活动而临时开展合作。在这个意义上,它不同于团队工作,它的连续性被连接到目标上,而不是从业人员。赫尔辛基的维基(Viikki)校园图书馆工作人员分为两个研究组工作,分别为与森林科学系合作的泥炭地生态小组、与食品和环境科学系合作的蓝细菌群小组,这两个研究小组均有 50 多位来自各种不同职称的研究人员代表,经过图书馆和研究小组双方的讨论产生了服务小组,小组的主要职责有:提供与这两大类研究主题有关的数据库的检索培训,对这两大类主题的数据进行管理,对研究项目进行描述并纳入研究数据库,通过开放访问渠道发布研究成果,为研究人员提供实验所需的信息、数据等服务[①]。

高校图书馆员以一个个的学科团队形式参与并支持研究人员的科研项目。如英国伯恩茅斯大学图书馆共 11 名工作人员分为 4 个小组,每个小组由一名学科馆员管理,并与学科支持团队一起工作,每个学科团队共享和管理各项学科服务工作,同时提供涵盖许多不同学科领域的信息,所以这是有助于统筹的,并能互相知晓对方的工作进展情况。在 4 个小组与图书馆服务领头人、管理者及检索技术人员之间设置项目协调者,该协调者充当团队、图书馆访问管理者和服务的高级成员之间的过滤器,它提供了一个交流中心,也涉及监督每个学科团队的工作产出(见图 5 - 1)。

昆士兰大学图书馆在管理数据上具有丰富的经验,与其他研究性机构协同一起开展学术评估,开展科研方面的出版。该馆还设计特色化网站,为师生用户提供学科化服务,即学科标识码,基于每位师生用户都配有的学科标识码,图书馆能够为师生提供各种超链接式的数字资源推送服务[②]。

① JUNTUNEN A,MUHONEN A,NYGRÉN T,et al. Reinventing the academic library and its mission:service design in three merged Finnish libraries in mergers and alliances[J]. The wider view,2015,3(9):225 - 246.

② 张春红,廖三三,巩梅,等.变革与走向:共同探索图书馆的未来——北京大学图书馆建馆110 周年国际研讨会暨 PRDLA 2012 年年会综述[J].大学图书馆学报,2013(1):5 - 14.

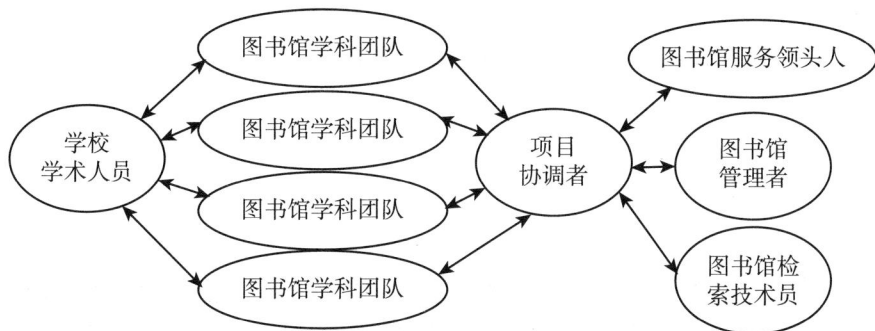

图 5 - 1　高校图书馆员学科服务协同项目

资料来源:DAVEY A,TUCKER L K. Enhancing higher education students' employ ability and career management[J]. Library review,2010,59(6):445 - 454.

北京大学图书馆根据各院系需求和学科发展情况,量体裁衣,提供文献信息保障、资源检索与利用培训,开展信息计量、信息分析等服务,利用已有数据库进行科研成果绩效评估、学科发展竞争优势对比分析等探索性工作①。

第三,助力研究成果的产生、传播。研究人员提高投稿效率需要考虑学术刊物的办刊特色、用稿特点各项指标,图书馆可以协助研究人员完成此步骤。

高校图书馆学科馆员应通过检索等获悉有关学科的出版政策,利用文献计量法分析学术刊物发文特征,助力科研成果的精准投稿与发表。例如英国纽卡斯尔大学图书馆在2011—2016年的战略规划中提出一项战略重点:为使研究人员产出更丰富的研究成果,需要和院系及研究所共同建设开放出版政策,增强学术出版力度②。2011—2014年伦敦大学服务战略提出建设虚拟出版平台促进学校学术研究③。

第四,现代信息技术支撑传播学术资源。图书馆学科馆员在传播学术资源时,应注意使用各类型移动技术、虚拟环境等。例如华盛顿大学图书馆将教师、研究人员需要的资源,通过操作系统传送到他们的桌面上④。

---

① 朱强. 创新服务,传承文明[EB/OL]. [2015 - 05 - 18]. http://pkunews. pku. edu. cn/xwzh/2014-07/08/content_284113. htm.

② University Library Strategic Plan 2011 - 2016[EB/OL]. [2017 - 05 - 26]. http://www. ncl. ac. uk/library/about/strategic_plan/.

③ AYRIS P. UCL Library Services Strategy 2011 - 2014[EB/OL]. [2017 - 07 - 21]. http://www. ucl. ac. uk/library/strategy. shtml.

④ Building sustainable futures:libraries strategic plan:2011 - 2013[EB/OL]. [2017 - 07 - 21]. http://www. lib. washington. edu/about/strategicplan/.

波士顿大学图书馆在2010—2015年的战略规划中提到要通过"一个波士顿图书馆"计划将全球学术资源简易方便地传送给研究人员[①]。

5.4 对高校图书馆机构和馆员的要求

高校图书馆业务拓展后,其业务流程实现了相应的优化重组,那么,如何根据业务流程重组理念重组其机构体系,如何在考虑现实情况的同时以用户为中心重组其机构和馆员,这两个问题是在高校图书馆业务流程发生较大改变后应该做相应思考的。

本书认为高校图书馆组织机构可设立五个部门和一个临时任务小组。五个部门即用户服务部、参考咨询部、资源建设部、数字技术部及办公室。办公室主要为用户服务部的运转提供后勤、财务、行政保障,其余业务部门责任与关系可见图5-2。

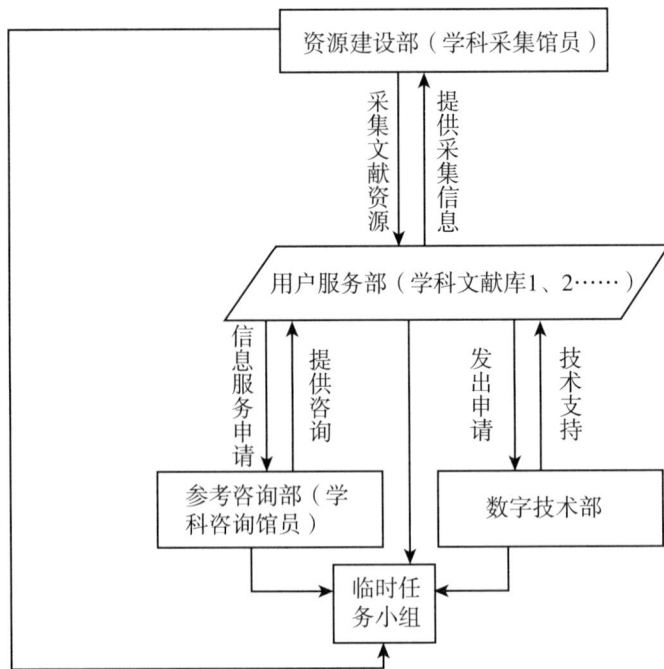

图5-2 高校图书馆职能拓展后的业务部门构建
资料来源:作者绘制。

---

① Strategic plan:2010-2015[EB/OL].[2017-07-21].http://www.bu.edu/library/about/strategic-plan-9-06.html.

5.4.1 用户服务部

由于用户服务部是根据学科组建的,故学科的划分标准很重要,划分学科门类时可以中国教育部学科门类划分为标准,按哲学、法学等进行组建,同时为每个学科划分相应的二级学科。总体而言,图书馆的重点工作应该都在用户服务部,资源建设部等都是以它为中心,学科中心要将采购、藏书、借出、阅读、咨询服务合为一体。

现实中纸质文献库与大部分为数字资源的虚拟文献库组成各个学科中心。学科中心要开展以下所有任务:负责及时购入资源并对其进行精细化处理;将资源整合在一个系统里面;将学科服务业务整合并推送到每一个用户的桌面上;与用户共同建设服务业务,实时参与图书馆业务流程建设;设立学科馆员与学科馆员助理,并做不同要求,即学科馆员与专家共同负责学科资源采集组织并提供信息咨询服务,学科馆员助理从事简易重复的工作,如纸质文献处理等;学科中心通过网络相互连接,并设立信息处理中心为跨学科项目等提供技术援助。

同时,鼓励在该学科中心内的馆员与用户之间、用户与用户之间开展交流互动。北京大学刘兹恒认为:"'以读者为中心'的信息共享空间是高校图书馆未来的发展方向,它一改图书馆以往严肃的面貌,同学们可以在研讨室里自由地讨论、喝咖啡或是玩游戏,能同时满足学生的求知、休闲和娱乐等多元化需求。"[①]

芬兰图尔库大学图书馆由图书馆馆员、学术共同体和学生组成的联合咨询委员会正在成为合作渠道,不定期在图书馆进行讨论、交流。同时,图尔库大学图书馆通过创建新的创新学习环境小组,鼓励小组成员在图书馆学习并交流探讨现代的研究、教学和学习[②]。埃默里大学图书馆将藏书都搬到"储藏间",腾出更大的开放式空间给学生研讨[③]。

同济大学图书馆将传统空间转变为集阅览、研究、讨论等于一体的人文空间,此举突破了中规中矩的服务形式和内容,是强调人与人交流的"活

---

① 张妮. 高校图书馆转变思路各出奇招[N]. 中国文化报,2013 – 06 – 24(7).

② JUNTUNEN A,MUHONEN A,NYGRÉN T,et al. Reinventing the academic library and its mission:service design in three merged Finnish libraries in mergers and alliances[J]. The wider view,2015,3(9):225 – 246.

③ 吴奕,张明平,李润文. 大学图书馆,未来什么样[N]. 中国青年报,2011 – 11 – 04(3).

动"阅览室①。

同时，这种交流还可借助于网络技术开展。Web 2.0 有利于在网络社区内的交流、对话、信息共享和协作。相比其他类型的图书馆，高校图书馆正迅速成为采用并将 Web 2.0 应用程序合并到服务中去的主要参与者。例如，博客订阅可以告知图书馆用户新的图书馆活动，而且博客能使图书馆聚集来自用户的知识。高校图书馆员可找出学生和教师认为图书馆在哪方面做得好以及在提供资料和服务方面哪些可以被改善。除了评论卡片和普通的图书馆调查，一个新的名为网络日志或博客的媒体形式允许图书馆员和图书馆用户——学生和教职员工表达忧虑、发表意见和交流想法②。

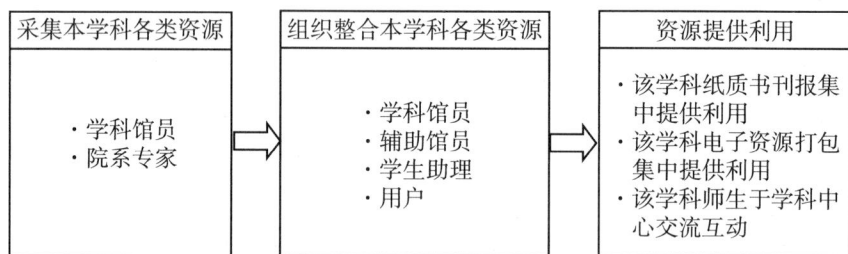

图 5 – 3　某学科中心的业务流程

资料来源：作者绘制。

5.4.2　参考咨询部

参考咨询部设立学科咨询馆员，每个学科咨询馆员负责某个或某几个学科中心，用户的一般问题直接由各学科中心工作人员回答，当用户提出深层次问题时，便由专门设置的学科咨询馆员进行解答。

除此之外，每位学科咨询馆员都要进行二、三次知识产品的研究开发，并及时将知识产品传送到自己负责的学科中心。开发深层次研究产品也是图书馆应对用户需求的举措。北京农学院图书馆专门让数字资源部在研究利用数字馆藏的同时兼顾为咨询用户培训的工作③。

---

① 数字化人文发展成"大学图书馆转型创新"趋势［EB/OL］.［2015 – 07 – 25］. http://www. huaxia. com/zhwh/whxx/2014/06/3916098. html.

② MADHUSUDHAN M，NAGABHUSHANAM V. Web-based library services in university libraries in India：an analysis of librarians' perspective［J］. The Electronic Library，2012，30（5）：569 – 588.

③ 高飞，缪小燕. 图书馆业务流程重组的动因与效能分析［J］. 北京农学院学报，2004（2）：48 – 52.

5.4.3 资源建设部

资源建设部中设置学科采集馆员,其将对每一学科的纸质资源、电子资源、虚拟资源等进行采集,分别为每一个学科中心纸质库、电子库和虚拟库进行更新。例如1998年,哈佛大学图书馆建立的数字化创新部(The Library Digital Initiative),其借助新型活动结合哈佛大学图书馆相关制度等让该图书馆在数字时代持续发展馆藏容量和服务质量。对于用户而言,此部的设立让他们能够及时利用到哈佛大学图书馆数字馆藏,对于图书馆员而言,此部的设立让他们在数字时代降低工作复杂性。哈佛大学数字化创新部使用一种适用性强的方式,并借助独立性强的技术以不同形式解决了数字资源采集的问题①。采集馆员定期向用户发放反馈单,从而及时获取用户的需求,使得馆藏更具针对性。

考虑到用户进入图书馆的次数毕竟有限,故采集馆员还应经常性通过各种途径实地走访或通过微信、微博、论坛,到各个院系、师生用户处调研并获得反馈,参考教授专家的意见并设立文献采集信箱(线上和线下),若用户有采购书籍或数据库的想法,可向此信箱发送意见,学科采集馆员会在制订采购计划时纳入考虑。

5.4.4 数字技术部

该部门主要源于之前高校图书馆信息技术部的特点和职能,在业务流程操作上要求其更主动地与其他部门的业务相对接,要求更多地利用IT信息技术嵌入现有各个业务流程中,提供更快速、更便捷、更高效的信息技术服务。

5.4.5 临时任务小组

用户会提出涵盖多个学科中心的文献资源服务需求,图书馆经常也会面临跨部门任务,此种情况需要设立临时任务小组。临时任务小组成员可从学科中心馆员、学科采集馆员和学科咨询馆员中选取,这样的人员配备既解决了临时任务,又增进了学科中心间、馆内各部间的沟通交流。

高校图书馆按照以上方法进行组织构造,能够以较小代价获得较大成效,在克服原有图书馆机构设置许多弊端的同时,又不至于做大的"伤筋动骨"式的改变,且能真正把工作重心转移到用户身上。

---

① The library digital initiative[EB/OL].[2017-07-21].http://hul.harvard.edu/ois/ldi/.

总而言之,用户服务是图书馆的核心工作。用户的需求能够在图书馆中得到满足,当用户进入学科中心查询资源时,便能够享受到图书馆的优质服务,不仅能够准确找到与自己研究内容相关的纸质文献和虚拟文献,而且遇到无法解决的问题时,可以与学科中心取得联系,较浅显的需求将会立即解决,深层次的需求将有专门学科咨询馆员进行解决,若希望图书馆能够采购某类纸质文献或某些数据库,可将建议投递至学科采集馆员专用邮箱中,学科采集馆员会对建议进行综合考虑,这样用户只需要进入一个学科中心,便可以满足自身全方位的需求,不必反复奔波于书库间,真正将"以用户为本、方便用户"的宗旨在图书馆中实现。

《2018 年美国图书馆状况报告》显示:在过去的五年中,超过58%的高校图书馆改变了参考人员配备模式,其中最流行的变化是转向随叫随到的人员配备[①]。

之前所述的师生用户问卷调查结果中,95.6%的学生、87.9%的教师和96.7%的图书馆员对此服务流程表示,期待这种模式实现,这些说明此种流程有强大的发展前景和稳定的用户市场。

康涅狄格大学图书馆提出要以副教务长的要求为根据,通过设立项目团队进而使图书馆再次组配组织框架,从最后形成的组织框架中可以看出5 个项目领域分别由图书馆 20 个团队中的哪些团队进行效力,将图书馆组织框架的重心从基于图书馆内部职能转向支持学校学术规划。

新西兰奥克兰大学图书馆共有 229 位员工,其设置25%的学科馆员进行学科服务且专程设立掌管学术研究的副馆长一职,并在副馆长管理职能下设置学科信息服务部等[②]。

1999 年,徐州师范大学于全国大学中首次提出要突破传统文献分藏的界限,开创以专题的形式集中管理文献的学科文献中心[③]。

除此之外,学科分馆也能达到专业服务的要求,例如中山大学图书馆设立了生命科学馆等 3 个学科分馆为专门的 3 个学科进行服务;重庆大学设立应用技术馆等为相关联的学科提供深层次服务;南京师范大学图书馆将分馆转换为提供学科信息、建立共享空间及使用学科导航的研究性专业

① ALA. The state of America's libraries 2018[EB/OL]. [2019 – 03 – 18]. https://americanlibrariesmagazine. org/blogs/the-scoop/state-of-americas-libraries-2018/.

② LI W. Librarians-new roles in a new era, learning services manager the University of Auckland [EB/OL]. [2017 – 07 – 16]. http://cflms. lib. sjtu. edu. cn/Archive/2011/.

③ 申传斌. 基于 BPR 的教学型高校图书馆流程体系重构[J]. 图书情报工作,2006(1):85 – 88.

图书馆①；康奈尔大学图书馆将原先实体馆转换为以跨学科研究为目的的图书馆簇(Library Cluster)，转换之后，图书馆的运行费用得以优化，馆藏空间得到进一步优化②。新的组织机构会将关注点转移到未来图书馆科学技术上，将学科服务和评估馆藏资源工作搬上日程。

此种模式的业务流程重组，将实体纸质资源与数字资源、网络虚拟资源、传统借阅服务与网络化信息服务以及图书馆的物理空间与网上的虚拟空间、图书馆馆员与师生用户等全部有机地融合在一块，建立起从信息资源到信息组织、信息服务、师生用户参与的完整的业务流程。

---

① 张建平. 不必奢华，只须实用[EB/OL]. [2017－07－21]. http://59.172.208.23:8080/re-writer/E_TUQING/http/vvv9bghm-khar9mds/ArtInfo. aspx？titleid＝169994.

② 刘大椿. 当代图书馆的理念转换与高校图书馆的功能拓展——从当今美国图书馆的发展看[EB/OL]. [2017－07－21]. http://202.114.34.8/UserFile/zjl. pptx.

6　基于项目合作的高校图书馆业务
　　流程重组优化模式

高校各兄弟图书馆之间越来越多地开展合作且这种合作变得不可或缺。它们重新定义自己为多机构组织而非单独的个体。康奈尔大学图书馆馆长安妮·R. 肯尼(Anne R. Kenney)提出未来的图书馆将是全球范围经营和合作的图书馆①。

未来高校图书馆的发展趋势和优势特色将会如何改变? 目前各高校图书馆既开展了馆与馆之间的协同合作,又与非图书馆机构如亚马逊、谷歌等开展资源共建共享②。

随着高校图书馆之间及与其他机构间因具体项目的实现而逐渐增加共建共享机会,高校图书馆业务流程会因此受到影响,为使项目顺利完成,必须做出相应的重新组合。本章以 HathiTrust 项目为实例对业务流程重组进行分析,研究高校图书馆馆际之间及与其他类似机构间基于项目合作的业务流程重组优化模式。

6.1　特点

6.1.1　注重于阶段性的业务流程重组

高校图书馆中的业务流程重组会直接带来图书馆机构与图书馆馆员的变动,而高校各兄弟图书馆间及高校图书馆与非图书馆机构间共建共享

---

① 张春红,廖三三,巩梅,等. 变革与走向:共同探索图书馆的未来——北京大学图书馆建馆 110 周年国际研讨会暨 PRDLA 2012 年年会综述[J]. 大学图书馆学报,2013(1):5-14.

② 侯丽. 未来的大学图书馆是啥样——"数字出版与图书馆发展学术研讨会"侧记[N]. 中国文化报,2010-08-23(5).

某一项目时,会导致业务流程的重新组合,从而再影响图书馆组织结构和人员变动。高校图书馆可与其他机构合作进行信息资源共建共享项目、数字图书馆项目等,机构范围涵盖高校各兄弟图书馆、高校其他组织机构、其他社会文化机构、IT 企业等。

6.1.2　基于项目合作的业务流程重组

由 CLIR 发布的《绝非燃之将尽的烛火:重构 21 世纪的高校图书馆》研究报告中提到:高校的长远发展离不开合作,而合作在服务方面尤为重要①。

高校应将项目研究与图书馆职工、精通计算机人员和高校研究人员紧密联系起来,合作共赢。ARL 发展环境扫描报告《轻型时代:美国研究图书馆协会战略计划环境扫描》中提到:从各学院职工和毕业生的科研行动可以发现,图书馆需要同 IT 机构、教育技术机构等互帮互助,从而在接触陌生学术领域后能借助科研方法进行信息分辨与组合,提供此学术领域中核心文献达到目的;创新共建共享方式并创建新合作关系在资源变少的现状下显得愈发重要,若要缓解财务紧张,更好支撑创新,最有效的方式之一是优选共建共享的内外部机构并构建优质服务与资源;院系教授教学应与图书馆联系,合作共赢,院系与图书馆合作“开展优质的、互动式的学习”会对学生学习、学术研究、产出研究成果方面起到积极作用,院系存在将数据素养嵌入学科教学课程中的愿景,此愿景将促进图书馆参与院系教育课程建设,提供科研支持和资源服务;各院系资料室希望限制实体空间,仅服务所在院系,为使实体空间不再扩大并“驱动”新举措,高校图书馆可与其合作,提供数字化的环境和方法,提供服务、资源、培训,并进行不同领域专业人员调动②。《史密森学会 2020 年未来发展宣言书》提出两点 2020 年全球高校图书馆前景:①利用不同学科和国际接轨共同管理科研资源;②科研机构将与公益部门和营利部门达成合作意向③。

---

① CLIR. No brief candle:reconceiving research libraries for the 21st century[EB/OL].[2020 – 05 – 02]. http://clir. org/wp-content/uploads/sites/6/pub142. pdf.

② ARL. Transformational times:an environmental scan prepared for the ARL strategic plan review task force[EB/OL].[2017 – 03 – 16]. http://www. arl. org/bm ~ doc/transformational-times. pdf.

③ GARNETT T. 史密森学会 2020 年未来发展宣言书[J]. 鲁超,尚玮娇,编译. 图书情报工作动态,2009(2):4.

6.1.3　强调项目小组间的独立与协同

不同的项目小组所开展的业务虽然不完全相同,但也存在关联性,故在强调独立从事业务处理的同时,又要注重协同性。

一支来自韩国的高校图书馆科研团体提出,如果需要在高校图书馆中构建组织协同模式,需从以下三点进行:①建立政策内容允许的规章制度;②于领导、成员和成员自身间建立沟通方式;③开放交流(Open Communications),同时使成员真诚相待①。

在2011—2014年服务策略中,伦敦大学学院图书馆要求建立一个方便内部人员能分享到国内外专门领域信息的 Wiki 平台②。

厦门大学图书馆团队间为实现交流与合作,在 Wiki 中共同写作文档,包括行事、各项指示、会议记录、各种规范等。借助业务会议制度、技术组构建、协商沟通、使用公共目录和邮件等方式③。上海交通大学图书馆实现多个部门共同合作完成任务的团队共建共享④。

信息数字化时代,为适应大学师生快速增加、形式不同和精益求精的信息需求,高校图书馆于内构建实现特殊要求或任务的小组,于外联合其他组织增加合作实现某项要求和研究的活动。

高校图书馆面对此情形必须做出适当的调整,将现有的业务流程、组织结构和人员配备进行重新整合。

6.2　适用性分析

就数字环境来说,高校图书馆信息资源联合共建共知共享项目以及数字图书馆类的建设项目多符合本章提出的要优化的业务流程重组模式。

①　YOON H Y. Characteristics of team-based organization introduced to academic libraries in South Korea[J]. The journal of academic librarianship,2005,31(4):358 – 365.

②　AYRIS P. UCL library services strategy 2011 – 2014[EB/OL]. [2017 – 07 – 21]. http://www.ucl. ac. uk/library/strategy. shtml.

③　Xiamen University Library. Redefining libraries:Web 2.0 and other challenges for library leaders [EB/OL]. [2017 – 07 – 16]. http://lib. hku. hk/leadership/2007. html.

④　陈进. 大学图书馆发展的精彩之道[EB/OL]. [2018 – 04 – 12]. http://cflms. lib. sjtu. edu. cn/Archive/2012/.

6.2.1　信息资源联合建设

数字化环境下,高校图书馆实行创造性的方案,开展合作项目如合作馆藏建设,促进资源共享。通过成功的合作馆藏发展,图书馆同时实现成本降低和他们提供的可读性材料的增加①。此外,便利资源共享的技术(发现工具和完成工具)正在快速改进。与此同时,为确保馆藏满足教师职工的当前研究需要,图书馆把更多的馆藏建设投向循环数据、馆际互借数据和其他需求措施。

共建共享虚拟资源能在数字虚拟环境中节约采购费用。2009 年 12 月,香港城市大学图书馆、北京大学图书馆、CASHL 从出版商处获得香港和内地高校图书馆的更大折扣,相比于独自购买,电子书的价格每本下降了二十分之十九②。新西兰图书馆联盟(Library Consortium of New Zealand,简称 LCoNZ)③由 4 所高校图书馆共同创立,旨在增强联盟解析的形式加强本地数字虚拟资源的存储和检索。德国以国家许可采买数字虚拟资源重新整合了各类图书之间的采购程序④。

布法罗大学图书馆已与许多在规模、实力等表现不一的机构合作开展馆藏建设,这种合作主要聚焦于通过数据库联合许可的方式开展电子馆藏建设,合作方都能互相访问各方的电子期刊,且不用担心数字版权管理问题。如布法罗大学图书馆参与的 4 所大学中心图书馆共享馆藏建设。它由纽约州立大学的宾厄姆顿大学中心图书馆、奥尔巴尼大学中心图书馆、斯托尼布鲁克大学中心图书馆和布法罗大学图书馆等 4 所中心图书馆开发并维护共享馆藏。该共享馆藏共购买了 8 所大学出版社的全部出版物,如此,该共享馆藏既有来自 4 个中心图书馆的文献,另外还参加了几个区域研究的馆藏合作开发项目,通过合作共建信息资源,能将保存在其他图书馆的资源记录添加到本馆的目录中,通过成本分摊,从而节省了经费⑤。

---

①⑤　BOOTH H A, O'BRIEN K. Demand-driven cooperative collection development: three cases studies from the USA[J]. Interlending & document supply,2011,39(3):148 – 155.

②　梁子仪. 内地香港高校图书馆跨境馆藏计划效益显著[EB/OL]. [2017 – 07 – 21]. http://hm. people. com. cn/GB/85418/10868346. html.

③　Library Consortium of New Zealand. Library consortium of New Zealand[EB/OL]. [2017 – 06 – 22]. http://www. lconz. ac. nz/.

④　National licensing of digital resources[EB/OL]. [2017 – 06 – 22]. http://ulblin01. thulb. uni-jena. de/agmb/pdf/schaeffler. pdf.

值得一提的是,2004 年 12 月的"Google 图书数字化"(Google Print)项目是与 IT 机构共建虚拟化最有影响的项目。哈佛大学、密歇根州立大学、牛津大学图书馆等最先发起,得州大学图书馆等相继加入,此项目主要对各个成员馆藏资源进行数字化,2015 年完成,项目完成后为研究者提供 100 万册的数字虚拟图书馆便捷查询,从而发掘珍贵馆藏。

OCLC RLG 项目办公室的报告《关于图书馆、档案馆和博物馆之间的协作》(*Beyond the Silos of the LAMs*:*Collaboration among Libraries*,*Archives and Museums*)中提及美英 RLG 五次专题讨论会内容,主要内容包括以下 3 点:①探究三馆共性(图书馆、档案馆和博物馆);②促进三馆合作,产生更强创造力;③打破三馆孤立状态,以共建研究和满足用户期望为目的,爱丁堡大学等 5 所机构于会议中达成合作共识①。《康奈尔大学瞄准 21 世纪领导者角色:信息技术的功效》(*Positioning Cornell University as a Leader in the 21st Century*:*The Role of Information Technologies*)要求高校院系等单位与图书馆共同实现信息获取、加工和再使用②。

纽约大学图书馆、哥伦比亚大学图书馆、纽约公共图书馆、布鲁克林图书博物馆、弗里克艺术参考图书馆、托马斯·沃森大都会艺术图书博物馆、现代艺术图书博物馆等 7 个机构于 2009 年 11 月参与 OCLC 关于图书馆共建共享的讨论,在报告中重点关注以下几方面的内容:存取权限特定许可、馆藏发展、公众共享馆藏与基础设施共建共享,此报告设计的疑问和解答对其他众多图书馆同样具有价值③。

OCLC 同威彻斯特高校图书馆馆长于 2009 年 9 月 30 日向外宣布将建立互帮互助关系,威彻斯特高校图书馆对 OCLC 成员馆提供更丰富的数字内容④。此合作使 OCLC 成员馆获得丰富资源,并完善了 OCLC 的产品与服务。

英国联合信息系统委员会(Joint Information Systems Committee,简称

① ZORICH D,WAIBEL G,ERWAY R. Beyond the silos of the LAMs:collaboration among libraries,archives and museums[EB/OL].[2019 - 03 - 20]. http://www. oclc. org/programs/news/2008-09-26. htm.

② RIEGER O Y. Positioning Cornell University as a leader in the 21st century:the role of information technologies[EB/OL].[2016 - 06 - 22]. http://www. library. cornell. edu/staffweb/CUL% 20IT% . 20Strategic% 20Plan. pdf.

③ WAIBEL G,MASSIE D. Catalyzing collaboration:seven New York city libraries[EB/OL].[2019 - 03 - 20]. http://www. oclc. org/research/publications/library/2009/2009-08. pdf.

④ WALDO. WALDO Westchester academic library directors organization[EB/OL].[2017 - 06 - 22]. http://www. waldolib. org/databases. asp.

JISC)、英国国家图书馆和英国高等教育机构等教育组织于2010年5月21日对关于伊斯兰研究的文献信息进行统计整理①。

纽约西部图书馆资源委员会(Western New York Library Resources Council,简称WNYLRC)开展"基于读者决策采购多馆合作资源建设项目",参与试点的图书馆有7个,包括1所研究型大学、4所综合性大学、1所社区大学和1个大型的图书馆系统,通过该项目为这7个图书馆采购资源建立了标准:除教材、电子资源、连续出版物之外,其他的资源都得通过联合采购的方式,并以馆际互借的形式借给WNYLRC的其他成员馆,或通过直接借阅借给区域内的图书馆成员。每个成员馆在亚马逊上通过使用WNYLRC的账户购买资源,这种购买行为是基于每个成员馆都签署了项目的使用协议,同意为不慎的或不当的购买行为负责。这个试点的成功表明在多类型图书馆联盟之间开展合作项目是可以进行的②。

6.2.2 数字图书馆类项目

现在,通过建立虚拟图书馆、依赖数字化手段收集、处理和利用资源逐渐成为高校图书馆的发展趋势。部分图书馆通过合并众多国家或地区的多种机构数字资源产生、处理和利用的业务流程具备了国际影响。

(1)学位论文虚拟图书馆(Networked Digital Library of Theses and Dissertations,简称NDLTD)由弗吉尼亚理工大学构建,并在美国教育部的委托下获得美国自然科学基金委资助,当前包含全球200多家高校图书馆③。通过在相同平台上构建数字学位论文的创立、标引等流程重新建立高校图书馆学位论文建立和使用的流程,能够运用共同建设的方法增加馆藏,以共同享有的方法提供数字检索和文献传递的服务。例如美国加州理工学院图书馆加入NDLTD,在将本校教员与学子学位论文进行虚拟化处理后构建能使用户容易检索到大量数字学位论文资源的目录。

(2)开放内容联盟(Open Content Alliance,简称OCA)由加州大学图书馆、加利福尼亚大学图书馆等机构共同组建,其规模庞大且全部数字化,目的在于构建一个具有全球信息的虚拟档案馆,在解决版权争议后构建全球

---

① JISC. ETHOS electronic theses online system opening access to UK theses[EB/OL]. [2018-09-22]. http://www.ethos.at.uk/.

② BOOTH H A,O'BRIEN K. Demand-driven cooperative collection development:three cases studies from the USA[J]. Interlending & document supply,2011,39(3):148-155.

③ NDLTD. The networked digital library of theses and dissertations[EB/OL]. [2017-06-22]. http://www.ndltd.org/.

虚拟信息档案馆,能使民众以开放获取的形式便捷地获取数字图书、媒体文件等资源①。

Garba Rujukan 数字项目。由印度尼西亚教育和文化部、社区高等教育研究和服务局、印度尼西亚大学合作建立了一个名为 Garuda 的门户,该门户网站将开放获取作为其内容。这个门户从其成员获得内容,目前为止,其成员包括高等教育机构、研究机构、国家图书馆、公共图书馆和其他机构。该门户网站提供知识共享并将印尼作品介绍给全球用户。2011年,教育和文化部的部门——高等教育总局发布了一项政策,以促进 Garuda 并增加其内容。该政策强制执行,要求每个渴望晋升的教师必须提供其学术著作的网站地址,包括在线期刊、机构知识库、Garuda 或其他门户网站。否则,这些作品的促销评估将为零。Garuda 的主要贡献者都来自高等教育机构。Garuda 的 318 名贡献者中,289 名(91%)来自学术界的门户网站,其余的 29 名(9%)则来自在线期刊②。

Al Manhal 项目。Al Manhal 出版社作为一流的阿拉伯语电子内容服务提供商,利用最顶尖的技术支持专业学者、研究人员以及图书馆用户,集合了出版界以及图书馆界的专业知识③。以上三大项目重组了参与高校图书馆虚拟内容建设和效劳程序。

(3)2008 年 11 月 20 日,欧洲委员会(Europe Commission)与其成员国的文化教育部门(Member States' Ministries of Culture and Education)合作支持的欧洲数字图书馆 Europeana 首次向大众开放④。其提供在线查询近200 万件文化遗产的数字资源,数字资源类型包含影视资料、图片等,其成员馆能以超链接的方法接触到真正的收藏资源,这些将给成员馆的资源建设、检索和数据服务流程带来重新组合。

将高校图书馆的文献资源建设和业务流程重新组配,可以以某一项目为标准,创建合作的数字图书馆项目,以某一方面特殊资源为主要建设线,通过相同平台造福用户。例如美国华盛顿大学图书馆与历史和工业博物馆同西北艺术文化博物馆建立合作关系,对其馆藏数字化并进行服务。美国加州洛杉矶分校与博物馆等互相协作,共建线上档案,加强资源数字化

① KAHLE B. Open content alliance[EB/OL].[2017-06-22]. http://opencontentalliance. org.

② KENNAN M A,CORRALL S, AFZAL W. "Making Space" in practice and education:research support services in academic libraries[J]. Library management,2014,35(8/9):666-683.

③ 世界范围内的出版商与 OCLC 合作,共同改进电子内容的图书馆工作流程[EB/OL].[2015-06-09]. https://www.oclc. org/zhcn-asiapacific/news/releases/2013/201344dublin. html.

④ Europeana[EB/OL].[2017-07-06]. http://pro. europeana. eu/web/guest/europeana-faq.

整合。美国俄勒冈大学图书馆建设俄勒冈州南俄勒冈数字档案项目,关键之处在于保留条例、当地语言词典和原住民有关文献。由英国约克大学、圣三一音乐学院、巴比肯图书馆和伯特维克档案学院合作共建的COL-LAGE数字图书馆收录1500个以上的直播、口述访谈等影音资源。澳大利亚图像数字档案涵盖各高校图书馆、公共图书馆、档案馆等的数字资源,可为项目需求提供服务。

6.3　业务流程重组的内容

6.3.1　建立学术交流新业务流程

高校图书馆为学问研究活动提供支持,而高校图书馆本身也与其他组织合作共同生产学术资源,对机构库等共同进行资源建设,故学术交流模式开始改变,高校图书馆被此种改变波及产生相应的影响。高校图书馆应提供可行策略。

(1)整合各相关机构的数字资源统一提供服务,促进学术交流的国际化

为促成数字资源的生产和传递功能,高校图书馆需要发展信息资源的数字资源化和管理职能,开发新技术实现数据发掘、处理以及利用,使其在资源生产中产生作用。为发展学术交流的国际化、接触到全球数字资源,高校图书馆可以将自身保存的数字化资源与出版者等的资源进行整合并建立新的数字化资源。

例如耶鲁大学的耶鲁文化遗产保存研究所,通过整合耶鲁大学图书馆的馆藏、博物馆馆藏、其他学术部门的科技资源,从而促进文化遗产保护研究的国际化学术交流①。

(2)参与开放获取

学者在新的学术交流模式中既是"用户"又是"生产者""监督者",所以高校图书馆应重视与学者的关系构建。学术交流实践的变革正推动图书馆服务的重组,图书馆正进入诸如出版支持与机构库服务等领域,图书馆涵盖较广资源类型、成员和服务需求的仓储服务正在赶超预印本(preprint)和后印本(postprint),图书馆与学校内部其他组织机构和学校外部部门形成共建共享关

---

① Yale establishes instiute for preservation of cultural heritage [EB/OL]. [2017 – 06 – 22]. http://www. arl. org/news/enews/enews-june2011. shtml#18.

系,它们将为共同建设全新资源而发展新战略合作关系以整合已有资源。

图书馆应通过与教师、学者和学生建立研究过程的直接合作的新模型,倡导后三者直接将其成果发布在图书馆的机构库里。图书馆则通过更广泛地收集开放存取的资源,并加强对这些数据的管理,以一条龙式的服务流程提供给学术人员,使其直接开展学术的生产、发布、传播、利用。

例如2011—2014年伦敦大学学院图书馆战略计划中,支持高水准英国科研是图书馆名誉获得的关键所在,其将对学问资源的开放存取作为重点之一①。2010—2012年杜克大学图书馆的战略计划中,图书馆不仅要收集传统文献资源提供学术研究支持,而且要创新研究方法和开拓新的出版方式,并为学术相关的开放获取提供支持②。

6.3.2 建立项目统一的检索界面

高校图书馆为达到某一指标或目的而与其他组织共建共享检索界面,此界面可进行业务处理和服务提供。例如美国国家网络化文化遗产项目构建的文化遗产查寻网络涵盖多个高校图书馆,可通过文化遗产检索脉络提供统一的检索③。

2018年10月于美国纽约举行的《联合国图书馆"纽约誓愿"倡议》提出:由联合国图书馆作为一个全球社区的实践与成员国,努力开发基于知识网络统一检索的网络,努力实现联合国图书馆机构间合作和一套数字方面的联合行动④。西英格兰大学及南格洛斯特郡分校图书馆建立共同的会员项目,通过协同工作来促进学习和社区参与,它们通过建立统一的开放门户,可为用户提供这些项目内容的一站式访问⑤。波兰文化和科学遗产部通过参加EuropeanaLocal项目,与Europeana合作推广。数字图书馆联盟的建立将分散的数字图书馆统一到同一个网络里,提高了芬兰文化遗

① AYRIS P. UCL library services strategy 2011 – 2014 [EB/OL]. [2017 – 07 – 21]. http://www.ucl.ac.uk/library/strategy.shtml.

② Sharpening our vision: Duke University libraries' strategic plan for 2010 – 2012 [EB/OL]. [2017 – 05 – 28]. http://library.duke.edu/about/planning/2010-2012/.

③ YARROW A, CLUBB B, DRAPER J L. Public libraries, archives and museums: trends in collaboration and cooperation[EB/OL]. [2017 – 06 – 22]. http://www.ifla.org/VII/s8/pub/Profrep108.pdf.

④ The New York Pledge[EB/OL]. [2019 – 03 – 20]. http://www.chinalibs.net/ArticleInfo.aspx?id=456929.

⑤ CHELIN J A. Open doors: library cross-sector co-operation in Bristol, UK[J]. Interlending & document supply, 2015, 43(2): 110 – 118.

产的可见度,这些都使终端用户获取的有用信息大大增加①。芬兰赫尔辛基大学图书馆自2010年初开始,组建了一个新的用户服务小组,这个小组一直在校园图书馆精简服务流程,它的目标是在所有的图书馆建立统一的、清晰的和多功能的用户服务,让用户得到明确的和有组织的服务,这样可以满足所有校园内以及来自互联网的用户的需要②。

挪威开放研究档案也是基于项目建设统一的检索界面,它由4所高校图书馆和5所学院图书馆开发联合搜索引擎。丹麦文化搜索(NOKS)则是由图书馆、档案馆和博物馆等9个机构合作构建的丹麦文化搜索项目,它们开发统一的检索系统,提供115 000个关于图片、图书、小册子、报纸剪报、档案和博物馆展品的数据检索服务。

德国数字图书馆(Deutsche Digitale,简称DDB)计划对数百万件书本、影音资料数字资源化,从而建立超过30 000家图书馆与博物馆共建共享的业务流程。由德国图书馆、档案馆和博物馆共同拥有的门户——德国图书馆、档案馆和博物馆门户(BAMP)的工作原理是总结三者业务流程相通性并用单个数据形式、统一搜索引擎和单种数字档案结构模式重新组合起来,以达到为公众服务的目的。英国的"聚宝盆"项目(Cornucopia)由图书馆、档案馆、博物馆和艺术馆一同参与,创建一个能利用民众网络对超出6000个收藏品的及时反馈数据库实现查寻、询问、科学发掘等的业务流程服务。

CALIS是我国最具代表性的系统业务流程重组。CALIS资源与服务整合方案是通过相异形式的资源和服务完整且有条理的组织来建立知识组织系统的,其以运行于网络上的各类信息资源和传统资源、含有知识产权保护、拥有教学研究大量信息且最有竞争力的资源整合式网络图书馆为基点③。

CASHL项目立足于解决人文社会科学领域文献资源分散、缺乏整合和有效组织的现状,建设高校人文社会科学外文期刊文献保障体系④。

①　MULLEN L B. Libraries for an open environment:strategies,technologies and partnerships[J]. Library hi tech news,2011,28(8):1 - 6.

②　JUNTUNEN A,MUHONEN A,NYGRÉN U,et al. Reinventing the academic library and its mission:service design in three merged Finnish libraries in mergers and alliances[J]. The wider view,2015,3(9):225 - 246.

③　肖珑. CALIS数字资源与服务整合方案[EB/OL]. [2017 - 06 - 22]. http://www.calis. edu. cn.

④　CASHL管理中心. CASHL预备会议纪要[EB/OL]. [2017 - 06 - 22]. http://www.cashl. edu. cn/portal/portal/media-type/html/group/whutgest/page/newest. psml? metainfoId = ABC00000000000000651,2012 - 03 - 18:

"北京高校文献资源统一检索平台"于2014年10月启动,该平台将北京地区88所高校图书馆的电子资源导航检索查询、馆际互借与文献传递、区域参考咨询和文献引用以及网络搜索引擎拓展服务有机整合在一起。用户可以通过统一检索平台进行远程化管理,无缝地获取所需信息和服务①。

武汉大学图书馆、湖北省科技信息研究院、中科院国家科学图书馆武汉分馆等机构由独自奋战转为合作开展,其共同建设的湖北省科技信息共享服务平台为全省用户供应了信息服务②。

由高校图书馆、科技系统图书馆、公共图书馆共同建设的系统跨越式信息资源检索平台——广东省珠三角数字图书馆联盟,可在1.47亿条涵盖9953万篇国内外期刊和416万种国内外书籍资料中进行查寻③。

"深圳文献港"平台,由深圳大学图书馆和深圳图书馆等机构共同组建,能够开展技术、教学、情报等的数字化业务流程。

6.3.3 租用合作机构的软件系统

通过借用共建共享机构的软件系统可以在高校图书馆和其他组织机构合作期间开展相关联的业务活动,并不需要再构建一套新的业务流程。

调研的75所部属高校图书馆中,天津有19所大学共同建设天津大学数字图书馆并共同使用同一计算机管理系统,这样在受到师生喜爱的同时也为图书馆减少劳动量和资源使用。

6.4 对高校图书馆机构和馆员的要求

6.4.1 建立高度统一管理委员会

高校图书馆与其他机构完成某任务或项目时需要集中管理,如果成立图书馆委员会等管理机构,则能更好地协同工作。

英国为更好地研究目标、革新项目并进行广泛协作,通过创建英国博物馆、图书馆及档案馆理事会共享信息资源,同时推动业务的改良,其服务

---

① 北京高校文献资源统一检索平台启动[EB/OL].[2015 – 05 – 18]. http://info. edu. hc360. com/2014/10/2709 35639030. shtml.

② 湖北省科技信息共享服务平台[EB/OL].[2017 – 06 – 22]. http://219. 139. 243. 217/default. aspx.

③ 珠三角数字图书馆联盟[EB/OL].[2017 – 06 – 22]. http://dlib. gdlink. net. cn.

远超公众预想。

新加坡自 2000 年创建的国家图书馆委员会(Singapore National Library Authority,简称 NLB),一直负责新加坡第三大学、新加坡管理大学等高校图书馆和政府部门图书馆的统一管理①,其因高度统一管理性质,极大地提高了全新加坡图书馆管理体制的效率。

6.4.2　建立跨部门专项工作小组

建立一些富有才智的小组和跨学科业务的信息中心或类似的在线科研机构(E-research)②,在学科馆员与专家遇到超出自身专业能力的要求时,可以整合专家、资源等进行学问与研究帮助。

高校图书馆在与其他信息机构合作开展某一项目时,为了保证该项目的顺利推进,应建立临时工作小组,该工作小组围绕合作的项目开展业务,并协调各部门之间的关系。临时项目任务小组将在这种情况下建立起来:有些项目经由高校图书馆与校内外其他信息服务机构协同开展时,他们的某一方都没法单独完成这一任务,于是需要建立这些跨部门工作的任务小组③。武汉大学图书馆结合外界环境与用户需求,推陈出新,设立书籍编制控制小组等,打破岗位设置,这些工作组可以在协同图书馆部门工作的同时共同解决暂时、详细的问题,在参与湖北省数字图书馆资源建设等工作时,均出色完成任务。为确保工作小组最优搭配成员,对于每一个工作小组的人员配置都必须从人员个人能力、见识、性情等方面综合考察,尽量使小组成员达到最优搭配。各个小组间通过定期开会、工作交流等活动,进行沟通交流。此外,"武汉大学图书馆工作网"为各小组的业务沟通提供了统一平台。南开大学图书馆成立信息资源数字化建设中心,此中心由信息部门、数字资源部门、技术部门牵头,主要以整理部分重点学科数字出版物信息、网络无偿获取信息资源和本校特色数据库④,面向南开师生用

---

① CHIA C. Transformation of libraries in Singapore [J]. Library review, 2001, 50 (7/8): 343-348.

② ARL. Transformational times: an environmental scan prepared for the ARL strategic plan review task force[EB/OL]. [2017-03-16]. http://www.arl.org/bm~doc/transformational-times.pdf.

③ 燕今伟,谭明君. 新形势下高校图书馆的组织机构重组[EB/OL]. [2016-11-30]. http://www.lib.cuhk.edu.hk/conference/aldp2007/programme/aldp2007_full_paper/Yan-Jinwei.pdf.

④ 张毅. 建设现代大学图书馆[EB/OL]. [2016-11-30]. http://59.172.208.23:8080/rewriter/E_TUQING/http/vvv9bghm-khar9mds/ArtInfo.aspx?titleid=134039.

户开放,该项工作保障检索和利用价值的信息获得与累积途径的同时,也要为其进行长期的建设与维护。

78%的美国最大的500家大学图书馆都建立了能跨越部门开展业务工作的项目小组,加州大学伯克利分校图书馆存在像行政管理小组、技术服务小组等23个跨部门团体①,这些项目小组的设立一是为了每月将技术部门和主题专家图书馆的成员集中起来进行工作兴趣话题交流;二是交流处理问题的方法并处理容易出错或者容易错误理解的环节;三是提高工作能力并对技术支持提出自身观点和改进措施,最终确定实行哪项技术方针的提案。

康涅狄格大学图书馆提出要以副教务长的要求为根据,通过设立项目团队进而使图书馆再次组配组织框架,从最后形成的组织框架中可以看出5个项目领域分别由图书馆20个团队中的哪些团队负责②,图书馆组织框架重心由内部职能转变成学校支持学术长远计划。

---

① 徐军华.美国大型学术图书馆业务流程重组的实证分析[J].新世纪图书馆,2011(12):84-86.

② FRANKLIN B. Aligning library strategy and structure with the campus academic plan:a case study[J]. Journal of library administration,2009,49(5):495-505.

7 基于机构合并的高校图书馆业务
流程重组优化模式

高校图书馆将成为一个融图书馆、博物馆、档案馆与艺术馆于一体的综合体,复旦大学图书馆前馆长葛剑雄教授在展望未来大学图书馆发展趋势时提出了这一说法①。

数字化浪潮席卷全球,处于漩涡之中的高校图书馆如果继续采用"单兵作战"模式,必然无法应对数字信息环境的发展与用户信息需求变化对其带来的冲击,资源重复建设在所难免。在此情形下,高校图书馆为了自身发展必须寻求一些新的突破,与其他信息机构重组,拓展其业务领域成为其中的突破口。斯坦福大学图书馆业务流程重组在此方面做出积极有益的探索,本章深入分析其成功经验,在此基础上探讨在机构合并过程中产生的业务流程重组优化模式。

7.1 特点

7.1.1 外部的合并带来内部的业务流程重组

机构内部的业务流程重组是第一种重组模式,由高校图书馆自身职能拓展而产生的业务流程重组模式,其动因与着眼点均来自机构内部;高校图书馆与其他信息机构间因某项具体合作带来的业务流程重组是第二种重组模式,推动重组的力量与关注点主要来源于外部。而本章重点探讨的是除此之外的第三种业务流程重组模式——高校图书馆与其他机构之间因合并产生的业务流程重组,区别于前两种模式动因与着眼点的高度统

---

① 侯丽.未来的大学图书馆是啥样——"数字出版与图书馆发展学术研讨会"侧记[N].中国文化报,2010 – 08 – 23(5).

一,该模式的推动力量来自于外部,关注的却是高校图书馆内部,该模式将其目光聚焦于机构合并变革过程中高校图书馆如何完成自身内部业务流程的重组。

7.1.2 限于机构间合并带来的业务流程重组

IT 技术的发展打破了高校图书馆和其他相关信息机构间的壁垒,原本界限分明的不同结构在数字环境中呈现出趋同化趋势,因此机构合并成为大势所趋。以图书馆和博物馆为例,国外有学者发现二者在数字领域扮演的角色已经呈现交融趋势①。美国作家尼科尔森·贝克敏锐地觉察到,图书馆和档案馆的关注点正在逐渐融合,二者的差异越来越小②。

2010 年 3 月,在充分调研的基础上,OCLC 发布了《研究图书馆:危机和制度改革》(Research Libraries, Risks and Systemic Change)的研究报告,对当前研究图书馆面临的风险进行分析和总结是该报告的一大亮点,不仅如此,报告还对研究图书馆如何规避这些风险建言献策,与其他机构合并,以用户需求为中心建立新的业务流程是报告提出的对策之一③。《国际图联战略规划 2010—2012》(IFLA Strategic Plan 2010 - 2012)提及,为了适应充满竞争且快速变化的外部环境,2011—2012 年,国际图联需借助其影响力与专业性,从五个方面发力,重新为图书馆定位:新的形势下,图书馆应该成为一种力量,为用户检索知识、文化遗产和信息资源提供支撑④,这也会进一步打破图书馆与档案馆间的壁垒。未来的图书馆与博物馆将以何种形式存在是美国 IMLS 旗下 UpNext 网站开展的一项讨论,"变革中的角色"是该讨论的热门话题之一,而图书馆和博物馆的合并问题则是所有讨论话题中人们普遍关心的问题⑤。

2009 年 10 月,ARL 和网络信息联盟(The Coalition for Networked Information,简称 CNI)作为共同主办方在华盛顿组织了一次论坛活动。活动中,ARL 与 CNI 指出,集体的力量可以改变诸多现状,高校图书馆可与其

---

①⑤ Libraries challenged to prove their value[EB/OL]. [2016 - 11 - 30]. http://www. library-journal. com/article/CA6728272. html.

② POYNDER R. A question of trust[J]. Information today,2003,20(7):31.

③ MICHALKO J,MALPAS C, ARCOLIO A. Research libraries, risks and systemic change[EB/OL]. [2018 - 10 - 09]. http://www. oclc. org/research/publications/library/2010/2010-03. pdf.

④ IFLA. IFLA strategic plan 2010 - 2015[EB/OL]. [2017 - 08 - 20]. http://www. ifla. org/files/hq/gb/strategic-plan/2010-2015. pdf.

他信息机构合作或合并,重组后的机构拥有集体的力量,可以解决高校图书馆面临的资源建设及最终用户等诸多问题。

不同于第二种重组模式,本章重点探讨的模式是高校图书馆与其他信息机构之间因合并产生的业务流程重组。

7.2　适用性分析

高校图书馆与其他信息机构之间因合并产生的业务流程重组模式主要包括合并开展资源保存业务、合并进行学术生产业务、合并开展技术服务业务等形式。

7.2.1　合并开展资源保存业务

作为信息资源保存、查阅与服务机构,图书馆、博物馆和档案馆因其业务方面的共通性满足重组条件。2000 年 9 月,联合国教科文组织(United Nations Educational,Scientific and Cultural Organization,简称 UNESCO)推出了档案门户网站①,为全世界用户提供了一个访问全世界的档案机构网站的入口。随后,UNESCO 在 2001 年 1 月推出了图书馆门户网站②。UNESCO 此举,用行动证实,在教育、科学与文化传播中,图书馆与档案馆占据着举足轻重的地位。

美国 IMLS 统一管理本国的图书馆和博物馆,也为该类机构的重组提供了有力的佐证。类似的还有英国也将图书馆、档案馆和博物馆三种机构的管理合并到一起组成委员会③,德国则打造了门户网站 BAM 共同管理图书馆、档案馆和博物馆的业务。

国内也不乏合并成功的案例。2009 年 12 月,江南大学图书馆与档案馆成立,该机构即由图书馆与档案馆合并而成。此外,国内不少高校图书馆在本馆内设各类专题博物馆,以此实现机构间的合并与重组,如中南财经政法大学图书馆将货币金融历史博物馆搬进馆内,西南财经大学图书馆

---

① UNESCO. UNESCO archive portal[EB/OL].[2018 – 05 – 18]. http://www. unesco. org/webworld/portal_archives/pages/index. shtml.

② UNESCO. UNESCO library portal[EB/OL].[2018 – 05 – 18]. http://www. unesco. org/webworld/portal_bib.

③ MLA. Museums,libraries and archives corporate plan 2008 to 2011[EB/OL].[2018 – 05 – 18]. http://www. mla. gov. uk/about/ ~ /media/Files/pdf/2008/corporate_plan_2008.

则在设置货币证券博物馆的同时,还将校史陈列馆也"请"进了图书馆。源于机构间信息保存业务的需要,对这些机构进行合并,整合其业务,可以推出更优质的资源服务,满足用户对于信息资源日益变化的需求。

7.2.2 合并开展学术生产业务

早期高校的图书馆与出版社分散在不同位置,两者独立存在,业务却又有千丝万缕的联系;现在,它们提供的资源已集中在图书馆,还增设了新的区域,这一变化最大的受益者便是学生,他们多元化的需求得到了越来越多的满足[①],此举还能够较好地激发学生的创造性思维。

国外学者对 123 家 ARL 成员图书馆中的 63 家展开调研,调研内容涉及图书馆与出版社及出版业的文献活动。调研结果显示:44 家(69.8%)回复称其所属母体大学设有出版社,11 家(17.5%)表示其图书馆与出版社已合并开展学术生产业务,另有 8 家(12.7%)表示图书馆正计划建立或合并出版社。调研的情况反映了图书馆和出版社之间关系的复杂性:在一个例子中,出版社社长向图书馆馆长汇报,但他们的预算是分开的;在另一个机构,出版社社长是大学图书馆馆长,他兼任副教务长一职;在另一个例子中,图书馆员是出版咨询委员会的成员。图书馆和出版社合并的益处包括:协作为特定对象的特定信息需求搜集信息、出版书籍、提供信息服务;便于出版社重版书的数字化;与图书馆员担任出版顾问委员会,出版社共同发起图书馆期刊开放获取,两者合并能便于利用各自专业知识。在 15 名已创建或计划创建图书馆出版社的受访者中,最常见的原因是加强图书馆与该机构的联系/对该机构的贡献。对于这个群体中的许多人来说,他们的机构和/或图书馆也需要更多的出版服务。其他动机还包括探索数字时代的新机遇(特别是在获得资助的情况下),展示学术、同行评审、开放获取专著的市场,以及授权图书馆参与和影响学术出版的变革。22 名受访者指出了图书馆和出版社合作的原因,最常见的情况是,他们希望利用专业知识,他们还希望避免重复的努力。经济需要、财政效率和提高图书馆对母体机构的贡献也是两者合并的动力。一名答复者指出,图书馆出版社出版具有学术重要性以及经济上可行的作品[②]。

国际图联与国际出版商协会(International Publishers Association,简称

---

① 张妮.高校图书馆转变思路各出奇招[N].中国文化报,2013-06-24(7).

② TAYLOR L N,KEITH B W,DINSMORE C. SPEC Kit 357 libraries,presses,and publishing [EB/OL].[2018-07-25].https://digitalcommons.unl.edu/scholcom/63/.

IPA)共同推动了国际图联/IPA 联合协调小组(Joint Steering Group)的成立,该小组的宗旨是最大限度地促进图书馆积极开展与出版领域的合作①。2008 年 1 月,该联合协调小组的首次会议顺利召开,随后,在该联合协调小组的多方推动之下,多个图书馆与出版商有共鸣的话题被提上议事日程②。仅 2009 年,该协调小组便取得了多项重大突破。5 月,IPA 与国际图联、国际科技与医学出版商协会就开放存取达成 7 条共识,《强化对 OA 的讨论:国际图联与 IPA 的联合声明》(*Ehancing the Debate on Open Access：A Joint Statement by the International Federation of Library Associations and Institutions and the International Publishers Association*)③就此诞生。同年 8 月,一场讨论数字图书馆未来的会议在国际图联专业委员会的支持下顺利召开,一份针对数字图书馆未来的愿景声明面世,声明再次提及开放获取,号召图书馆与世界各地的文化机构、出版社等积极开展合作,打破存储形式与地域对信息传播的限制,以开放的形式为用户提供全面而完整的服务④。《免费访问科学文献的华盛顿原则:非营利性出版商声明》(*Washington D. C. Principles for Free Access to Science：A Statement from Not-for-Profit Publishers*)一经公布便得到了包括 ALA 和欧洲学术出版及资源联盟(SPARC Europe)在内的多个图书馆协会的积极拥护与支持。

图书馆和出版社合并反映了它们对在线和开放访问环境的关注——创建元数据、向机构存储库提交文件、分配永久 url、向图书馆目录添加记录等。一般来说,高校图书馆和高校出版社在数字保护和公众资源获得性方面更为活跃。ARL 的 123 个成员图书馆大多从事出版或出版支持活动,如主办数字出版物、管理开放存取出版系统、创建开放教育资源、提供编辑服务或参与学术咨询委员会。81 个机构同时是 ARL 和美国大学出版社协会的成员,其中 21 个机构向图书馆提供出版服务。此外,一些研究型

① IFLA. About the IFLA/IPA steering group[EB/OL]. [2018 – 05 – 18]. http://www. ifla. org/en/about-the-iflaipa-steering-group.

② IFLA. IFLA's 2008 annual report[EB/OL]. [2016 – 05 – 16]. http://www. ifla. org/files/hq/annual-reports/2008. pdf.

③ IFLA. Enhancing the debate on open access：a joint statement by the International Federation of Library Associations and Institutions and the International Publishers Association[EB/OL]. [2018 – 05 – 18]. http://www. ifla. org/files/hq/documents/enhancing-the-debate-on-open-access_final-20090505. pdf.

④ 沃霍尔. 数字图书的未来:用户视角与机构战略[EB/OL]. [2018 – 05 – 18]. http://www. nlc. gov. cn/yjfw/wenjian/ifla/xpress8-zh-2009. pdf.

图书馆也在馆内建立了新的出版社。图书馆和出版社有着相似的使命和角色,它们经常合作甚或合并促进研究和创造性作品的创作、推广、获取和保存,以支持教学、研究、推广和公共奖学金①。

7.2.3　合并开展技术服务业务

对图书馆与提供技术或设备服务的机构如信息技术中心等的相关业务进行重组是技术服务业务重组的主要内容。合并图书馆与计算机或信息技术服务中心已经成为英美高校技术服务业务重组的主要形式之一。完成图书馆与信息技术部门的合并后,美国匹兹堡大学对原有工作流程和人员进行整合,产生了新的运行机制与机构组成②。

将高校图书馆与校内计算中心两者合并较早的是哥伦比亚大学。它将该校的图书馆和学术计算服务中心合并,且由副校长兼任合并后机构的主管(馆长)。它的成功引起了其他大学的纷纷效仿,且开创了一种新的制度,即"首席信息官"(Chief Information Officer)制度③。通过首席信息官管理两大机构的业务,实行全面质量管理,基于用户需求开展业务活动,基于用户评价加强信息服务④。

巴布森学院图书馆的重组涉及图书馆、学校媒体服务部、计算服务部门与学校电话公司,多部门技术服务业务重组与整合后,图书馆信息技术与服务部(Information Technology and Services Division,简称ITSD)应时而生⑤。美国多所高校图书馆的技术服务业务重组与巴布森学院图书馆相类似,如莱斯大学、马里兰大学巴尔的摩分校⑥等。美国泽维尔大学早在2005年就启动了重组业务,该校图书馆与信息中心重组,成立全新的信息资源部,这种强强联合的方式实现了图书馆与信息中心的双赢,因为信息

---

① TAYLOR L N, KEITH B W, DINSMORE C. SPEC Kit 357 libraries, presses, and publishing [EB/OL]. [2018 - 07 - 25]. https://digitalcommons. unl. edu/scholcom/63/.

② 张连分. 美国大学图书馆的机构改革——以泽维尔大学图书馆和信息技术中心合并为例 [J]. 图书馆建设,2009(2):89 - 91.

③ FRANCIS A T, KABIR S H. Reengineering the management of human resources in university libraries[EB/OL]. [2017 - 07 - 18]. https://www. researchgate. net/publication/28808554.

④ HERRO S J. The impact of merging academic libraries and computer centers on user services [D]. Mankato, MN:Minnesota State University,1998:12.

⑤ Babson College Library. BPR in Babson College library[EB/OL]. [2018 - 05 - 18]. http://www3. babson. edu/library.

⑥ TOM K. The merged organization:confronting the service overlap between libraries and computer centers[J]. Library issues:briefings for faculty and administrators,2008,28(5):1 - 4.

技术部门的融入,新技术在图书馆得以最大限度的利用①。

早在1992年,我国台湾地区的元智大学图书馆便开启了与学校计算中心的合并工作,历时4年,两个机构重组并整合为资讯服务处,重组过程中,机构的业务流程、岗位设置与人员结构等都进行了全面整体的再设计②。据本书前述调研,2009年1月,浙江大学整合图书馆、网络与信息中心的业务后,该校两大机构正式完成重组,浙江大学图书与信息中心正式成立。伴随着高校合并潮,2000年7月,西北农林科技大学图书馆与7个科研信息机构合并重组,这是当时少有的高校图书馆与科研信息机构合并的成功案例。另外,中山大学图书馆、南京农业大学图书馆也均存在这种现象,其图书馆与教育技术中心等合并管理。

7.3 业务流程重组的内容

7.3.1 建立统一管理合并资源的业务流程

2009年,《文化遗产保存与保护萨尔茨堡声明》发表,该声明由美国IMLS在萨尔茨堡国际研讨会(SGS)期间,联合会议主办方共同推动完成,声明指出资源不应该被孤立,图书馆要积极通过部门整合实现资源的共享③。

因此,通过整合高校图书馆与其他信息机构资源的形式,完成机构间的合并。合并后统一管理、统一利用的模式,可以使资源效益得以最大化发挥。如高校图书馆与出版社合作时,机构间资源格式的不兼容是整合过程中技术方面的掣肘,而这将给使用者们带来极大的麻烦,整合应该着重打通机构间的业务④。美国犹他州立大学的莫林卡齐尔图书馆在机构重

① 张连分. 美国大学图书馆的机构改革——以泽维尔大学图书馆和信息技术中心合并为例[J]. 图书馆建设,2009(2):89-91.

② LIANG C C, CHENG F, WANG E H. Reengineering university information services:Yuan Ze University's experience[EB/OL].[2018-05-18]. http://net. educause. edu/ir/library/html/cem/cem98/cem9848. html.

③ IMLS,SGS. The preservation of world cultural heritage[EB/OL].[2018-05-18]. http://www. imls. gov/pdf/SGS_Report. pdf.

④ DE BELDER K. 荷兰莱顿大学2020年未来发展宣言书[J]. 鲁超,尚玮娇,编译. 图书情报工作动态,2009(2):3-4.

组过程中,合并了该校出版社,合并后经过业务整合,数字化与开放存取出版物成为出版社的主要业务,其与图书馆的文献服务业务交相辉映,高校图书馆在学术方面的价值因此得以展现。高校图书馆保存人类文化遗产的职能在机构合并过程中得到了越来越重要的体现,美国泽维尔大学在机构重组中,将图书馆与档案馆进行合并,档案馆收藏的珍贵档案在机构合并后由图书馆统一保存与管理。

充分发挥出版社出版教材的优势,以及网络中心的技术优势,高校图书馆可在完成与出版社或网络中心的机构合并后,开拓新的业务领域,如按需开发教学与科研资源。西北农林科技大学图书馆即充分利用合并前高校图书馆与科研信息机构在各自领域的优势,在完成合并组建后,对已有网络课程资源进行统一管理,同时开发新的网络课程,逐步构建一个网络课程资源体系①。

7.3.2　建立统一发现合并资源的业务流程

造成大学低学术影响有以下几个因素:首先,机构内部没有单一的综合集成的学术信息和传播系统,研究成果通常是位于不同的信息系统,这使得潜在用户很难搜索、浏览、访问分散的信息;其次,服务不完善,只提供元数据和摘要而不是全文;最后,不能像对待会议论文和技术报告一样系统地、数字化保存机构的学术成果②。因此,构建一个单一、集成各个机构信息资源的综合集成系统,能方便获取和促进知识共享。

将档案资料等数字化,有利于让合并资源更容易被发现。《2016—2017 年英国剑桥大学图书馆年度报告》(*Cambridge University Library Annual Report for the Year 2016–2017*)提到,剑桥大学图书馆正在开展一个强有力的数字保护计划,通过波隆斯基金会慷慨的资助使之有机会在数字保存的重要领域发挥领导作用,剑桥大学图书馆展览《废弃的历史:中世纪开罗的天才》的启动,吸引了全世界的注意力,它收藏了大量的中世纪犹太手稿,该馆筹款的另一个重点是需要对剑桥各地大量保存的中世纪西方手稿进行分类、保存和数字化,从大学图书馆的 2000 本开始,每一份手稿都

---

①　鞠建伟,张联社,刑永华,等.高等学校与科研院所合并为我校图书馆全面发展提供了新的机遇[J].农业图书情报学刊,2006(3):17–20,28.

②　CHEN K,HSIANG J. The unique approach to institutional repository:practice of Taiwan University[J]. The electronic library,2009,27(2):204–221.

有可能产生令人兴奋的新发现①。2016、2017 年,该馆在数字产品组合中添加了 11 个新系列,2017 年拥有 32 013 个项目中的 464 340 张图片,已经数字化了图书馆自己收藏的许多独特和特殊的资料,例如爱德华一世的宪章,该馆同时与图书馆以外的其他机构如皇家亚洲学会、剑桥彭布罗克学院和西德尼苏塞克斯学院合作,将珍贵档案资料如 16 世纪波斯文学里程碑萨迪的古里斯坦手稿、塞缪尔·沃德的笔记本、詹姆斯国王圣经的最早草稿、专辑《友谊记》(Amicorum)、《朋友之书》(Book of Friends)以及第一个现代地图集等逐步数字化并建立统一发现的平台。《新加坡国家图书馆管理局年度报告 2017/2018》(Singapore National Library Board Annual Report 2017/2018)披露:新加坡国家图书馆委员会由 26 个高校图书馆、公共图书馆、国家图书馆和新加坡国家档案馆组成的网络,为生活、学习社区和知识型国家培养读者,还通过战略合作伙伴关系和丰富的藏品,提高民众认识,促进对新加坡历史和遗产的更大发现。他们收集国家的历史和传统,包括罕见的录音和手稿,与马来西亚、中国、印度合作,收集更多宝贵的历史记忆。然后,利用技术将档案材料数字化,并通过在线网站提供利用,这使得档案馆及其藏品更贴近公众②。

2009 年 11 月,著名的市场调查研究公司研究与市场(Research and Markets)以高校图书馆特色馆藏为切入点,以高校教师为调查对象,深入调查北美地区高校图书馆的特色馆藏使用情况,在对相关调查结果进行整理与分析后,该机构发布了名为《高等教育机构调查:大学图书馆特色馆藏的使用情况》的调查报告,手稿类特色馆藏应纳入图书馆馆藏范围是报告的重要结论之一③。

在为改革战略规划制订发展方向时,加拿大图书馆与档案馆坚持以用户为中心,而要实现这一目标,在设计重组后的流程设计时,要方便用户使用④。因此,在机构合并过程中,对多个机构资源的整合至关重要,制定统

① Cambridge University Library. Cambridge University library annual report for the year 2016 – 2017[EB/OL]. [2019 – 07 – 20]. https://www.lib.cam.ac.uk/files/cu_library_2016-2017_ar_final_lr_30.1.18.pdf.

② Singapore National Library board annual report 2017/2018[EB/OL]. [2018 – 02 – 21]. http://www.nlb.gov.sg.

③ The survey of higher education faculty:use of academic library special collections[EB/OL]. [2018 – 02 – 21]. http://www.researchandmarkets.com/research/6307dd/the_survey_of_high.

④ Library and Archives Canada. Directions for change[EB/OL]. [2018 – 02 – 21]. http://www.collectionscanada.gc.ca/about-us/directions-for-change/index-e.html.

一的标准,建立访问标识与检索平台,可以极大地简化高校图书馆的业务流程,更好地为教学科研提供服务。

前述提及的国外学者对 123 家 ARL 成员图书馆中 63 家展开的调研中,除了调研图书馆、出版社和出版业的文献活动之外,还调研了图书馆使用哪些系统或平台来发布出版社被合并后的出版物,结果显示开放期刊系统(OJS)是广泛使用的公共平台之一,同时还利用和集成数字图书馆和机构存储库系统进行出版,也采用数字学术专用工具如 Scalar 和 Omeka,以及使用常见的 Web 工具,如 WordPress①。

在开辟创新性业务方面,美国内华达州拉斯维加斯大学图书馆开辟了新的途径。在信息技术的支撑下,该馆在其检索平台开设新的检索框——"搜索特色藏馆",通过该检索框,用户能够一次性获取馆藏的照片、手稿与口述历史资料,检索框成功帮助用户在馆藏中收获探索历史的乐趣②,此举也免除了用户全网搜寻特藏资料的困扰。建有手稿收藏网络的高校图书馆少之又少,建立目录检索平台的更少,而阿德莱德大学巴尔·史密斯图书馆(Barr Smith Library)便是这其中的少数。美国泽维尔大学完成了图书馆与信息技术中心的合并与重组,新的图书馆建立了一站式检索服务平台③,用户可以通过该平台实现对文献信息资源、课程管理资源等馆藏目录的一站式检索。位于美国犹他州盐湖城的家谱图书馆是目前世界上保存家谱记录最大的图书馆之一,该馆对馆藏的图书、期刊、微缩胶卷等资源提供一站式检索。

7.3.3 建立统一服务的技术支撑业务流程

《数字化合并:图书馆的未来》(*Digital Convergence:Libraries of the Future*)一书重点提到:数字环境下,数字化技术应该充分运用到机构间的合并与重组中④。信息技术的合理运用是高校图书馆与其他机构合并与重组时,重新设计业务流程的过程中应该重点考虑的因素。

---

① TAYLOR L N,KEITH B W,DINSMORE C. SPEC Kit 357 libraries,presses,and publishing[EB/OL].[2018 – 07 – 25]. https://digitalcommons. unl. edu/scholcom/63/.

② SOMMER T. UNLV special collections in the twenty-first century[J]. Information technology and libraries,2009,12:184 – 186,190.

③ TOURISTS G. Hit Salt Lake City Library in search of family tree[EB/OL].[2018 – 02 – 21]. http://www. canadaeast. com/rss/article/1084232.

④ EARNSHAW R A,VINCE J A. Digital convergence-libraries of the future[M]. Springer,2008:249.

第一,增加用户获取技术指导的机会。机构合并带来设备的整合,技术部门的现代化设备随着机构合并流入图书馆,强化了图书馆的服务设施,用户有更多的机会利用这些新增服务设施为自身的教学与科研服务。

第二,机构合并为用户提供便捷服务。现阶段,图书馆普遍使用一卡通完成进出门禁、借阅等服务,一卡通的顺利使用离不开信息技术部门的支撑。合并前,用户解决一卡通出现的相关问题只能往返奔波于图书馆与信息技术部门之间,两个机构完成合并重组后,图书馆的业务处理流程中嵌入了一卡通处理技术,用户处理一卡通出现的相关问题变得十分便捷,这也能够极大地保障用户使用图书馆的效率。

第三,机构合并后,图书馆的业务由原有的馆内技术业务拓展为全校性的技术业务管理。合并信息技术部门带来的技术优势,使图书馆能够将已有的网络与技术融入全校大环境之中,更好地为教学与科研提供服务。开发全新的课程管理系统是美国布兰迪斯大学图书馆在机构合并后为教学与科研提供的最新服务。与技术部门的合并,使得新系统的开发成为可能。该系统充分结合了院系教学内容与特征、图书馆馆藏资源等内容,极大地方便了用户的教与学。2009 年 1 月,合并与重组后的浙江大学图书与信息中心,立足自身优势,确定了新机构的发展目标,即成为在为学校"双一流"建设中提供集高水平文献资源与信息化网络于一体的公共服务体系。

7.4 对高校图书馆机构和馆员的要求

相关调查显示,我国现阶段高校图书馆与其他信息机构的合并处于较浅层次的状态,名义上机构完成了合并,实际上除了采用一套领导班子以外,其他均实行分头管理的做法。这种合并显而易见属于浅层融合,并没有涉及实质性的重组,合并带来的系统优势完全无法发挥,也不符合图书馆业务流程重组的理论要求。

本书以为,现阶段,高校图书馆业务流程的开展对馆内机构设置和馆员的依赖程度较高。为了减少这种依赖性,合并后的高校图书馆可以进行适当的机构改革,为后续的高校业务流程重组做准备。

本书提出的此种高校图书馆业务流程重组优化模式的机构改革如图 7-1 所示。

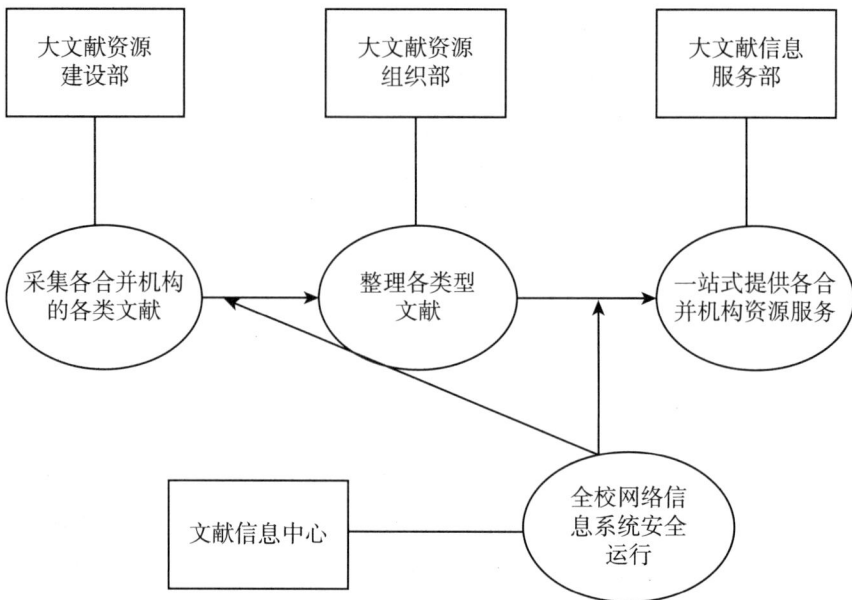

图 7 - 1　合并后高校图书馆机构改革及其支撑的业务流程重组

资料来源:作者绘制。

　　机构重组后,合并了别的机构后的图书馆全权负责全校的各种类型、各种介质、各种形态的文献资源建设与服务是最大的特点。这也是新设立的大文献资源建设部的主要工作职责。这里的文献资源涉及纸质文献、数字化文献、档案与文物文献,文献资源的采集还应将待审核、待出版的文献纳入其中。

　　大文献资源建设部完成其对文献资源的收集业务流程之后,第二个业务流程——大文献资源组织正式开启,该业务由大文献资源组织部组织与实施。各类文献资源在这里得到充分的加工与整理,同时对于收集到的待出版文献进行相关处理,使其进入出版程序。这种图书文献的出版模式体现出了巨大的优势,图书馆与出版社的合并,使得书稿引文的核对更加及时有效,同时用户对文献资源采购的建议也能及时被了解,图书因此可以实现按需出版。加州大学伯克利分校图书馆的 OPAC 体现了强大的联机检索功能,该系统对收录资源充分整合,用户可以通过该系统获取加州大学伯克利分校所有图书馆以及校外其他图书馆的资源,重组带来的便利可想而知[①]。

---

①　徐军华.美国大型学术图书馆业务流程重组的实证分析[J].新世纪图书馆,2011(12):84 - 86.

　　重组后的第三个业务流程即为大文献信息服务业务。信息服务可以改变原有模式,依据学科设置阅览室,阅览室的文献资源类型不再进行区分,图书、期刊、报纸可以出现在同一阅览室,其他不便依学科放置的文献资源则另辟保存位置。档案与文物资料源于其自身特性,可以原址存放。学科阅览室在设立的同时,完整的资源体系与检索目录同样必不可少,用户对相关资源有需求时,可采取资助或寻求馆员帮助的形式。

　　同时,因设立学科阅览室而多出来的图书馆空间,可以用于设立学科交流中心。学科交流中心应集资源、专家与学生为一体,为用户提供面对面交流与学习的机会。在此中心,专业馆员的工作由以"书"为中心转换为以"人"为中心,同时专业馆员还应发挥其学科优势,保障用户交流活动的顺畅,在与用户交流时,不应抱着为了交流而交流的心态,应充分挖掘用户的隐性知识,并认真保存。微信、微博、博客、SNS 等即时通信软件也为专业馆员提供了便捷,他们可以利用这些工具为学科交流中心的用户开通网络交流方式。

　　《ARL 行动计划 2019—2021》(*ARL Action Plan 2019 – 2021*)提到未来优先考虑的目标之一即研究型图书馆将通过学习创新实践,建立领导创新组织的能力,研究型图书馆将致力于促进、发展和共享、用户互动创新文化的环境,ARL 将支持其成员、研究和学习型社区在他们自己的机构内推进"设计开放科学"[①]。

　　英国贝蒂和戈登·摩尔科学图书馆的研究支持图书馆员开发了一系列 YouTube 视频,作为"23 项研究"培训计划的一部分,以互动学习工具的方式,帮助师生用户交流研究创新想法。《剑桥大学图书馆 2016—2017 年年度报告》(*Cambridge University Library Annual Report for the Year 2016 – 2017*)也提到:一个由学院、教职员工、院系分馆馆员和总馆馆员组成的小组研究馆员对于学生的教学辅助作用,该小组引入更多的技术应用,将教学辅助内容嵌入自己的网站和培训计划中,增加关于文本和数据挖掘的视频,以扩展支持创新和开放研究实践的工具,以支持所有人的互动学习[②]。

　　《英国剑桥大学图书馆 2015—2018 年战略规划》提到:我们将重新构想现有的图书馆空间,开发信息和研究中心,以创建互动的、鼓舞人心的环

---

① ARL action plan 2019 – 2021[EB/OL].[2019 – 03 – 20]. http://www. chinalibs. cn/ArticleInfo. aspx?id = 457657.

② Cambridge University library annual report for the year 2016 – 2017[EB/OL].[2019 – 03 – 20]. http://www. chinalibs. cn/ArticleInfo. aspx?id = 448942.

境,满足所有图书馆用户不断变化的需求①。

　　与此同时,完成与图书馆合并的出版社,在开展图书出版业务时,也可参照各学科阅览室与网站模块的设置。随着图书馆学科服务模块的重组,其网站模块也要进行与之对应的重组,在各个不同模块嵌入对应的各类资源与服务,用户根据自身需求在相应模块完成一站式的信息获取服务业务,或通过网络与该领域内的专家学者进行即时交流。

① Cambridge University library strategic plan 2015 – 2018[EB/OL]. [2019 – 03 – 20]. http://www. chinalibs. net/ArticleInfo. aspx?id = 448941.

8 总结与展望

8.1 研究总结

本书通过调研获得的部属 75 所高校图书馆的相关数据,分析得出其弊端有三:其一是现有业务流程主要是以文献为本,而非以用户为中心;其二是现有的业务流程当需要多方协调时显得不够灵敏,甚至有互相推诿的现象出现,且高校图书馆的业务流程未能很好地与教学进行对接融合;三是现有的机构设置较为简单单一,现有的空间设置也多以静为主,少有可供师生用户开展讨论交流的实体与虚拟空间。同时,本书还分别调研了560 位高校教师、1183 位高校在读或已毕业学生、800 位高校图书馆馆员等,了解他们对于高校图书馆业务流程的满意度、接受度及态度,结论是:馆员认为现有高校图书馆业务流程中有冗余流程,应进行重组;师生用户认为高校图书馆目前的业务流程存在不够简便、以物为中心、在教学辅助方面支撑力度较为欠缺等问题。基于此,本书通过优化高校图书馆业务流程重组模式,有效地解决了高校图书馆业务流程存在的弊端,重组后的业务流程围绕用户开展工作、以知识内容为基准统筹各项工作、强调交互性、部室设置较为灵活。

同时,优化的高校图书馆三大模式中的第一种较好地解决了数字环境变化、数字资源增加、用户信息需求变化、高校图书馆职能拓展等问题;第二种模式较好地解决了开放存取、高校图书馆直接参与学术生产、高校各兄弟图书馆之间合作业务增多等问题;第三种优化模式较好地解决了现有阶段高校图书馆与其他机构融合合并后如何处理其业务流程等困境。

8.1.1 重组后的业务流程注重用户性

本书针对传统的高校图书馆中无处不在的"以文献为本"的理念和现象展开剖析,认为其多年来素以物——文献为中心,无论是纸质文献还是数字文献的加工、整理、组织、提供、利用等一整套业务成为高校图书馆的核心业务流程,同时各种政策法规、规章制度均以如何有利于文献管理而建立,内部组织机构的构建也主要依据文献的各道工序所对应的业务内容为基准,等等。在这样的情况下,读者的需求难以有效满足,读者对图书馆的评价有可能较低。

在得出这样的调研结论后,本书有针对性地研究了第一种优化的高校图书馆业务流程重组模式,该种模式旗帜鲜明地强调高校图书馆的业务流程设置、机构重组等均应"以用户为本"。该流程将用户置于全馆的中心,所有业务流程均围绕用户开展,即当师生用户进入图书馆后,用户只需进入重组模式里设计的各个不同的学科中心即可,其需求、行动、服务等均由事先设计好的业务流程开启运转,该流程将由现有的主要由用户在图书馆里来回跑动找文献、获取信息变为由各馆员来回跑动为用户找文献、为文献找用户。

另外,结合高校图书馆现有的特点以及前述调研中高校师生认为高校图书馆与教学辅助、支撑、融合的力度不够的现状,考虑我国高等教育新形势新变化,本书在大量借鉴国外先进经验的基础上,构建了将图书馆服务嵌入教学科研的一整套业务流程,包括提供课程大纲、讲座、实验资料、文本、预备读物、课外活动、合作课程、作业、项目或评估设计、师生与图书馆员教学合作的记录等,甚至提出在大学开始招生时图书馆即主动介入,主动向学生发送与教授新分配项目相关的教学内容,同时提供优秀的信息素养教育,以及协助学生求职就业等服务业务流程,从整个人才培养的链条来嵌入图书馆的服务。

8.1.2 重组后的业务流程基于知识性

基于前述调研,高校图书馆存在纸质文献业务处理和数字文献业务处理两条不同的流程管理,而被调研的对象均对此表达了异议,认为不论是纸质的还是数字的,其内容才是最重要的,一站式、一条龙式的信息服务才是令人满意的。

基于此,本书对提出的三种业务流程重组优化模式均展开了针对性的研究。第一种优化模式里提出构建一种基于知识内容而不管其文献外在形态的业务流程,通过学科中心融通两种文献的业务处理流程;第二种基于项目合作的高校图书馆业务流程重组优化模式,通过建立统一的平台,重组两者之间的资源与服务;而第三种业务流程重组优化模式基于用户的一站式信息需求,从大文献观出发,不论其资源形式是图书,还是档案,或者展览品,重组合并各机构的所有资源于统一的平台。

8.1.3 重组后的业务流程强调交互性

前述调研结论表明师生用户与图书馆馆员之间沟通不畅,同时也缺乏师生之间、学生之间在图书馆的交流互动的机制。基于此,本书在优化重组流程方面着重考虑了交互性的问题。

根据高校师生的个性特点,图书馆在重构的各个学科中心里,进行空间再造,实现动静分区,鼓励师生到交流区开展各种研讨,因为是相同或相似的学科所建立的中心,故到此中心的主要都是本学科的师生,这样的交流探讨更容易开展。鼓励教师将课堂搬到图书馆,让师生在充满浓郁书香氛围的图书馆里教与学。在师生交流过程中,图书馆员做好录像以及课堂文字记录等工作,这样既能为该门课的师生在课后提供利用,也能作为资料保存在图书馆,为以后学习该门课程的师生做参考借鉴所用。

8.1.4 重组后的部室设置具有灵活性

本书前述调研表明,部属的 75 所高校图书馆的机构设置较为僵硬,师生用户的调查报告也反映图书馆的机构设置过于晦涩难懂。基于此,本书对部室设置进行了优化,通过机构的优化来顺应重组后的业务流程,重组后的机构设置将用户服务部置于最中心,其他如参考咨询部、资源建设部、数字技术部、临时任务小组等均围绕该部门开展自己的业务,既让用户只知有"用户服务部"即可,而不让其再对图书馆的业务和部室设置感到茫然,同时又能让各部室之间统一围绕该部开展工作,协调性、灵活性均会增强。

8.2 研究展望

本书所开展的关于数字环境下的高校图书馆业务流程重组模式研究,与新时代高等教育新形势高度契合,与当前蓬勃发展的高校图书馆改革、转型、发展的生动局面密切相关,与数字时代的师生用户变化多样的信息需求精准吻合。未来的进一步研究拓展可在以下方面着力推进:大数据环境下高校图书馆的机遇与转型研究、高校图书馆精准助力"双一流"建设研究、一流本科教育视角下高校图书馆嵌入教学研究等。

参考文献

一、英文部分

[1] Academic libraries should give up book-by-book collecting, article argue[EB/OL]. [2017 - 07 - 21]. http://lj. libraryjournal. com/2012/02/academic-libraries/article-argues-academic-libraries-should-give-up-book-by-book-collecting/.

[2] ACRL. ACRL and ALA call for increased public access to federally funded research[EB/OL]. [2017 - 06 - 26]. http://www. ala. org/ala/newspresscenter/news/pressreleases2010/january2010/publicaccess_wo. cfm.

[3] ACRL. ACRL 2009 strategic thinking guide for academic librarians in the new economy [EB/OL]. [2012 - 05 - 20]. http://stephenslighthouse. sirsidynix. com/archives/2009/04/acrl_strategic. html.

[4] ACRL. Environmental scan 2007[EB/OL]. [2016 - 09 - 22]. http://www. acrl. org/ala/acrl/acrlpubs/whitepapers/Environmental_Scan_2. pdf.

[5] ACRL. From stacks to the web: the transformation of academic library collecting[EB/OL]. [2017 - 08 - 23]. http://crl. acrl. org/content/early/2012/01/09/crl-309. full. pdf.

[6] ACRL. Real faculty in our minds alone[EB/OL]. [2016 - 05 - 22]. http://acrlog. org/2008/09/09/real-faculty-in-our-minds-alone/.

[7] ACRL Research Planning and Review Committee. 2010 top ten trends in academic libraries: a review of the current literature[EB/OL]. [2018 - 07 - 06]. http://crln. acrl. org/content/71/6/286. full.

[8] ALA. ALA core competences of librarianship[EB/OL]. [2017 - 07 - 27]. http://www. lama. ala. org/lamawiki/images/e/eb/Info_doc_-_ALA_Core_Competences_June_6. pdf.

[9] ALA. ALA 2015 strategic plan outlines key goals, objectives for the future[EB/OL]. [2019 - 03 - 20]. http://ala. org/ala/newspresscenter/news/pr. cfm?id = 5932.

[10] ALA. ALA urges FCC to consider role of libraries in economic development[EB/OL]. [2017 - 05 - 28]. http://www. ala. org/ala/newspresscenter/news/pressreleases2009/december2009/fcc_wo. cfm.

[11] ALA. American Library Association launches ALA connect[EB/OL]. [2017 - 07 -

27］. http：//www. ala. org/ala/ewspresscenter/news/pressreleases2009/april2009/ala-connectlaunch. cfm.

［12］ALA［EB/OL］.［2018 – 07 – 06］. http：//www. alaannual. org/.

［13］ALA. The state of America's libraries 2018［EB/OL］.［2019 – 03 – 18］. https：//americanlibrariesmagazine. org/blogs/the-scoop/state-of-americas-libraries-2018/.

［14］AMENSIS G. An evaluation of BPR implementation at Jimma University：challenges and success［D］. Jimma：Jimma University,2014：30,31.

［15］ANDERSON I. University of California libraries and Springer sign pilot agreement for open access journal publishing［EB/OL］.［2017 – 07 – 27］. http：//www. Cdlib. Org/Springucopen_Accesspressreleasefinal. pdf.

［16］ANGILETTA A M,BOURG C,NAKAO R. Report on results of library use and user satisfaction survey at Stanford［EB/OL］.［2015 – 07 – 27］. http：//www-sul. stanford. edu/about_sulair/survey/Web_version_Survey_April2004. ppt.

［17］ARL action plan 2019 – 2021［EB/OL］.［2019 – 03 – 20］. http：//www. chinalibs. cn/ArticleInfo. aspx?id = 457657.

［18］ARL. ARL strategic plan 2010 – 2012［EB/OL］.［2017 – 04 – 23］. http：//www. arl. org/arl/governance/strat-plan/.

［19］ARL. Social software in libraries［EB/OL］.［2016 – 12 – 20］. http：//www. arl. org/news/pr/spec304-19aug08. shtml.

［20］ARL. Transformational times：an environmental scan prepared for the ARL strategic plan review task force［EB/OL］.［2017 – 03 – 16］. http：//www. arl. org/bm ~ doc/transformational-times. pdf.

［21］Association of College and Research Libraries. Value of academic libraries：a comprehensive research review and report［EB/OL］.［2018 – 03 – 04］. http：//www. acrl. ala. org/value.

［22］A transition to hybrid library：practice in Shanghai library［EB/OL］.［2017 – 07 – 16］. http：//www. wujianzhong. name/? m = 201010.

［23］AYRIS P. UCL Library services strategy 2011 – 2014［EB/OL］.［2017 – 07 – 21］. http：//www. ucl. ac. uk/library/strategy. shtml.

［24］Babson College Library. BPR in Babson College Library［EB/OL］.［2018 – 05 – 18］. http：//www3. babson. edu/library.

［25］BADKE W. Infolit land：the path of least resistance［J］. Online searcher,2013,37(2)：65 – 67.

［26］BBERNDTSON M. "What and why libraries?"—looking at what libraries might look like and why we still need them now and into the future［EB/OL］.［2018 – 07 – 06］. http：//conference. ifla. org/sites/default/files/files/papers/ifla77/123-berndtson-en. pdf.

［27］BEARD C,BAWDEN D. University libraries and the postgraduate student:physical and virtual spaces［J］. New library world,2012,113(9/10):439 – 447.

［28］BOOTH H A, O'BRIEN K. Demand-driven cooperative collection development:three case studies from the USA［J］. Interlending & document supply, 2011, 39 (3): 148 – 155.

［29］BOSCH S, HENDERSON K, KLUSENDORF H. Periodicals price survey 2011:under pressure,times are changing［EB/OL］. ［2017 – 12 – 20］. http://www. libraryjournal. com/lj/home/890009-264/periodicals_price_survey_2011_under. html. csp.

［30］Brewster. Open content alliance［EB/OL］. ［2017 – 06 – 22］. http://opencontentalliance. org.

［31］Building sustainable futures:libraries strategic plan:2011 – 2013［EB/OL］. ［2012 – 03 – 05］. http://www. lib. washington. edu/about/strategicplan/.

［32］Cambridge University library annual report for the year 2016 – 2017［EB/OL］. ［2019 – 03 – 20］. http://www. chinalibs. cn/ArticleInfo. aspx?id = 448942.

［33］Cambridge University Library. Cambridge University library working together:a strategic framework 2010 – 2013［EB/OL］. ［2016 – 03 – 20］. http://www. lib. cam. ac. uk/ strategic_framework. pdf.

［34］Cambridge University library strategic plan 2015 – 2018［EB/OL］. ［2019 – 03 – 20］. http://www. chinalibs. net/ArticleInfo. aspx?id = 448941.

［35］CARL. The university librarian:providing value to the research university［EB/OL］. ［2019 – 03 – 22］. http://www. carl-abrc. ca/.

［36］CHANG C C,LIN C Y,CHEN Y C,et al. Predicting information-seeking intention in academic digital libraries［J］. The Electronic library,2009,27(3):448 – 460.

［37］CHANG C. Library mobile applications in university libraries［J］. Library hi tech, 2013,31(3):478 – 492.

［38］CHELIN J A. Open doors:library cross-sector co-operation in Bristol,UK［J］. Interlending & document supply,2015,43(2):110 – 118.

［39］CHEN K,HSIANG J. The unique approach to institutional repository:practice of Taiwan University［J］. The electronic library,2009,27(2):204 – 221.

［40］CHIA C. Transformation of libraries in Singapore［J］. Library review,2001,50(7/8): 343 – 348.

［41］CHOH N L. Libraries of the future:what our users want:the NLB Singapore's perspective［EB/OL］. ［2018 – 05 – 05］. http://conference. ifla. org/sites/default/files/files/ papers/ifla77/122-ngian-en. pdf.

［42］CONNAWAY L S,DICKEY T J,RADFORD M L. If it is too inconvenient I'm not going after it:convenience as a critical factor in information-seeking behaviors［J］. Library & information science research,2011,33(3):179 – 190.

[43] Cornell University Library. Books & Bytes: librarians as information managers [EB/OL]. [2016 – 06 – 22]. http://guides. library. cornell. edu/librarycareers.

[44] Council on Library and Information Resources. Library as place: rethinking roles, rethinking space [EB/OL]. [2017 – 07 – 16]. http://www. clir. org/pubs/reports/pub129/pub129. pdf.

[45] CREASER C, CULLEN S, Curtis R, et al. Working together: library value at the University of Nottingham [J]. Performance measurement and metrics, 2014, 15(1/2): 41 – 49.

[46] CURRIE L, DEVLIN F, EMDE J, et al. Undergraduate search strategies and evaluation criteria: searching for credible sources [J]. New library world, 2010, 111 (3/4): 113 – 124.

[47] DAVEY A, TUCKER L K. Enhancing higher education students' employ ability and career management [J]. Library review, 2010, 59(6): 445 – 454.

[48] DAVID M L. The place of libraries in a digital age [J]. Journal of information processing and management, 2002, 45(1): 1.

[49] DENISON D R, MONTGOMERY D. Annoyance or delight? College students' perspectives on looking for information [J]. The journal of academic librarianship, 2012, 38 (6): 380 – 390.

[50] Digital library partnership gives MIT access to additional online resources [EB/OL]. [2017 – 06 – 28]. HathiTrusttp://02. 120. 96. 123/news/2011-06-15/qb11061566. HathiTrustm.

[51] DOUGHERTY R M. Being successful in the current turbulent environment [J]. Journal of academic librarianship, 2001, 27(4): 263 – 267.

[52] EARNSHAW R A, VINCE J A. Digital convergence-libraries of the future [M]. Springer, 2008: 249.

[53] ELIZABETH M, AQUILA D. Factors contributing to Business Process Reengineering implementation success [D]. Minneapolls: Walden University, 2017: 6, 7.

[54] Europeana [EB/OL]. [2017 – 07 – 06]. http://dev. europeana. eu/home. php.

[55] FRANCIS A T, KABIR S H. Reengineering the management of human resources in university libraries [EB/OL]. [2017 – 07 – 18]. https://www. researchgate. net/publication/28808554.

[56] FRANKLIN B. Aligning library strategy and structure with the campus academic plan: a case study [J]. Journal of library administration, 2009, 49(5): 495 – 505.

[57] Georgia University human rights digital library [EB/OL]. [2016 – 03 – 20]. http://www. civilrights. uga. edu/index. html.

[58] Google generation [EB/OL]. [2016 – 08 – 22]. http://www. jisc. ac. uk/whatwedo/programmes/resourcediscovery/googlegen. aspx.

[59] GORE A. Nobel Prize winner Al Gore on the environment and the eternal role of librar-

ies. American Libraries[EB/OL].[2018 – 05 – 28]. http://americanlibrariesmaga-
zine. org/columns/newsmaker-al-gore.

[60]GRANT D. A wide view of business process reengineering[J]. Communications of the
ACM,2002,1(45):2.

[61]GREEN D. ARL partners in grant to study value of academic libraries[EB/OL].[2017 –
07 – 21]. http://www. arl. org/news/pr/ROI-grant-12jan10. shtml.

[62]GROVER V,FIEDLER K D,TENG J T C. Exploring the success of information technol-
ogy enabled business process reengineering[J]. IEEE transactions on engineering man-
agement,1994,41(3):276 – 284.

[63]HABLEY J. School librarian sidentified as "Go-to" person for digital content[EB/
OL]. [2019 – 03 – 20]. http://ala. org/ala/news press center/news/pr. cfm?
id = 7381.

[64]HAGLUND L,OLSSON P. The impact on university libraries of changes in information
behavior among academic researchers:a multiple case study[J]. The journal of academ-
ic librarianship,2008,34(1):52 – 59.

[65]HAMMER M,CHAMPY J. Reengineering the corporation:a manifesto for business revo-
lution[M]. New York:Harper Business Press,1993:12.

[66]Harvard Library. Harvard Library's borrow direct leads to better,deeper,richer service
[EB/OL].[2017 – 05 – 08]. http://hul. harvard. edu/news/2011_0829. html.

[67]Harvard University Library[EB/OL].[2017 – 07 – 21]. http://hul. harvard. edu/
ois/ldi/.

[68]Harvard University Library[EB/OL].[2017 – 07 – 16]. http://lib. harvard. edu/li-
braries/listings_affil. html#affil.

[69]HathiTrust and OCLC to work together to enhance discovery of digital collections[EB/
OL].[2017 – 06 – 28]. HathiTrusttp://www. oclc. org/us/cn/news/releases/20097.
HathiTrustm.

[70]About HathiTrusttp[EB/OL].[2017 – 06 – 28]. HathiTrusttp://www. hathitrust. org/
sites/www. hathitrust. org/adfiles/hathi_10132008. pdf.

[71]HAYMAN R,SMITH E E. Sustainable decision making for emerging educational tech-
nologies in libraries[J]. Reference services review,2015,43(1):7 – 18.

[72]HEAD A J,EISENBERG M B. Finding context:what today's college students say about
conducting research in the digital age[EB/OL].[2017 – 06 – 26]. http://www. pro-
jectinfolit. org/pdfs/PIL_Progress Report_2_2009. pdf.

[73]HERRO S J. The impact of merging academic libraries and computer centers on user
services[D]. Mankato,MN:Minnesota State University,1998:12.

[74]HOSKIN C. An enduring presence:special collections of the Barr Smith Library at the
University of Adelaide[J]. The Australian library journal,2009,58(2):160 – 72.

[75]HURST S. Current trends in UK university libraries[J]. New library world,2013,114 (9/10):398 – 407.

[76]IFLA. About the IFLA/IPA steering group[EB/OL]. [2018 – 05 – 18]. http://www. ifla. org/en/about-the-iflaipa-steering-group.

[77]IFLA. Enhancing the debate on open access:a joint statement by the International Federation of Library Associations and Institutions and the International Publishers Association[EB/OL]. [2018 – 05 – 18]. http://www. ifla. org/files/hq/documents/enhancing-the-debate-on-open-access_final-20090505. pdf.

[78]IFLA. IFLA's 2008 annual report[EB/OL]. [2016 – 05 – 16]. http://www. ifla. org/ files/hq/annual-reports/2008. pdf.

[79]IFLA. IFLA statement on libraries and development[EB/OL]. [2019 – 03 – 18]. http://www. ifla. org/node/7982.

[80]IFLA. IFLA strategic plan 2010 – 2015[EB/OL]. [2017 – 08 – 20]. http://www. ifla. org/files/hq/gb/strategic-plan/2010-2015. pdf.

[81]IFLA. IFLA trend report 2018[EB/OL]. [2019 – 05 – 28]. https://trends. ifla. org/ files/trends/assets/documents/ifla_trend_report_2018. pdf.

[82]IFLA. Our vision,our future—a strong and united library field powering literate, informed and participative societies[EB/OL]. [2019 – 03 – 18]. https://www. ifla. org/ node/11905.

[83]IFLA. World Library and Information Congress:77th IFLA General Conference and Assembly[EB/OL]. [2018 – 07 – 06]. http://conference. ifla. org/ifla77/calls-for-papers/innovative-information-services-in-the-digital-environment.

[84]IMLS,SGS. The preservation of world cultural heritage[EB/OL]. [2018 – 05 – 18]. http://www. imls. gov/pdf/SGS_Report. pdf.

[85]Infomine[EB/OL]. [2016 – 03 – 20]. http://infomine. ucr. edu.

[86]ISaint Michael's College. Library and information services strategic plan[EB/OL]. [2017 – 07 – 16]. http://www2. smcvt. edu/library/about/reports/TaskforcFaculty. doc,2012-03-23.

[87]Ithaka S + R. Briefing paper on progress and opportunities for HathiTrust[EB/OL]. [2016 – 06 – 22]. http://www. hathitrust. org/documents/hathitrust-3year-review-2011. pdf.

[88]JEAL Y. Reengineering customer services:University of Salford information services division[J]. New library world,2005,106(7):352 – 362.

[89]JISC. ETHOS electronic theses online system opening access to UK Theses[EB/OL]. [2018 – 09 – 22]. http://www. ethos. at. uk/.

[90]JISC. Summary of the JISC strategy 2007 – 2009[EB/OL]. [2018 – 09 – 22]. http:// www. jisc. ac. uk/publications/publications/pub_strategy2007summary. aspx.

[91]JOHN J L. Digital lives research project[EB/OL]. [2018 - 09 - 22]. http://www. bl. uk/digital-lives/index. html.

[92]JOO S,CHOI N. Factors affecting undergraduates' selection of online library resources in academic tasks[J]. Library hi tech,2015,33(2):272 - 291.

[93]JUNTUNEN A,MUHONEN A,NYGRÉN T,et al. Reinventing the academic library and its mission:service design in three merged Finnish libraries in mergers and alliances [J]. The wider view,2015,3(9):225 - 246.

[94]KARI K H,BARO E E. The use of library software in Nigerian University libraries and challenges[J]. Library hi tech news,2014,31(3):15 - 20.

[95]KELLER M A. Linked data:the next frontier for discovery and navigation[EB/OL]. [2017 - 07 - 27]. http://www. sal. edu. cn/2012/xcbd-Info. asp?id = 1970.

[96]KENNAN M A,CORRALL S,AFZAL W. "Making Space"in practice and education:research support services in academic libraries[J]. Library management,2014,35(8/9): 666 - 683.

[97]KIM K S,SIN S C J. Selecting quality sources:bridging the gap between the perception and use of information sources [J]. Journal of information science, 2011, 37 (2): 178 - 188.

[98]KNAPP J. Plugging the whole:librarians as interdisciplinary facilitators [EB/OL]. [2018 - 05 - 05]. http://conference. ifla. org/sites/default/files/files/papers/ifla77/ 142-knapp-en. pdf.

[99]KONT K R,Jantson S. Organization of work in Estonian university libraries:a review and survey[J]. New library world,2014,115(9/10):452 - 470.

[100]KUMAR S,VOHRA R. User perception and use of OPAC:a comparison of three universities in the Punjab region of India [J]. The electronic library, 2013, 31 (1): 36 - 54.

[101]LAW D. As for the future,your task is not to foresee it,but to enable it[EB/OL]. [2018 - 09 - 22]. http://conference. ifla. org/sites/default/files/files/papers/ifla77/ 122-law-en. pdf.

[102]LEE H L. Information structures and undergraduate students[J]. The journal of academic librarianship,2008,34(3):211 - 219.

[103]LEVINE A. The Horizon Report 2011 edition[EB/OL]. [2017 - 12 - 20]. http:// www. nmc. org/publications/2011-horizon-report.

[104]LIANG C C,CHENG F,WANG E H. Reengineering university information services: Yuan Ze University's experience[EB/OL]. [2018 - 05 - 18]. http://net. educause. edu/ir/library/html/cem/cem98/cem9848. html.

[105]LIBER. 48th LIBER annual conference[EB/OL]. [2019 - 05 - 23]. https://liber-conference. eu/.

［106］Libraries challenged to prove their value［EB/OL］.［2016 – 11 – 30］. http://www. li-
　　　braryjournal. com/article/CA6728272. html.

［107］Library and Archives Canada. Directions for change［EB/OL］.［2018 – 02 – 21］. ht-
　　　tp://www. collectionscanada. gc. ca/about-us/directions-for-change/index-e. html.

［108］Library Consortium of New Zealand. Library Consortium of New Zealand［EB/OL］.
　　　［2017 – 06 – 22］. http://www. lconz. ac. nz/.

［109］Library Strategic Plan 2010 – 2014［EB/OL］.［2017 – 05 – 26］. http://workspace.
　　　imperial. ac. uk/library/Public/Strategic_Plan_2010-2014. pdf.

［110］LI W. Librarians-new roles in a new era, learning services manager the University of
　　　Auckland［EB/OL］.［2017 – 07 – 16］. http://cflms. lib. sjtu. edu. cn/Archive/2011/.

［111］LONG M P,SCHONFELD R C. Ithaka S + R survey 2010:insights from U. S. academic
　　　library directors ［EB/OL］.［2016 – 06 – 22］. http://www. ithaka. org/ithaka-s-r/re-
　　　search/ithaka-s-r-library-survey-2010.

［112］MADDEN M,ZICKUHR K. 65% of online adults use social networking sites［EB/
　　　OL］.［2015 – 12 – 28］. http://www. pewinternet. org/Reports/2011/Social-Networ-
　　　king-Sites. aspx.

［113］MADHUSUDHAN M,NAGABHUSHANAM V. Web-based library services in universi-
　　　ty libraries in India:an analysis of librarians' perspective［J］. The electronic library,
　　　2012,30(5):569 – 588.

［114］MAHARANA B,PANDA K C. Planning business process reengineering(BPR)in ac-
　　　ademic libraries［J］. Malaysian journal of library & information science,2001,6
　　　(1):105 – 111.

［115］MARTIN J. The information-seeking behavior of undergraduate education majors:does
　　　library instruction play a role? ［J］. Evidence Based Library and Information Practice,
　　　2008,3(4):4 – 17.

［116］MAYO J L,WHITEHURST A P. Temporary librarians in academe:current use,future
　　　considerations［J］. Reference services review,2012,40(3):512 – 524.

［117］MCMENEMYDAVID M. Reviewing libraries and librarianship:what has changed in 80
　　　years? ［J］. Library Review,2007,56(1):8 – 10.

［118］Metamorphose:the changing role of the modern research library［EB/OL］.［2019 – 06 –
　　　28］. http://rlukconference. com/call-for-papers-2018/.

［119］MICHALKO J, MALPAS C, ARCOLIO A. Research libraries, risks and systemic
　　　change［EB/OL］.［2018 – 10 – 09］. http://www. oclc. org/research/publications/li-
　　　brary/2010/2010-03. pdf.

［120］MLA. Museums,libraries and archives corporate plan 2008 to 2011［EB/OL］.［2018 – 05 –
　　　18］. http://www. mla. gov. uk/about/ ~ /media/Files/pdf/2008/corporate_plan_2008.

［121］MUHONEN A,SAARTI J,VATTULAINEN P. From the centralized national collection policy towards a decentralized collection management and resource sharing co-opera-tion-Finnish experiences[J]. Library management,2014,35(1/2):111 – 122.

[122]MULLEN L B. Libraries for an open environment:strategies,technologies and partner-ships[J]. Library hi tech news,2011,28(8):1 – 6.

[123]MURRAYR R. Library systems:synthetise, specialize, mobilize[EB/OL]. [2015 – 01 – 11]. http://www. ariadne. ac. uk/is-sue48/murray/.

[124] Museums, Libraries, Archives Council. Getting the most from RFID [EB/OL]. [2017 – 03 – 16]. http://www. mla. gov. uk/news_and_views/press_releases/2010/RFID.

[125]MWAI N W,KIPLANG'AT J,GICHOYA D. Application of resource dependency theory and transaction cost theory in analysing outsourcing information communication serv-ices decisions[J]. The electronic library,2014,32(6):786 – 805.

[126]National Diet Library. Vision for the NDL'60th anniversary:Nagao vision[EB/OL]. [2016 – 09 – 22]. http://www. ndl. go. jp/en/aboutus/vision_60th. html.

[127]National Library digitisation strategy 2010 – 2015[EB/OL]. [2015 – 12 – 28]. ht-tp://www. natlib. govt. nz/about-us/policies-strategy/national-library-digitisation-strategy.

[128]National licensing of digital resources[EB/OL]. [2017 – 06 – 22]. http://ulblin01. thulb. uni-jena. de/agmb/pdf/schaeffler. pdf.

[129]NDLTD. The networked digital library of theses and dissertations[EB/OL]. [2017 – 06 – 22]. http://www. ndltd. org/.

[130]OCLC. New report:a slice of research life:information support for research in the Unit-ed States[EB/OL]. [2018 – 09 – 22]. http://www. oclc. org/research/news/2010-06-16. htm.

[131]OCLC. New Report, support for the research process:an academic library manifesto [EB/OL]. [2019 – 03 – 20]. http://www. oclc. org/research/publications/library/2009/2009-07. pdf.

[132]OCLC. OCLC publishes FY 2014 annual report[EB/OL]. [2018 – 05 – 28]. http://www. infodocket. com/2014/11/19/oclc-releases-fy-2014-annual-report/.

[133]OCLC,Ohio State University. The library in the life of the user:engaging with people where they live and learn[EB/OL]. [2017 – 08 – 19]. https://www. oclc. org/news/releases/2015/201532dublin. en. html

[134]OCLC. Online Catalogs:what users and librarians want[EB/OL]. [2019 – 03 – 20]. http://www. oclc. org/reports/onlinecatalogs/default. htm.

[135]OCLC. Sharing,privacy and trust in our networked world:a report to the OCLC mem-bership[EB/OL]. [2016 – 06 – 08]. http://www. educause. edu/Resources/Sharing-PrivacyandTrustInOurNet/162191.

［136］O'CONNOR S,JILOVSKY C. Approaches to the storage of low use and last copy re-
search materials［J］. Library collections,acquisitions & technical services,2008,32
(3/4):121－126.

［137］OLIVER J T. One-shot Wikipedia:an edit-sprint toward information literacy［J］. Ref-
erence services review,2015,43(1):81－97.

［138］Our partnership［EB/OL］. ［2017－06－28］. HathiTrusttp://www. hathitrust. org/
partnership.

［139］PALMER C L,LAUREN C,TEFFEAU C M. Scholarly information practices in the on-
line environment:themes from the literature and implications for library service devel-
opment［EB/OL］. ［2016－09－22］. http://www. oclc. org/programs/publications/
reports/2009-02. pdf.

［140］Penn libraries issue new strategic plan［EB/OL］. ［2018－03－15］. http://www. li-
brary. upenn. edu/docs/publications/ivyleaves/IvyLeavesFall2010. pdf.

［141］POLANKA S. E-books:21st century technologies in libraries［EB/OL］. ［2019－06－18］.
http://photos. state. gov/libraries/malaysia/99931/lrc/slides _ Ebooks _ 21Century-
feb2012. pdf.

［142］POLIZZOTTO L. Creating opportunity through innovation:strategies for entrepreneurial
success［EB/OL］. ［2016－04－01］. http://www. startecflorida. com/conference/
speakers. asp.

［143］POTTER W G,COOK C,KYRILLIDOU M. ARL profile:research libraries 2010［EB/
OL］. ［2017－07－21］. http://www. arl. org/bm ~ doc/arl-profiles-report-2010. pdf.

［144］POYNDER R. A question of trust［J］. Information today,2003,20(7):31.

［145］PRABHA C. Shifting from print to electronic journals in ARL university Libraries［J］.
Serials review,2007,33(1):4－13.

［146］Primary Research Group. The survey of academic libraries,2008-09 Edition［EB/OL］.
［2017－05－28］. http://www. researchandmarkets. com/reportinfo. asp? cat_id =
0&report_id =607750&q = academic%20libraries&p = 1.

［147］PURCELL K,RAINIE L,ROSENSTIEL T,et al. How mobile devices are changing com-
munity information environments［EB/OL］. ［2017－12－20］. http://www. pewinter-
net. org/ ~ /media//Files/Reports/2011/PIP-Local%20mobile%20survey. pd.

［148］Quote Invetigator［EB/OL］. ［2019－03－18］. https://quote investigator. com//li-
brary/.

［149］RAPP D. Charleston Conference 2011:big ideas,big challenges［EB/OL］. ［2017－05－
26］. http://www. thedigitalshift. com/2011/11/publishing-2/charleston-conference-
2011-big-ideas-big-challenges/.

［150］RATHJE B D,Mcgrory M,POLLITT C,et al. Designing and building integrated digital
library systems-guidelines［EB/OL］. ［2018－04－23］. https://files. eric. ed. gov/

fulltext/ED494538. pdf.

[151] Reshaping scholarship: transformation, innovation and cultural change [EB/OL]. [2019 – 06 – 28]. http://rlukconference. com/.

[152] Revised strategy 2010[EB/OL]. [2016 – 06 – 08]. http://www. library. manchester. ac. uk/aboutus/strategy/.

[153] RIEGER, O Y. Positioning Cornell University as a leader in the 21st century: the role of information technologies, Cornell University Library[EB/OL]. [2016 – 06 – 22]. http://www. library. cornell. edu/staffweb/CUL% 20IT% . 20Strategic% 20Plan. pdf.

[154] RIN. Researchers' use of academic libraries and their services [EB/OL]. [2017 – 07 – 06]. http://rin. ac. uk/files/libraries-report-2007. pdf.

[155] SCHONFELD R C, WRIGHT R H. Faculty survey 2009: key strategic insights for libraries, publishers and societies[EB/OL]. [2017 – 07 – 16]. http://www. ithaka. org/ithaka-s-r.

[156] SCImago. SJR-SCImago Journal & Country Rank[EB/OL]. [2015 – 06 – 18]. http://www. scimagojr. com.

[157] SHAFIQUE F. Librarianship: how is the future perceived by librarians in Pakistan[J]. Library review, 2007, 56(9): 811 – 820.

[158] Sharpening our vision: Duke University libraries' strategic plan for 2010 – 2012[EB/OL]. [2017 – 05 – 28]. http://library. duke. edu/about/planning/2010-2012/.

[159] SHEEJA N K. Science vs social science[J]. Library review, 2010, 59(7): 522 – 531.

[160] SIBHATO H, SINGH A P. Evaluation on BPR implementation in ethiopian higher education institutions[J]. Global journal of management and business research, 2012, 12(11): 1 – 27.

[161] Singapore National Library Board annual report 2017/2018[EB/OL]. [2018 – 02 – 21]. http://www. nlb. gov. sg.

[162] SOMMER T. UNLV special collections in the twenty-first century[J]. Information technology and libraries, 2009, 12: 184 – 186, 190.

[163] Stanford University Libraries & Academic Information Resources[EB/OL]. [2018 – 02 – 21]. http://www-sul. stanford. edu/about_sulair/deps_units_progs/org_charts. html.

[164] State of America's libraries 2019[EB/OL]. [2019 – 06 – 18]. http://www. ala. org/news/state-americas-libraries-report-2019.

[165] STEPHENS M. Ten trends & technologies for 2009[EB/OL]. [2017 – 03 – 16]. http://tametheweb. com/2009/01/12/ten-trends-technologies-for-2009/.

[166] Strategic Plan: 2010 – 2015[EB/OL]. [2017 – 07 – 21]. http://www. bu. edu/library/about/strategic-plan-9-06. html.

[167] The British Library. Digitisation strategy 2008 – 2011[EB/OL]. [2017 – 07 – 06]. ht-

tp://www. bl. uk/aboutus/stratpolprog/digi/digitisation/digistrategy/index. html.

[168] The British Library. Growing knowledge: the British Library's strategy 2011 – 2015 [EB/OL]. [2018 – 05 – 21]. http://www. bl. uk/aboutus/stratpolprog/strategy1115/ index. html.

[169] The British Library. The British Library improves electronic access with new DRM platform from leading provider, File Open Systems [EB/OL]. [2017 – 07 – 06]. ht-tp://www. bl. uk/news/2009/pressrelease20091126. html.

[170] The British Library. The British Library's strategy 2008 – 2011 [EB/OL]. [2017 – 07 – 06]. http://www. bl. uk/aboutus/stratpolprog/strategy0811/strategy 2008-2011. pdf.

[171] The British Library. Business & Ip Centre [EB/OL]. [2017 – 12 – 20]. http://www. bl. uk/bipc/aboutus/index. html.

[172] The National Library of Australia. Directions 2009 – 2011 [EB/OL]. [2018 – 02 – 21]. http://www. nla. gov. au/library/directions. html.

[173] The New Media Consortium. 2009 horizon report [EB/OL]. [2017 – 03 – 16]. http:// net. educause. edu/ir/library/pdf/CSD5810. pdf.

[174] The New York Pledge [EB/OL]. [2019 – 03 – 20]. http://www. chinalibs. net/Arti-cleInfo. aspx?id = 456929.

[175] The survey of higher education faculty: use of academic library special collections [EB/ OL]. [2018 – 02 – 21]. http://www. researchandmarkets. com/research/6307dd/ the_survey_of_high.

[176] The UC Berkeley Library [2018 – 02 – 21]. http://www. lib. berkeley. edu/Catalogs/ melvyl_pilot_faq. html.

[177] The University Library System of Pittsburgh. University of Pittsburgh D-scribe digital publishing [EB/OL]. [2017 – 07 – 16]. http://www. library. pitt. edu/dscribe/.

[178] The University of Hong Kong Libraries. Going full-force with E-only Journals: looking forward to 2009 [EB/OL]. [2017 – 07 – 16]. www. lib. hku. hk/general/focus/sep08/ 2008Sep_Text. doc.

[179] The University of Hong Kong Libraries. Redefining libraries: Web 2. 0 and other chal-lenges for library leaders [EB/OL]. [2017 – 07 – 16]. http://lib. hku. hk/leader-ship/2007. html.

[180] TOM K. The merged organization: confronting the service overlap between libraries and computer centers [J]. Library issues: briefings for faculty and administrators, 2008, 28 (5):1 – 4.

[181] TOURISTS G. Hit Salt Lake City Library in search of family tree [EB/OL]. [2018 – 02 – 21]. http://www. canadaeast. com/rss/article/1084232.

[182] Toward 2015: Cornell University Library strategic plan, 2011 – 2015 [EB/OL]. [2016 – 06 – 22]. http://www. library. cornell. edu/sites/default/files/CUL_Strategic_Plan_

2011-2015 (re-numbered) _1. pdf.

[183]TYRNI J. It takes courage to make mistakes—how to get the staff involved in making the future library[EB/OL]. [2018 – 05 – 05]. http://conference. ifla. org/sites/default/files/files/papers/ifla77/123-tyrni-en. pdf.

[184]UCHE L H. Challenges of software use in Nigerian University libraries:review of experiences from 1990 – 2009[EB/OL]. [2015 – 05 – 26]. http://www. webpages. uidaho. edu/_mbolin/imo-igbo. pdf.

[185]UNESCO. UNESCO archive portal[EB/OL]. [2018 – 05 – 18]. http://www. unesco. org/webworld/portal_archives/pages/index. shtml.

[186]United Nations 2030 Agenda[EB/OL]. [2019 – 03 – 18]. https://sustainabledevelopment. un. org/content/documents/21252030% 20Agenda% 20for% 20Sustainable% 20Development% 20web. pdf.

[187]University information technology service[EB/OL]. [2017 – 06 – 28]. http://uits. iu. edu/page/awac.

[188]University library strategic plan 2011 – 2016[EB/OL]. [2017 – 05 – 26]. http:// www. ncl. ac. uk/library/about/strategic_plan/.

[189]VENKATRAMAN N. "IT-induced business reconfiguration", in the corporation of the 1990s:information technology and organizational transformation[M]. New York:Oxford University Press,1991:122 – 158.

[190]WAIBEL G,MASSIE D. Catalyzing collaboration:seven New York City librarie[EB/ OL]. [2019 – 03 – 20]. http://www. oclc. org/research/publications/library/2009/ 2009-08. pdf.

[191]WALDO. WALDO westchester academic library directors organization[EB/OL]. [2017 – 06 – 22]. http://www. waldolib. org/databases. asp.

[192]Washington State University libraries strategic plan,2014 – 2019[EB/OL]. [2019 – 05 – 08]. https://strategicplan. wsu. edu/#.

[193]WICKRAMANAYAKE L. Information-seeking behavior of management and commerce faculty in SriLankan universities[J]. Library Review,2010,59(8):624 – 636.

[194]WILLIAMS P. Utah State University Press merges with Merrill-Cazier library[EB/ OL]. [2017 – 07 – 27]. http://www. usu. edu/ust/index. cfm? article = 40291.

[195]WITTENBERG K. Librarians as publishers:a new role in scholarship Comm UNI Cation[J]. Academic Research Library,2004,12(10):50.

[196]Yale Establishes Instiute for preservation of cultural heritage[EB/OL]. [2017 – 06 – 22]. http://www. arl. org/news/enews/enews-june2011. shtml#18.

[197]Yale University Science Libraries. Our intention is to move to electronic-only for almost all journals[EB/OL]. [2016 – 07 – 23]. http://www. library. yale. edu/science/ news. html.

[198]YARROW A,CLUBB B,DRAPER J L. Public libraries,archives and museums:trends in collaboration and cooperation[EB/OL]. [2017 – 06 – 22]. http://www. ifla. org/ VII/s8/pub/Profrep108. pdf.

[199]YBP Library Services. Excellence in academic libraries award[EB/OL]. [2017 – 07 – 27]. http://www. ala. org/ala/mgrps/divs/acrl/awards/excellenceacademic. cfm.

[200]2018 year in review:a look back at the stories that affected libraries [EB/OL]. [2019 – 05 – 04]. https://americanlibrariesmagazine. org/2019/01/02/2018-year-in-review/.

[201]YELTO A. President's report ALA annual 2018[EB/OL]. [2019 – 07 – 06]. http:// www. ala. org/lita/.

[202]YOON H Y. Characteristics of team-based organization introduced to academic libraries in South Korea[J]. The Journal of Academic Librarianship,2005,31(4):358 – 365.

[203]ZHA X J,LI J,YAN Y L. Comparison between Chinese and English electronic resources[J]. Library hi tech,2013,31(1):109 – 122.

[204]ZORICH D,WAIBEL G,ERWAY R. Beyond the silos of the LAMs:collaboration among libraries,archives and museums [EB/OL]. [2019 – 03 – 20]. http://www. oclc. org/programs/news/2008-09-26. htm.

二、中文部分

[205]ADAMS BECKER S,CUMMINS M,DAVIS A,et al. 新媒体联盟地平线报告:2017 图书馆版[J]. 赵艳,魏蕊,高春玲,等,译. 图书情报工作,2018(3):114 – 152.

[206]ARL 2019 年秋季论坛将于 9 月 26 日举行[EB/OL]. [2019 – 05 – 06]. http://i-ras. lib. whu. edu. cn:8080/rwt/305/http/P75YPLUDNB VX6ZLMNFSHGLUPMW 4A/ArticleInfo. aspx?id = 454812.

[207]CALIS 管理中心. 从共建共享走向融合开放——2018 年度 CALIS 年会在北京大学 召开[EB/OL]. [2019 – 05 – 06]. http://iras. lib. whu. edu. cn:8080/rwt/305/http/ P75YPLUDNBVX6ZLMNFSHGLUPMW4A/ArticleInfo. aspx?id = 448565.

[208]CASHL 管理中心. CASHL 预备会议纪要 [EB/OL]. [2017 – 06 – 22]. http:// www. cashl. edu. cn/portal/portal/media-type/html/group/whutgest/page/newest. psml? metainfoId = ABC00000000000000651,2012-03-18:

[209]DE BELDER K. 荷兰莱顿大学 2020 年未来发展宣言书[J]. 鲁超,尚玮娇,编译. 图书情报工作动态,2009(2):3 – 4.

[210]EDUCAUSE 发布最新报告:2015 年美国高等教育十大 IT 问题 [EB/OL]. [2015 – 07 – 11]. http://www. edu. cn/xxh/xy/xytp/201503/t20150325_1240751. shtml.

[211]e 线图情. e 线图情 2010 年度 10 大国际动态[EB/OL]. [2012 – 09 – 16]. http:// www. chinalibs. net//ArtInfo. aspx? titleid = 219074.

[212]GARNE T.史密森学会 2020 年未来发展宣言书[J].鲁超,尚玮娇,编译.图书情报工作动态,2009(2):4.

[213]HEALY L W. Outsell 公司 2020 年未来发展宣言书[J].孙敏杰,译.图书情报工作动态,2009(2):27 - 28.

[214]IMLS. IMLS 倡导图书馆服务要适应 21 世纪终身学习需求[EB/OL].[2017 - 06 - 26]. http://www. chinalibs. net2009-8-31http://59. 172. 208. 23:8080/rewriter/E_TUQING/http/vvv9bghm-khar9mds/ArtInfo. aspx? titleid = 145241.

[215]Ithaka S + R 高校教员调查[EB/OL].[2016 - 06 - 22]. http://lib. heuu. edu. cn:88/tsgzc/list. asp? unid = 1079http://www. sal. edu. cn/2012/Rc_check. asp? detail_id = 159&id = .

[216]MILIC-FRAYLING N. 微软研究院 2020 年未来发展宣言书[J].鲁超,尚玮娇,编译.图书情报工作动态,2009(2):11 - 12.

[217]MOUNTIFIELD H. 大学图书馆的角色变化——奥克兰大学的经验[EB/OL].[2016 - 05 - 28]. http://cflms. lib. sjtu. edu. cn/Archive/2011/.

[218]OCLC. OCLC 发布 WorldCat Mobile 测试版[EB/OL].[2019 - 03 - 20]. http://www. oclc. org/asiapacific/zhcn/news/releases/20095. htm.

[219]PRASAD A R D.印度统计学院 2020 年未来发展宣言书[J].苏娜,编译.图书情报工作动态,2009(2):4 - 6.

[220]STEPHENS M.图书馆员应该关注的 10 大技术趋势[EB/OL].[2016 - 06 - 22]. http://libpig. blog. edu. cn/.

[221]泰塞.国际图联主席:图书馆员比随意性强的 Google 强大[EB/OL].[2016 - 06 - 10]. http://www. chinanews. com/.

[222]艾歇尔.并非任何声音都令图书馆员心烦[EB/OL].[2018 - 11 - 08]. http://www. ifla. org/annual-conference/ifla75/xpress6-zh-2009. pdf.

[223]艾歇尔.图书馆的未来[EB/OL].[2017 - 04 - 23]. http://ssaion. cn/yjfw/wenjian/ifla/xpress6_zh_final. pdf.

[224]北京大学图书馆.北京大学图书馆信息咨询部试行学科化咨询服务新模式[EB/OL].[2017 - 07 - 16]. http://162. 105. 138. 207/tongxun/tx2002/news23 (61). htm#1.

[225]北京大学图书馆多媒体部.北京大学图书馆新型多媒体服务受到用户关注,服务效益显著[EB/OL].[2016 - 09 - 22]. http://162. 105. 138. 207/tongxun/tx2002/news20. htm#3.

[226]北京高校图书馆联合体介绍[EB/OL].[2018 - 11 - 08]. http://www. xzeu. cn/ReadNews. asp? NewsID = 337.

[227]北京高校文献资源统一检索平台启动[EB/OL].[2015 - 05 - 18]. http://info. edu. hc360. com/2014/10/2709 35639030. shtml.

[228]不断生长的知识:不列颠图书馆 2015—2023 战略[N].曲蕴,马春,编译.新华书

目报,2015 – 03 – 20(A07).

[229]蔡发翔.图书馆的作用是什么[EB/OL].[2017 – 06 – 26].http://cflms. lib. sjtu. edu. cn/Archive/2011/.

[230]陈爱平.专家建言打造面向未来的高校图书馆[EB/OL].[2015 – 07 – 21].ht-tp://www. sh. xinhuanet. com/2014-11/26/c_133815054. htm.

[231]陈进.大学图书馆发展的精彩之道[EB/OL].[2018 – 04 – 12]. http://cflms. lib. sjtu. edu. cn/Archive/2012/.

[232]陈进.人生无处不创新[EB/OL].[2018 – 04 – 12]. http://www. chinalibs. net2008-6-30http://59. 172. 208. 23:8080/rewriter/E_TUQING/http/vvv9bghm-khar9mds/ArtInfo. aspx? titleid = 109196.

[233]陈进.数字环境下的图书馆功能定位和服务模式[EB/OL].[2018 – 04 – 12]. ht-tp://www. dl-china. org/? tag = % E6% 95% B0% E5% 9B% BE% E7% A0% 94% E8% AE% A8% E7% 8F% AD.

[234]陈能华,龚蛟腾,肖冬梅.图书馆业务流程重组与机构设置的一般模式[J].图书馆,2004(6):70 – 73,109.

[235]陈晓林.再造工程与大学图书馆业务流程重组[J].前沿,2006(8):244 – 246.

[236]陈艳.基于大数据的图书馆业务流程再造研究[J].新世纪图书馆,2014(6):28 – 31.

[237]陈叶军.市场化数字化成主导,文化产业面临"全方位改革"[EB/OL].[2015 – 06 – 20]. http://www. gov. cn/xinwen/2014-07/14/content_2716964. htm.

[238]陈晔.图书馆的变革与发展[EB/OL].[2017 – 07 – 16]. http://www. zjedu. org/upload/201006/201006241408523 478. ppt.

[239]成都11所高校图书馆开放首日,老校区挤新校区[EB/OL].[2015 – 07 – 23].ht-tp://news. xinhuanet. com/edu/2014-12/02/c_127268754. htm.

[240]成年国民手机接触时间最长,人均84. 87 分钟[N].中国青年,2019 – 04 – 18(8).

[241]初景利.图书馆的未来与范式转变——IFLA 2011 年大会侧记[EB/OL].[2018 – 02 – 21]. http://ir. las. ac. cn/handle/12502/3882.

[242]初景利,许平,钟永恒,等.在变革的环境中寻求图书馆的创新变革——美国七大图书情报机构考察调研报告[J].图书情报工作,2011(1):10 – 16,69.

[243]崔凤雷,燕今伟:求实拓新创辉煌[J].高校图书馆工作,2008(1):18 – 20.

[244]代根兴.当代高校图书馆的功能定位与发展趋势[EB/OL].[2017 – 06 – 21].ht-tp://bjgxtgw. ruc. edu. cn/gzyj/ddgxtsgdw. ppt.

[245]樊丽萍,叶梦蝶.大学的门:开也不是,不开也不是[N].文汇报,2012 – 05 – 03(A).

[246]费希明.基于用户需求的图书采访业务流程重组过程分析[J].图书馆学研究,2014(11):42 – 45.

[247]冯毅.国外大学图书馆的特色和理念[N].吉林日报,2014 – 02 – 17(8).

[248]甘华鸣.业务流程[J].北京:中国国际广播出版社,2002:93.

[249]高度关注教育系统,让高等教育"活"起来[EB/OL].[2015 – 06 – 21].http://info. edu. hc360. com/2015/04/011729656770. shtml.

[250]高飞,缪小燕.图书馆业务流程重组的动因与效能分析[J].北京农学院学报,2004(2):48 – 52.

[251]高明中.大学图书馆业务流程重组的理论研究与实践[J].图书馆建设,2006(1):62 – 64.

[252]格洛莉亚·佩雷斯-萨尔梅隆,许桂菊,徐路.图书馆:社会变革的驱动器[J].图书馆杂志,2018(11):4 – 10.

[253]葛剑雄.葛剑雄馆长关于 Wind 等问题的回复[EB/OL].[2018 – 11 – 08].http://www. library. fudan. edu. cn/services/libnews. htm#ge_wind1001.

[254]关于开展国家教育体制改革试点的通知[EB/OL].[2018 – 05 – 26].http://www. edu. cn/zong_he_870/20110113/t20110 113_570048. shtml.

[255]国家中长期教育改革和发展规划纲要(2010—2020 年)[EB/OL].[2018 – 05 – 28].http://www. gov. cn/jrzg/2010-07/29/content_1667143. htm.

[256]韩荔华.高校图书馆用户服务业务工作社会化探讨[EB/OL].[2017 – 07 – 27].http://www. lib. bnu. edu. cn/balis/lectures. htm.

[257]韩晓玲.高校图书馆逐步走向社会[N].湖北日报,2015 – 04 – 21(8).

[258]何腊梅.1998—2004 年《高原医学杂志》载文、著者和引文情况统计分析[J].医学信息,2007(4):601 – 605.

[259]黑龙江省图书馆.黑龙江省图年接待用户逾百万[EB/OL].[2017 – 07 – 16].http://www. sdll. cn/plus/view. php? aid = 6298.

[260]侯丽.未来的大学图书馆是啥样——"数字出版与图书馆发展学术研讨会"侧记[N].中国文化报,2010 – 08 – 23(5).

[261]胡越.面对挑战积极探索,把握机遇共谋发展——写在"图书馆学科化、个性化服务的发展"国际学术研讨会召开之前[EB/OL].[2015 – 10 – 21].http://59. 172. 208. 23:8080/rewriter/E_TUQING/http/vvv9bghm-khar9mds/ArtInfo. aspx? titleid = 112963.

[262]湖北省科技信息共享服务平台[EB/OL].[2017 – 06 – 22].http://219. 139. 243. 217/default. aspx.

[263]华南理工大学图书馆[EB/OL].[2016 – 09 – 22].http://www. lib. scut. edu. cn/index. jsp.

[264]黄如花,徐军华.图书馆业务流程重组(BPR)的动因[J].图书馆论坛,2009(6):180 – 183.

[265]黄翔.在"系统基模"理论启发下探讨高校图书馆业务流程再造[J].商界论坛,2013(1):261 – 263.

[266]黄燕云.编目业务社会化后的思考[EB/OL].[2017 - 07 - 27].http://bjgxtgw. ruc. edu. cn/gzdd/jb2007-1. doc.

[267]江苏鼓励高校图书馆免费向市民开放[EB/OL].[2015 - 07 - 23].http://news. 163. com/14/1128/15/AC58CKQ5000 14AED. html.

[268]江苏省高等教育文献保障系统(JALIS)简介[EB/OL].[2018 - 11 - 08].http:// 202. 119. 47. 5/about. php.

[269]蒋萌,王勋荣."互联网 + "环境下图书馆空间现状、趋势与再造战略研究[J].新 世纪图书馆,2017(5):31 - 35.

[270]蒋知义.基于 ESIA 方法的图书馆 BPR[J].情报杂志,2006(11):55 - 56,60.

[271]金小璞,徐芳,毕新."互联网 + "时代图书馆范式演变与业务流程重组[J].图书 馆研究与工作,2017(5):5 - 11.

[272]鞠建伟,张联社,邢永华,等.高等学校与科研院所合并为我校图书馆全面发展提 供了新的机遇[J].农业图书情报学刊,2006(3):17 - 20,28.

[273]邝凝丹.广州高校图书馆低调迎"外宾"[N].信息时报,2012 - 04 - 27.

[274]李春旺.学科化服务模式研究[J].图书情报工作,2006(10):14 - 18.

[275]李国良.流程制胜[M].北京:中国发展出版社,2005:12.

[276]李晗,屈建成,章洁.高校图书馆门难进,无形围墙让大学变"小气"了[EB/OL]. [2020 - 05 - 02]. http://edu. people. com. cn/n/2013/1120/c1053-23596257-2. html.

[277]李书宁.美国主要图书馆联盟启动 HathiTrust 项目共享数字机构库资源[J].现 代图书情报技术,2008(12):104.

[278]李志明,宋春玲.基于用户服务的图书馆业务流程重组[J].图书馆学刊,2005 (6):99 - 100.

[279]李中文,张贺.第五届中国数字阅读大会开幕,截至去年我国数字阅读用户4.32 亿[N].人民日报,2019 - 04 - 13(4).

[280]廖翙,周玮,白瀛,等.深化体制改革,建设文化强国[EB/OL].[2018 - 05 - 28].ht- tp://www. gov. cn/xinwen/2014-03/27/content_2648314. htm.

[281]刘彬.第十六次全国国民阅读调查结果公布[N].光明日报,2019 - 04 - 19(9).

[282]刘传玺,周秀会,董真.基于 RFID 技术的图书馆业务流程重组[J].图书馆论坛, 2008(5):68 - 70.

[283]刘大椿.当代图书馆的理念转换与高校图书馆的功能拓展——从当今美国图书 馆的发展看 [EB/OL]. [2017 - 07 - 21]. http://202. 114. 34. 8/UserFile/zjl. pptx.

[284]刘锦秀.麦克拉肯:基于 FOLIO 理念的创新探索[EB/OL].[2019 - 05 - 06].ht- tp://iras. lib. whu. edu. cn: 8080/rwt/305/http/P75YPLUDNBVX6ZLMNFSHG- LUPMW4A/ArticleInfo. aspx?id = 449919.

[285]刘茸.韩国最大规模的数字图书馆开馆[EB/OL].[2017 - 07 - 27].http://ip. people. com. cn/GB/9371799. html.

［286］刘素清.数字图书馆时代的用户调研及其解读［EB/OL］.［2016 - 04 - 22］. ht-tp://210. 34. 4. 20/tools/dl2007/% E5% 88% 98% E7% B4% A0% E6% B8% 85. ppt.

［287］刘宛露.北大全球首测"移动图书馆"［EB/OL］.［2016 - 03 - 20］. http://www. stardaily. com. cn/ylxb/html/2010-08/31/content_159119. htm.

［288］刘炜.图书馆需要一朵怎样的"云"［J］.大学图书馆学报,2009(4):2 - 6.

［289］刘峥.对图书馆与信息资源的认知:给 OCLC 成员的报告［EB/OL］.［2015 - 12 - 28］. http://www. las. ac. cn/las/research/doc/oversea/8. pdf.

［290］柳霞.专家:我国图书馆事业进入整体协同发展新时期［N］.光明日报,2009 - 12 - 07(6).

［291］卢晓东.综合改革难在"综合"［N］.中国科学报,2014 - 12 - 11(5).

［292］卢晓慧.图书馆在数字化进程中业务流程的重组［J］.国家图书馆学刊,2003 (3):81 - 84.

［293］路艳霞.数字出版业去年收入 5700 亿元［N］.北京日报,2017 - 07 - 13(3).

［294］罗四鸰.哈佛图书馆"大屠杀"［EB/OL］.［2016 - 06 - 16］. http://www. eeo. com. cn/2012/0504/225936. shtml.

［295］马格努松.关于当选主席工作计划的会议［EB/OL］.［2018 - 05 - 26］. http:// 2010. ifla. org.

［296］每个人都是编目员［EB/OL］.［2015 - 02 - 28］. http://blog. sina. com. cn/s/blog_ 53586b810102vgnf. html.

［297］清华大学图书馆.清华大学图书馆主页"推荐学术站点"新版发布［EB/OL］. ［2016 - 06 - 22］. http://www. lib. tsinghua. edu. cn/homepage/announce_view. jsp? id = 1910.

［298］全国文化体制改革工作会议召开［EB/OL］.［2015 - 06 - 20］. http://www. gov. cn/xinwen/2014-03/26/content_2647196. htm.

［299］任静.信息化环境下图书馆业务流程重组应用研究［D］.天津:天津工业大学, 2007:12.

［300］任胜利.国际学术期刊出版的数字化发展［N］.中国社会科学报,2013 - 11 - 29 (A05).

［301］上海交通大学.图书馆以多分馆联合模式支撑教学科研［EB/OL］.［2018 - 10 - 11］. http://www. sjtu. edu. cn/newsnet/newsdisplay. php?id = 16154.

［302］上海市图书馆行业协会.2012 中国高校图书馆发展论坛暨数字图书馆前沿问题高级研讨班成功召开［EB/OL］.［2018 - 05 - 18］. http://www. libnet. sh. cn/sla/list2. aspx? dbID = 11142.

［303］申传斌.基于 BPR 的教学型高校图书馆流程体系重构［J］.图书情报工作,2006 (1):85 - 88.

［304］沈丽云.日本图书馆概论［M］.上海:上海科学技术文献出版社,2010:120.

[305]盛兴军,介凤,彭飞.数字环境下大学图书馆的空间变革与服务转型——以美国布朗大学图书馆为例[J].图书馆论坛,2017(5):133-143.

[306]世界范围内的出版商与OCLC合作,共同改进电子内容的图书馆工作流程[EB/OL].[2015-06-09].https://www.oclc.org/zhcn-asiapacific/news/releases/2013/201344dublin.html.

[307]数字化人文发展成"大学图书馆转型创新"趋势[EB/OL].[2015-07-25].http://www.huaxia.com/zhwh/whxx/2014/06/3916098.html.

[308]搜狐IT.德国政府联合近3万家图书馆建数字图书馆[EB/OL].[2016-06-10].http://www.chinalibs.net/ArtInfo.aspx?titleid=175068.

[309]孙琳,樊长军,熊伟,等.石油行业特色型大学图书馆的空间再造——以西安石油大学图书馆为例[J].图书馆论坛,2017(12):32-37,43.

[310]唐景莉,万玉凤.对话张大良:高校人才培养呈现三大亮点[N].中国教育报,2014-11-10(9).

[311]陶静.从Lib 2.0在图书馆中的应用议新环境下图书馆员应具备的素质[J].农业图书情报学刊,2008(4):183-186.

[312]图书馆事业发展南京宣言(2018)[J].图书情报工作,2018(18):33.

[313]"图书馆学科化、个性化服务的发展"国际学术研讨会10月14日隆重召开[EB/OL].[2015-10-21].http://www.chinalibs.net2008-10-14http://59.172.208.23:8080/rewriter/E_TUQING/http/vvv9bghm-khar9mds/ArtInfo.aspx?titleid=113315.

[314]汪建根.把"国图"揣进口袋:一座移动图书馆的成长史[N].中国文化报,2010-09-13(1).

[315]王波,吴汉华,宋姬芳,等.2016年高校图书馆发展概况[J].高校图书馆工作,2017(6):20-34.

[316]王可文.网络环境下图书馆机构改革[J].高校图书馆工作,2003(3):79-80.

[317]王立清.新技术革命与图书馆业务流程重组[J].图书情报工作,2000(2):54-56,33.

[318]王梅.《武大图书馆·馆员生活》:学科馆员变化,数字宇宙膨胀:到2010年全球信息增长预测[EB/OL].[2017-05-20].http://www.lib.whu.edu.cn/gysh/3.asp.

[319]王梅.武汉大学图书馆学科馆员的结构变革[EB/OL].[2015-12-28].http://www.lib.whu.edu.cn/gysh/3.asp#xueke.

[320]王锰."国际视野中的大学图书馆发展研究高端论坛"综述[J].大学图书馆学报,2016(4):5-12.

[321]王朋.业务流程重组与我馆的改革[J].河北科技图苑,2003(5):48-49.

[322]王巍.中国电子书阅用户首次破亿《2009—2010年中国电子图书发展趋势报告》发布[EB/OL].[2015-05-26].http://www.xhsmb.com/html/Article/EXTQ/2010/04/30/1442366515.html

[323]王亚林,张耀蕾.哈佛大学图书馆:重组失败后的再重组[J].大学图书馆学报,2014(6):5-9.

[324]王左利.图书馆:信息时代的价值重构[EB/OL].[2015-07-25].http://www.edu.cn/li_lun_yj_1652/20130806/t20130806_997906.shtml.

[325]未来的大学图书馆是啥样?——"数字出版与图书馆发展学术研讨会"侧记[EB/OL].[2016-05-18].http://kbs.cnki.net/forums/88058/showThread.aspx.

[326]魏翠娟.图书馆发展趋势与运营创新研讨会在南京航空航天大学图书馆召开[EB/OL].[2015-06-12].http://www.chinalibs.net/ArticleInfo.aspx?id=377729.

[327]魏巍.把大学生拉回图书馆,图书馆改革势在必行[EB/OL].[2015-07-25].http://www.tianjinwe.com/cul/tt/201404/t20140428_612787.html.

[328]我国上线慕课数量达5000门,世界领跑[EB/OL].[2019-03-21].https://www.sohu.com/a/228946232_528969.

[329]沃霍尔.数字图书的未来:用户视角与机构战略[EB/OL].[2012-03-03].http://www.nlc.gov.cn/yjfw/wenjian/ifla/xpress8-zh-2009.pdf.

[330]吴建中.图书馆发展十大热门话题[M].上海:上海科学技术文献出版社,2002:2.

[331]吴建中.转型与超越:无所不在的图书馆[M].上海:上海大学出版社,2012:1.

[332]吴奕,张明平,李润文.大学图书馆,未来什么样[N].中国青年报,2011-11-04(3).

[333]吴越.面向知识服务的高校图书馆图书采访业务流程重组研究[J].农业图书情报学刊,2017(9):185-188.

[334]武大图书馆馆员生活[EB/OL].[2015-07-09].http://www.lib.whu.edu.cn/gysh/8.asp.

[335]武汉大学图书馆.武汉大学图书馆简介[EB/OL].[2015-12-28].http://www.lib.whu.edu.cn/gk/tsgjj.asp.

[336]武汉大学图书馆.武汉大学图书馆新馆布局[EB/OL].[2015-12-28].http://www.lib.whu.edu.cn/xgjs/tk.asp#3.

[337]武汉大学图书馆召开本科教育改革大讨论教学研讨会[EB/OL].[2015-07-09].http://gzw.lib.whu.edu.cn/pe/Article/ShowArticle.asp?ArticleID=2019.

[338]厦门大学图书馆.厦门大学接管各院系资料室[EB/OL].[2018-11-08].http://210.34.4.20/cn/detail.asp?pid=589&sid=65.

[339]厦门大学图书馆.厦门大学图书馆用户推荐免费资源[EB/OL].[2018-11-08].http://library.xmu.edu.cn/cn/detail.asp?pid=3&sid=2731.

[340]香港理工大学图书馆.香港理工大学图书馆未来战略发展[EB/OL].[2017-06-26].http://www.lib.polyu.edu.hk/rescu/.

[341]香港中文大学图书馆馆藏概览[EB/OL].[2019-05-02].http://www.lib.cu-

hk. edu. hk/sc/collections.

[342]香港中文大学图书馆.香港中文大学图书馆信息技术服务概述[EB/OL].[2017 – 07 – 16]. http://202. 114. 34. 8/UserFile/llz. ppt.

[343]香港中文大学图书馆信息技术服务概述[EB/OL].[2017 – 07 – 16]. http://itlib. cqu. edu. cn/InfoMor. jsp? index_id = 212.

[344]梁子仪.内地香港高校图书馆跨境馆藏计划效益显著[EB/OL].[2017 – 07 – 21]. http://hm. people. com. cn/GB/85418/10868346. html.

[345]肖珑. CALIS 数字资源与服务整合方案[EB/OL].[2017 – 06 – 22]. http://www. calis. edu. cn.

[346]徐健晖.《新媒体联盟地平线报告:2017 年图书馆版》的解读与启示[J].大学图书馆学报,2018(1):27 – 33.

[347]徐军华.高校图书馆业务流程重组的相关理论研究[J].现代情报,2014(3):16 – 20.

[348]徐军华.关于国内外图书馆开展 BPR 的案例述评[J].情报杂志,2009(10):203 – 206.

[349]徐军华.基于现状调查的高校图书馆机构设置优化模式构建[J].图书情报工作,2010(5):59 – 62.

[350]徐军华.美国大型学术图书馆业务流程重组的实证分析[J].新世纪图书馆,2011(12):84 – 86.

[351]许炜,徐军华,易红.知识管理环境下图书馆业务重组模式探析[J].现代情报,2006(4):156 – 158,161.

[352]薛芳渝.关于纸本资源与电子资源建设的思考[EB/OL].[2017 – 07 – 16]. http://bbs. libhome. cn/thread-8738-1-1. html.

[353]薛小棉.中美高校图书馆运行机制比较研究[J].中国图书馆学报,2001(3):73 – 76.

[354]颜维琦.时代给了图书馆无限想象力[N].光明日报,2012 – 04 – 24(2).

[355]燕今伟,谭明君.新形势下高校图书馆的组织机构重组[EB/OL].[2016 – 11 – 30]. http://www. lib. cuhk. edu. hk/conference/aldp2007/programme/aldp2007_full_paper/YanJinwei. pdf.

[356]杨红玲.高校图书馆业务流程重组研究[D].湘潭:湘潭大学,2013:6.

[357]杨学红,郭渝碚,刘凤辰.高校图书馆组织机构改革[J].农业图书情报学刊,2005(3):76 – 78.

[358]尹琨.2016 全球数字出版报:电子书领跑,数字阅读发展向好[EB/OL].[2018 – 05 – 21]. http://media. people. com. cn/n1/2016/1229/c14677-28986361. html.

[359]英国第二大馆:牛津大学图书馆[EB/OL].[2017 – 07 – 16]. http://news. idoican. com. cn/xhsmb/html/2010-09/17/content_1592781. htm? div = -1.

[360]于风程,王晓兵.基于价值链理论的图书馆业务流程再造[J].图书馆工作与研究,2013(1):23 – 26.

[361]余凌."互联网+"背景下的图书馆业务重组内容与方向研究[J].图书与情报.2016(3):79-81,48.

[362]曾建勋,丹英.国家工程技术图书馆服务策略研究[J].情报理论与实践,2009(9):56-59.

[363]詹萌.走进匹兹堡市,匹兹堡大学,走进匹兹堡大学图书馆[EB/OL].[2017-04-23].http://libseeker.bokee.com/5076684.html.

[364]张春红,廖三三,巩梅,等.变革与走向:共同探索图书馆的未来——北京大学图书馆建馆110周年国际研讨会暨PRDL 2012年年会综述[J].大学图书馆学报,2013(1):5-14.

[365]张光忠.社会科学学科辞典[M].北京:中国青年出版社,1990:13-15.

[366]张国栋,孙杨.北京航空航天大学:随时随地畅享图书馆信息服务[EB/OL].[2012-09-20].http://www.edu.cn/tsg_6497/20120705/t20120705_804385.shtml.

[367]张会田,黄玉花.基于用户的数字图书馆服务创新体系建设[J].情报理论与实践,2005(5):491-494.

[368]张计龙.智慧校园,感知图书馆——校园信息化环境中的数字图书馆建设探索与实践[EB/OL].[2016-05-28].http://202.114.34.8/UserFile/zjl.pptx.

[369]张建平.不必奢华,只须实用[EB/OL].[2017-07-21].http://59.172.208.23:8080/rewriter/E_TUQING/http/vvv9bghm-khar9mds/ArtInfo.aspx?titleid=169994.

[370]张建勇.数字资源整合化建设和组织[EB/OL].[2018-05-21].http://www.lis.ac.cn/netjournal/LIS_NET/2009-9/9%E6%9C%88.jsp.

[371]张金贤.高校图书馆业务流程重组及组织结构优化[J].大学图书情报学刊,2007(6):4-27.

[372]张连分.美国大学图书馆的机构改革——以泽维尔大学图书馆和信息技术中心合并为例[J].图书馆建设,2009(2):89-91.

[373]张妮.高校图书馆转变思路各出奇招[N].中国文化报,2013-06-24(7).

[374]张然.中外专家在上海共话大学图书馆未来可持续发展[EB/OL].[2018-09-09].http://news.163.com/12/0425/21/7VVE188400014JB6.html.

[375]张思辉.图书馆分馆建设的探讨[EB/OL].[2018-10-11].http://www.lib.lnnu.edu.cn/gylt/gylt-008/a-02.pdf.

[376]张铁道,殷丙山,蒋明蓉,等.新媒体联盟地平线报告(2014图书馆版)[EB/OL].[2015-07-25].http://www.edu.cn/zong_he_news_465/20141211/t20141211_1212542_2.shtml.

[377]张晓林.超越图书馆:寻求变革方向——第77届国际图联大会观感[J].图书情报工作,2011(21):5-10.

[378]张晓林.颠覆数字图书馆的大趋势[J].中国图书馆学报,2011(9):4-11.

[379]张晓林.让所有科研论文免费阅读,中国机构明确力挺开放获取[EB/OL].[2019-

05 – 06]. http://iras. lib. whu. edu. cn:8080/rwt/305/http/P75YPLUDNBVX6ZLM-NFSHGLUPMW4A/ArticleInfo. aspx?id = 448776.

[380]张晓林. 数字信息环境下的图书情报服务——新挑战、新思路、新形态[EB/OL]. [2017 – 05 – 20]. http://lib. zjei. net/infocenter/content/tsghy_0111/article04. ppt.

[381]张晓林. 于细微处见改革,于特别处见发展——香港考察感[EB/OL]. [2017 – 05 – 08]. http://ir. las. ac. cn/handle/12502/21.

[382]张毅. 建设现代大学图书馆[EB/OL]. [2016 – 11 – 30]. http://59. 172. 208. 23:8080/rewriter/E_TUQING/http/vvv9bghm-khar9mds/ArtInfo. aspx? titleid =134039.

[383]张勇. 创新观念:传承文明,打造职业化图书馆[EB/OL]. [2016 – 11 – 30]. http://59. 172. 208. 23:8080/rewriter/E_TUQING/http/vvv9bghm-khar9mds/ArtInfo. aspx? titleid =150445.

[384]章红雨. 数字阅读风头强劲,电子书供不应求现状亟待改变[EB/OL]. [2019 – 05 – 23]. http://media. people. com. cn/n1/2018/0420/c14677-29939813. html.

[385]赵婀娜. 大学图书馆:不应在"边缘"[N]. 人民日报,2012 – 04 – 06(18).

[386]赵宣. 关于图书馆业务流程重组的再思考[J]. 山东图书馆季刊,2001 (4):26 – 28.

[387]赵媛,王远均. 网上第一家参考咨询机构——因特网公共图书馆参考中心[J]. 图书馆建设,2000(3):20 – 21.

[388]浙江省高等教育数字化图书馆(ZADLIS)[EB/OL]. [2018 – 11 – 08]. http://libweb. zju. edu. cn/commlib/05/zadlis. htm.

[389]郑章飞,凌美秀. 基于当前信息环境的图书馆业务流程重组[J]. 湖南大学学报 (社会科学版),2004(3):104 – 106.

[390]中共中央关于深化文化体制改革推动社会主义文化大发展大繁荣若干重大问题的决定[EB/OL]. [2018 – 05 – 26]. http://www. gov. cn/jrzg/2011-10/25/content_1978202. htm.

[391]中国出版科学研究所. 2009 年国民阅读总体呈增长态势[EB/OL]. [2017 – 12 – 20]. http://www. xhsmb. com/html/Article/SCBW/2010/04/22/1531465519. html.

[392]中国互联网络信息中心. CNNIC 发布《第 30 次中国互联网络发展状况调查统计报告》[EB/OL]. [2017 – 08 – 12]. http://www. isc. org. cn/zxzx/ywsd/listinfo-21627. html.

[393]中国互联网络信息中心(CNNIC)发布第 43 次《中国互联网络发展状况统计报告》[EB/OL]. [2019 – 05 – 20]. http://www. gov. cn/xinwen/2019-03/01/content_5369476. htm.

[394]中国图书馆学会第六届青年学术论坛[EB/OL]. [2015 – 05 – 25]. http://www. lsc. org. cn/c/cn/news/2014-09/05/news _7420. html.

[395]中国图书馆学会. 2012 中国图书馆学会年会征文通知[EB/OL]. [2012 – 05 – 20]. http://www. lsc. org. cn/CN/News/2012-02/EnableSite _ReadNews113135917

1329148800. html.

[396]中国图书馆学会.2011 中国图书馆学会年会征文通知[EB/OL].[2012 – 05 – 30]. http://www. lsc. org. cn/CN/News/2011-02/EnableSite _ ReadNews11299515512964 89600. html.

[397]中华人民共和国教育部.国家中长期教育改革和发展规划纲要(2010—2020 年) [2018 – 05 – 28]. http://old. moe. gov. cn/publicfiles/business/htmlfiles/moe/info_ list/201407/xxgk_171904. html? authkey = gwbux.

[398]中华人民共和国教育部.教育部关于印发《普通高等学校图书馆规程》的通知 [EB/OL].[2019 – 06 – 28]. http://www. moe. gov. cn/srcsite/A08/moe _736/ s3886/201601/t20160120_228487. html.

[399]中华人民共和国教育部.教育部关于印发《全国教育人才发展中长期规划 (2010—2020 年)》的通知 [EB/OL].[2018 – 05 – 26]. http://www. gov. cn/gong-bao/content/2011/content_1907090. htm.

[400]中华人民共和国教育部 2019 年工作要点[EB/OL].[2019 – 05 – 26]. http:// www. moe. gov. cn/jyb_xwfb/gzdt_gzdt/s5987/201902/t20190222_370722. html.

[401]中华人民共和国教育部.中华人民共和国教育部直属高等学校[EB/OL].[2018 – 05 – 18]. http://www. moe. gov. cn/edoas/web site18/68/info1215414596679168. htm.

[402]仲超生,王英平.论网络环境下的图书馆业务流程重组[J].情报杂志,2003(1): 90 – 91.

[403]周英.信息技术与图书馆业务流程重组[J].四川图书馆学报,2001(3):14 – 17.

[404]朱强,别立谦.面向未来的大学图书馆业务与机构重组[J].大学图书馆学报, 2016(2):20 – 27.

[405]朱强.创新服务,传承文明[EB/OL].[2015 – 05 – 18]. http://pkunews. pku. edu. cn/xwzh/2014-07/08/content_284113. htm.

[406]朱强.高校图书馆事业发展:回顾与展望[EB/OL].[2018 – 05 – 21]. http://210. 43. 188. 3:8080/html/kunming. ppt.

[407]珠三角数字图书馆联盟[EB/OL].[2017 – 06 – 22]. http://dlib. gdlink. net. cn.